本书出版得到教育部高校示范马克思主义学院和优秀教学科研团队项目（项目批准号：18JDSZK051 ）

广东省重点平台和科研项目（项目批准号：2018GWTSCX025 ）

广东农工商职业技术学院出版基金项目资助

光明社科文库

柔道战略论

廖吉喆◎著

光明日报出版社

图书在版编目（CIP）数据

柔道战略论 / 廖吉喆著 . -- 北京：光明日报出版社，2021.9

ISBN 978 - 7 - 5194 - 6291 - 8

Ⅰ . ①柔… Ⅱ . ①廖… Ⅲ. ①柔道—竞赛战术 Ⅳ. ①G886.419

中国版本图书馆 CIP 数据核字（2021）第 178186 号

柔道战略论

ROUDAO ZHANLÜE LUN

著　　者：廖吉喆

责任编辑：史　宁　　　　　　　　责任校对：陈永娟
封面设计：中联华文　　　　　　　责任印制：曹　净

出版发行：光明日报出版社

地　　址：北京市西城区永安路 106 号，100050

电　　话：010 - 63169890（咨询），010 - 63131930（邮购）

传　　真：010 - 63131930

网　　址：http：// book. gmw. cn

E - mail：gmrbcbs@ gmw. cn

法律顾问：北京市兰台律师事务所龚柳方律师

印　　刷：三河市华东印刷有限公司

装　　订：三河市华东印刷有限公司

本书如有破损、缺页、装订错误，请与本社联系调换，电话：010 - 63131930

开　　本：170mm × 240mm

字　　数：241 千字　　　　　　　　印　　张：17

版　　次：2022 年 1 月第 1 版　　　　印　　次：2022 年 1 月第 1 次印刷

书　　号：ISBN 978 - 7 - 5194 - 6291 - 8

定　　价：95.00 元

柔道非弱之谓也，反本自治，顺人心以不犯阴阳之忌。

——王夫之

柔道就是采用"以柔克刚"的原理来制胜对手的技术和理论的总合，堪称一个学科。

——嘉纳治五郎

柔道是一门特殊的哲学。自己会把柔道中学会的很多原则用在治理国家上，有妥协，有让步，但都是为了最后的胜利。

——普京

在获得某一个产业或市场的领导和控制地位的战略中，企业家柔道战略是风险最低、成功率最高的战略。

——彼得·德鲁克

战略的哲学与哲学的战略

（自序）

　　"柔道战略"这一名词的正式诞生迄今不过 20 年时间，但这并不意味柔道战略的观念和应用在过去就不存在，事实上柔道战略古已有之并得到广泛运用，只不过不曾使用现有的名词罢了。选择这个题目进行研究，其最真实的意图在于寻求一条沟通战略和哲学的新路径。

　　实事求是地讲，战略哲学并不是一门成熟的学科，她不像马克思主义哲学、中国哲学、伦理学已经具备了完整的学科体系，也不像政治学、经济学、外交学已经具备了成熟的学科方法。我认为，战略哲学的一个可能的突破口，是需要寻找到战略和哲学的结合点、衔接点、中介点，并通过这些点来建立起哲学和战略的实质性的联系。只有这样，战略才有可能上升到哲学的境界，而哲学才有可能通过这些中介点将自身的思想战略化，即战略哲学化与哲学战略化的双重目标、双向沟通才有可能得以畅通。

　　因此，当"柔道"进入我的视野时，我惊喜地发现这不正是我孜孜以求的东西吗？"柔道"是一种关于"柔"的道家哲学，"战略"是一种特殊的人类实践，"柔道战略"则不仅是一种实践的哲学，更是一种哲学的实践；不仅是一种战略的哲学，更是一种哲学的战略。"柔道战略"不仅沟通了战略和哲学，还沟通了东西方战略思想，沟通了古今战略思想，因此，我选择它就是因为它所拥有的独特的无可比拟的桥梁作用。

　　在前人研究的基础上，本书将柔道战略界定为"通过以柔克刚的原理和方法来实现以弱胜强的辩证法艺术"。从本质上讲，柔道战略是一种智慧型而非力量型的斗争模式，其最大的魅力在于它是一条有助于弱者生存的途径。

　　柔道战略以"控制辩证法"作为方法论基础，其所要解决的是在战略博弈过程中权力弱势方如何借助某种操纵资源的方式来对权力强势方实施反控制。它从根本上打破了传统意义上权力自上而下的运行轨迹，否定了"强者可以为所欲为，弱者必须逆来顺受"的霸道逻辑，通过借助权力自下而上的逆向作用为弱者战胜强者提供了对等力量和思想准备。柔道战略的应用范围非常广泛，从古代政治上的"高明柔克""柔道开国""柔道治国"，军事上的"近则用柔，远则用刚"，外交上的"柔远人则四方归之"等到当代的"柔道经济学""柔道管理学""企业家柔道"等，柔道战略在政治、经济、军事、国际关系等领域都有着相当不俗的表现。

　　然而，柔道战略思想虽然经过了古代学者的集萃、近代学者的开拓以及现代学者的创新，取得了重大成果和突破，但是，柔道战略研究仍存在着明显的缺陷和不足：第一，柔道战略的生成史和发展史研究处于某种缺失或混沌状态；第二，以专向研究为主，缺乏综合性研究；第三，以具体问题研究为主，缺乏理论的哲学抽象和概括；第四，概念模糊，没有构建起完整的战略理论体系。这些缺陷和不足导致了人们对柔道战略的理解出现了偏差，也由此限制了它的学术影响力以及在实际环境中的运用能力。

　　基于对上述缺陷与不足的弥补，专著做出了如下努力：第一，对柔道战略的生成史和学术发展史进行重新梳理。标定了柔道战略在发展历程中的四大里程碑，并较为系统地总结了古代、近代、现当代学者对柔道战略研究的代表性成果以及内在的衍生逻辑。第二，在生成史与学术史的基础上，以规定性定义法和描述性定义法对柔道战略的概念进行重新界定，并对其原理进行新的建构，形成了以"控制辩证法"为核心，以"精力善用""杠杆借力""后发制人"为主要原则的原理体系，聚焦操纵内外资源以实现"力小而势大"的方法来对权力强势方实施反控制。第三，对柔道战略进行理论层面的分析与推理。从哲学本体论、认识论、价值论、方法论等多维视角对柔道战略的概念及其原理进行剖析和阐释，形成较为完整的柔道战略理论阐释体系。第四，对柔道战略进行实践层面的考察。一种理论能否经得住考验，要看其能否阐释过往，只有能阐释过往，其对未来的预判才值得信赖。因此，将柔道战略投入历史的检验才能验证其真理性与实用性。同时，以古今中外各个领域中具有代表性的战史为基础进行综合考察，有助于加深人们对柔道战略在不同时空背景下如何运作的认识。第五，就柔道战略的争议与当代应用进行探讨。柔道战略毕竟是一门经世致用的艺术，对其研究的最终目的是将之投入实践以改造世界，因此本书最后一部分梳理了当前对柔道战略存在的诸多争议，就其指导思想、功用效能、具体形态、主动权以及与其他战略形态的关系等议题所产生的争议进行梳理，进一步廓清了柔道战略的真实内涵和具体特征。同时，对当今时代背景下柔道战略如何有效应用，尤其对"弱者的力量""弱者的任性"，以及"如何有效应对国际霸凌主义""如何有效防范'颜色革命'的柔性攻势""如何进入由强者控制的数据霸权领域"等当代热点问题进行探讨，并对柔道战略研究进行最后的总结与展望。

总而言之，柔道战略的一项特质是弱者的战略，它是一门关于柔弱如何战胜刚强的辩证法艺术，但是作为一种战略方法，柔道战略并不是弱者的专属，其他战略主体同样可以使用，只不过在使用程度和使用方法上存在着很大的区别。构成柔道战略个体独特性的几个重要特质还有：第一，柔道战略是古今战略思想相互交汇的产物，它是一门既古老又年轻的行动艺术，说其古老是因为它可以追溯到几千年前，说其年轻是因为它的正式出现迄今也不过20年光阴；第二，柔道战略是东西方战略思想相互交汇的产物，它源于中国，发展于日本，诞生于美国，融合了东方的古老智慧和西方的创新精神，也正是在西方现当代经济领域的战略实践中，柔道战略被"创造性破坏"从而焕发出新的活力；第三，柔道战略是哲学与战略思想相互交汇的产物，它是战略与道家哲学结合的典范，二者水乳交融、相辅相成，突破了传统战略学科而上升到了战略哲学的高度。同时，斗争和无常的经久存在规定了战略的特性和方法：没有什么万全之策。柔道战略并非一种包治百病的灵丹妙药，它只是大战略结构中的一种方法，其价值和威力也只有在大战略结构中才能得到准确定位和力量的极限释放。

目　录
CONTENTS

导　论

第一节　柔道战略研究的价值与方法

柔道战略是极富中国特色、中国智慧的战略思想，它具有深厚的哲学基础，是柔道哲学运用于战略领域的成功典范，是战略哲学学科重要的、不可或缺的组成部分；柔道战略在中国的战略实践中发挥了极其重要的影响，在拨乱反正、戡乱治平、再造盛世的伟业中起到了举足轻重的作用。中国有大量的关于"柔""柔道""柔道哲学"的精辟论述，也有大量的将"柔道"运用于战略实践的成功案例，但"柔道战略"这一概念却是由西方学者正式提出，并在新的领域中取得了重要突破。因此，可以说柔道战略是中西方战略思想发生合流的重要成果，由此也具有了国际色彩。当然，新颖独特未必是优点，年代久远未必是缺点，关键在于它能否经受得起推理和经验的双重检验，能否有助于人类更好地生存与社会的改善，而这是需要进一步深入研究的。

一、研究价值

理论价值：（1）从战略思想史的层面对柔道战略进行系统梳理，有助于把握柔道战略的来龙去脉，有利于在具体历史背景下对柔道战略进行考察，而之前的相关研究对此要么避而不谈，要么失之过窄，既没有正确定位柔道战略的源头所在，又没有看到柔道战略的未来发展。（2）中国有"柔道哲学"却缺乏"柔道战略"的具体表征，西方有"柔道战略"却缺乏"柔道哲学"的指引。将二者统一考虑、比较研究，有助于厘清柔道战略的真实内涵。（3）柔道战略的实践要远先于理论，要远丰富于理论，而当前关于柔道战略的研究往往局限于某个领域。从哲学层面对柔道战略进行总结，是对柔道战略丰富的实践与理论的抽象化与概化，也是将柔道战略上升为战略哲学的重要举措，同时，这也是对战略哲学理论的创新和丰富。

实践价值：世界上的任何一场博弈都不会是绝对公平的竞争，博弈本身一直都是非对称的，一定会有强弱之分，有众寡之别，而在战略的博弈场上是否强者可以为所欲为，弱者就任人宰割？弱者能否战胜强者？弱者如何战胜强者？这正是柔道战略所要解答的问题所在。柔道战略研究的实践价值就在于能够为弱者或者在某个领域处于相对劣势的战略主体提供一套"以弱胜强"的可能方案。尤其在当前，某些西方大国为了维护其全球霸权地位，倚仗自身先发优势，举起关税大棒，在全球范围内奉行单边主义、贸易霸凌主义，对多国进行极限施压；还通过"颜色革命"等和平演化战略对他国发起柔性攻势，造成了极为严重的社会动荡，处于相对劣势的国家如何自全？又如何应对？柔道战略可能会提供一定的智慧借鉴。另外，数据已经成为当代最珍贵的资源之一，而在实力上处于相对弱势的一方，应以何种方式进入由强者控制的"数据霸权"领域，企业家柔道战略或许是一种"风险最低、成功率最高"的选择。

二、研究方法
历史与逻辑相结合。从客观的历史材料出发，对柔道战略的生成史和发展史进行系统梳理，通过对史料的分析和概括，阐明其内在的衍生逻辑，并标定柔道战略发展的四个主要阶段，将史料研究上升到理论高度实现"史论结合"，才能切中柔道战略生成与发展的内在规律。逻辑方法还体现在对柔道战略的定义、释义以及原理建构的分析上，借此界定柔道战略的内涵和外延，确定相关概念和术语间的逻辑关系。

哲学与实践相结合。从本体论、认识论、价值论、方法论对柔道战略进行理论分析，有助于从哲学层面对其进行全方位的透视。同时，对柔道战略进行实践层面的考察，有助于检验理论的逻辑自洽性以及真理性与实用性。

传统与时代相结合。柔道战略是古今战略思想相互交汇的产物，大量的传统经典与实践为柔道战略的生成提供了丰富的养料，而新时代的新实践、新理论又为柔道战略开辟了新境界。在研究中只有将传统经典与时代精神相结合，才能相得益彰、推陈出新。

跨学科研究与比较分析相结合。本书超越分门别类进行研究的传统方式，采用多学科的理论、方法和成果从整体上对柔道战略进行综合研究。同时，从纵向与横向两个维度对柔道战略与相关的战略思想进行比较研究，将之与同时代的战略思想以及当代的战略思想进行对比研究，通过对比弄清柔道战略思想的成因、变化以及优缺点，并形成较为全面的评述。再则，采用案例分析法，对柔道战略中最具代表性的案例进行分析，如对其政治战略、经济战略、军事与外交战略中某些例子进行分析阐释，力求突出柔道战略思想中的特色，以形成更加鲜明的体现。

第二节　思路及主要框架

一、研究进路

穿插于本书始终的，笔者将之总结为三条研究进路：

第一条是思想史的研究进路。本书的构思和写作首先是建立在思想史的研究基础上，通过对柔、柔道、柔道战略连绵数千年的思想史进行梳理，探究其渊源、生成、发展、突破以及局限，并在此基础上进行新的概念界定与原理建构。

第二条是哲学的研究进路。当然，这条路线的侧重点并不是放在哲学本身或者纯哲学性的研究，而是放在如何加强哲学与战略的联系上，具体地说是加强中国道家哲学与柔道战略的联系上。这种联系其实也是笔者一直所认为的本书能否摆脱空洞而成为丰富性存在的关键所在。

第三条是战略的研究进路。战略性是战略哲学的第一属性，因此，本书除了对战略主体、战略客体、战略价值、战略方法等概念进行辨析，还着重对柔道战略的工具理性进行阐释，以突出柔道战略的实用性与可操作性。

具体而言：

本书首先对柔道战略的生成史以及古代、近代、现代学者对柔道战略的代表性研究成果进行梳理和总结。如上文所言，这一部分内容目前在学界中处于某种缺失状态或混沌状态，有些学者将柔道战略的源头定位失误，有的缺失了柔道战略的某个生成阶段，有的对柔道战略研究的文献没有梳理清楚，而这些都需要重新予以梳理和定位。

在了解柔道战略生成史与学术史的基础上，对柔道战略的概念和原理进行界定和构建。柔道战略的实践远先于理论，"柔道战略"这一概念真正确立于2003年，主要针对的是战略管理领域。学者们的研究也以专项研究、具体问题研究为主，缺乏综合性研究和哲学性概括，因此，其概念也存在着相当的局限性。对于"柔道战略"这样具有广泛运用价值的思想，有必要从战略哲学的高度对其进行重新定义与原理构建。

上述两部分致力于解决"柔道战略是什么"的问题，在弄清楚这个问题的基础上，则需要进一步解释"柔道战略为什么"的问题。因此，接下来本书则从哲学本体论、认识论、价值论、方法论等多维视角对柔道战略的原理进行全面剖析和阐释，力图使柔道战略形成一个较为完整的理论体系。

要鉴定一种理论的价值以及它的运作规律，最好的办法莫过于将它付诸实战检验。因此，在解决了柔道战略"是什么"和"为什么"的问题后，就要在具体实践中考察"柔道战略怎么样"的问题。在这一部分，本书以古今中外各个领域中具有代表性的战史为基础，综合考察了柔道战略在不同时空背景下是如何具体运作的问题。

最后，本书进行总结，梳理柔道战略所存在的诸多争议以及对当今时代背景下柔道战略如何有效应用进行探讨，并对柔道战略研究进行最后的总结与展望。

二、主要框架

本书一共分为六大部分：

导论。对文章的研究价值和研究方法进行叙述。

第一章，着重梳理柔道战略的生成史与学术史，发现其缺陷与不足，并标定柔道战略生成与发展的主要阶段，同时对研究的思路、框架、主要难点与创新点进行总结。

第二章，柔道战略的概念及其原理构建。采用规定性定义法和描述定义法对柔道战略的概念进行新的界定，建立起柔道战略的原理体系，并对其原理、分类、魅力及其本质进行阐述。

第三章，柔道战略的理论层面分析。从哲学层面对柔道战略进行全方位透视，具体上是从本体论层面阐释柔道战略的本质及特征，从认识论层面阐释柔道战略的生成与发展，从价值论层面阐释柔道战略的价值本质与选择，从方法论层面阐释柔道战略的要素结构与作用机制。

第四章，柔道战略的实践层面考察。主要围绕柔道战略精力善用、杠杆借力、后发制人的三大原理进行实践层面的考察，以古今中外各个领域中具有代表性的战史为基础，着重阐释柔道战略在具体时空背景下的运用规律。

第五章，柔道战略的争议与当代启示探讨。通过对柔道战略的诸多争议进行梳理，进一步廓清柔道战略的真实内涵。同时，结合当代的时代背景对当前一些热点问题提出柔道战略的方案借鉴。

第六章，结论和展望。最后形成柔道战略研究的关键性结论，并对柔道战略以及中国战略思想未来的发展进行展望。

三、研究难点以及创新之处

总体而言，研究难点以及创新之处在于研究视角与研究方法的创新。柔道战略研究长期呈现一种"分散性"的状态，这种"分散性"体现在两方面：（1）时间上的分散，柔道战略在时间维度上呈现出的是断点式的存在，而始终未能形成有机统一的连续体，即柔道战略的生成史与学术发展史处于缺失状态；（2）空间上的分散，柔道战略思想分散存在于哲学、政治、军事、经济、外交、管理等领域，但始终未能形成一个具有哲学性、抽象性以及系统性的理论体系。也正是这种时空上的分散与割裂导致了柔道战略的历史、概念、原理、方法迄今无法得到系统的阐述。因此，与采用具体学科进行分门别类研究的传统方式不同，本书采用战略哲学的视角对柔道战略进行哲学性的抽象与概括，采用历史与逻辑相统一的方法对柔道战略的生成史与发展史进行标定，采用跨学科研究与比较分析相结合的方法从整体上对柔道战略进行综合把握，采用理论与实践相统一的方法阐释柔道战略原理的具体运用等。

具体的研究难点以及创新之处在于：

（1）对柔道战略的生成史和学术发展史进行系统梳理。标定了柔道战略在发展历程中的四大里程碑，并较为系统地总结了古代、近代、现当代学者对柔道战略研究的代表性成果以及内在的衍生逻辑。这是对当前处于某种缺失或混沌状态的柔道战略生成史的一次完善。

（2）对柔道战略的概念以及原理进行新的界定与建构。形成了以"控制辩证法"为核心，以"精力善用""杠杆借力""后发制人"为主要原则的原理体系，聚焦如何操纵内外资源以实现"力小而势大"的方法来对权力强势方实施反控制。这是对当前柔道战略概念模糊，尚未构建起完整理论体系的一次建构。

（3）对柔道战略进行哲学层面的分析与概括。从哲学本体论、认识论、价值论、方法论等多维视角对柔道战略的概念及原理进行剖析和阐释，形成了较为完整的柔道战略理论阐释体系。这是对传统柔道战略研究中"道"与"术"相分离弊病的一次修正。

（4）对柔道战略中存在的诸多争议进行梳理。总结了柔道战略在指导思想、功用效能、具体形态、主动权以及与其他战略形态的关系等议题中存在的争议，进一步廓清了对柔道战略的认识。这是对更好地把握柔道战略真实内涵和具体特征的一次补充。

（5）对柔道战略的真理性与实用性进行实践层面的考察。这种考察是以古今中外各个领域中的战史作为基础，通过能否阐释过往来检验其可靠性。理论与实践的结合有助于加深人们对柔道战略在不同时空背景下如何运作的认识。这是对柔道战略真理性的一次检验。

（6）对当今时代背景下柔道战略如何有效应用进行探讨，尤其是对"弱者的力量"，以及"如何有效应对国际霸凌主义""如何有效防范'颜色革命'的柔性攻势""如何进入由强者控制的数据霸权领域"等当代热点问题进行探讨，并提出柔道战略的解决方案和思路借鉴。这是对柔道战略当代价值的一次证明。

第一章　柔道战略的生成与学术史回顾

> 我们都不应忘记，以现代面目出现的思想体系常常不过是古老主题的变种。
>
> ——亚当·罗伯茨

"柔道战略"这一名词的正式诞生迄今不过 20 年时间，但这并不意味着柔道战略的观念和应用在过去就不存在，事实上柔道战略古已有之并得到广泛运用，只不过不曾使用现有的名词罢了。柔道战略的生成前后跨越了两千多年，有着极其丰富的柔道思想和柔道实践。在这段漫长的柔道战略生成史中存在着四个关键节点，这些节点承前启后，共同决定了柔道战略的发展方向，可以说抓住了这些节点，也就抓住了柔道战略发展的脉搏。这四个关键节点也可以称为柔道战略发展的四大里程碑或四大发展阶段。

第一个里程碑：中国春秋时期，老子所著的《道德经》系统全面地总结了柔道哲学思想，为柔道战略的运用和发挥奠定了坚实的哲学基础和思想基础。

第二个里程碑：中国东汉时期，光武帝刘秀将"柔道"思想正式运用于战略领域，他的"柔道开国"与"柔道治国"实践成为柔道战略在历史上首次系统性运用于国家治理的典范。

第三个里程碑：日本明治到昭和时期，日本柔道之父嘉纳治五郎将

"柔道"运用于搏斗领域，并将"柔道"这项搏击运动发展成为日本的国术，几经传播，"柔道"以搏击运动的方式享誉全球。

第四个里程碑：2003年，哈佛大学商学院大卫·B.尤费在日本柔道运动的启发下，吸收了吉尔曼、赛勒普柔道经济学思想，从而将"柔道"引入战略管理领域，在其著作《柔道战略：小公司战胜大公司的秘密》中正式提出了"柔道战略"概念。

这四个里程碑基本就构成了柔道战略从理论到实践，再从实践向理论飞跃的全过程。当然，这些里程碑事件并不能囊括所有。从古至今，很多学者都对柔道战略（虽然当时并没有正式提出这个概念）进行了大量研究，为当今柔道战略的理论构建和具体应用提供了宝贵的经验和重要的研究基础。

一、古代学者柔道战略研究集萃

（一）《尚书》：柔道的开端

古代柔道战略研究主要集中在中国，这个阶段可称为柔道战略思想的奠基阶段。中国古代学者对柔道的研究起源很早。成书于公元前5世纪，用于记载虞、夏、商、周四朝政治、军事、经济、文化的官方汇总《尚书》就有记载："三德：一曰正直，二曰刚克，三曰柔克。平康正直，强弗友刚克，燮友柔克；沈潜刚克，高明柔克。"[1] 在这里，"三德"就是治理臣民的三种方法，"正直"是端正人的曲直，"刚克"和"柔克"分别是指采用强硬的方式制胜和采用柔和的方式制胜，对于强硬而反叛之徒要对其采取强硬措施，逼其就范，而对于可以亲近之人则要以柔和的方式使之臣服；对阴逆低贱之人用刚，对高明宠臣则用柔。这里，"柔"已经成了治国理政的一种重要手段。

（二）《易经》：柔道本体论和方法论的雏形

比《尚书》成书稍晚的《易经》是中国现存最早的一部哲学著作，而

---

① 尚书［M］.陈戌国，校注.长沙：岳麓书社，2019：109.

刚、柔二字贯穿了整部经典。据统计，刚、柔以文字形式直接出现在《易经》的共 55 个卦中，而且大部分是在《象》中用来解释卦象的。例如：

小畜卦的《象》是：柔得位，而上下应之，曰小畜。

履卦的《象》是：柔得中而上行，虽不当位，利用狱也。

否卦的《象》是：内阴而外阳，内柔而外刚，内小人而外君子。

恒卦的《象》是：刚上而柔下，雷风相与，巽而动，刚柔皆应，恒。

贲卦的《象》是：柔来而文刚，故亨。分，刚上而文柔。

剥卦的《象》是：剥也，柔变刚也。不利有攸往，小人长也。

未济卦的《象》是：未济亨，柔得中也……虽不当位，刚柔应也。

兑卦的《象》是：刚中而柔外，说以利贞，是以顺乎天，而应乎人。

……

由于卦象不同，用于解释并承载卦象规律的刚、柔含义自然也不相同，在《易经》中"刚""柔"实质上已经初具了"柔道"哲学本体论和方法论的雏形。《周易·系辞下》总结道："刚柔者，立本者也，变通者，趣时者也。"即刚、柔是《易经》得以立卦的根本，是决定万事万物发展方向的两种根本力量；人要根据刚柔的变化规律来自我调整，以实现趋时变通。在这个层面上，《易经》要比《尚书》更进一步，对刚柔规律的阐释和运用也更加具体和多元。虽然《易经》向来被人们视为是"崇阳抑阴"，但实质上它也是尚柔的，从卦体上看，64 卦中凡上卦为阴卦的多为吉卦，而上卦是阳卦的大多为凶，表现了一种柔弱处上刚强处下则吉的思想，另外，《易经》中凡属阳卦皆阴爻居多，既有以柔克刚之义，又有以柔顺道之旨。这为后来柔道哲学的真正确立奠定了坚实的基础。

（三）《道德经》：柔道的集大成者

春秋末年，老子的《道德经》横空出世，成为柔道哲学的集大成者。《道德经》是中国历史上罕见的集中系统论"柔"的哲学著作。《道德经》共八十一章，单论"柔"的有 11 处，单论"弱"的有十处，"柔弱"合用的有 5 处，直接用"柔""弱"的共 25 处，综观全文，贵"柔"则一以贯之。在现存古籍中，《吕氏春秋》首先对《老子》思想进行了概括，提出了"老聃贵柔"① 的观点，后来《史记》也转引了吕氏之说。"柔道"究竟是什么？由于"道可道，非常道"，老子也无法为之下个明确的定义，而是借助意象进行"不能解释的解释"，通过联系强、弱、胜、负、生、死来昭示"柔道"之贵。老子以"柔""弱"从正面表明了自己的主张，以"强""刚""坚"从反面加深、加强了论述。

老子对"柔道"的规律进行了总结：第一，"柔弱者生，坚强者死"。在《老子·七十六章》中，老子以"人之生也柔弱，其死也坚强"，"草木之生也柔脆，其死也枯槁"为例得出了"坚强者死之徒，柔弱者生之徒"的结论，在《老子·四十二章》中，"强梁者不得其死"则是一针见血地指出强暴者不得好死的论断，这其实也内含了老子"仁"的价值求追。第二，"柔弱处上，坚强处下"。《老子·四十三章》中"天下之至柔，驰骋于天下之至坚"认为天下最柔软的东西，可以驱使天下最坚硬的东西，后《老子·七十八章》中指出"天下莫柔弱于水"，而水是"善利万物而不争，处众人之所恶，故几于道"（《老子·八章》），以水的宝贵品质指出"在上"者的品德：柔弱、慈爱、检啬、谦下、不争。在《老子·六十六章》中老子指出"江海所以能为百谷王，以其善下之，故能为百谷王"，再次论述了"柔弱处上"的规律。第三，"柔之胜刚，弱之胜强"。《老子·三十六章》中说："将欲歙之，必固张之；将欲弱之，必固强之；将欲废之，必固兴之；将欲取之，必固与之。是谓微明。柔弱胜刚强。"老子从物极必反、对立转化的运动规律中指出强是弱的前兆，举是废的端倪，只有处于柔弱地位才能战胜刚强，这一规律也常被后人视为一项重要的战略原理。

老子不仅对"柔道"规律进行了总结，还提出了"柔道"的方法论原则："反者，道之动，弱者，道之用。"（《老子·四十章》）即事物总是向其对立面转化，而柔弱正是大道发挥作用的方式，因此要善于运用"柔道"。根据"柔道"，老子举出了大量方法，如：天下至柔者为水，要学习

① 吕氏春秋［M］. 陆玖，译注. 北京：中华书局，2011：335.

水的柔性美德，水有七善，至善之人要像水一样"居善地，心善渊，与善仁，言善信，政善治，事善能，动善时。夫唯不争，故无尤"（《老子·八章》）。人要专气致柔，只有聚合精气归于柔顺，只有精充气和才能使心身和谐，才能如婴儿般平和安宁。因为"物壮则老"，所以要贵柔守雌，进道若退。老子认为战争为不祥之器，只有在不得已的时候才用，"木强则折，兵强则灭"，因此他强调"以道佐主，不以兵强"，"善果而已，不敢取强"的用武观等。这些都为后来者提供了宝贵的关于修身、养生、治国、议兵方法。

老子的"柔道"实质上强调的是"贵柔"以"求强"。柔弱与刚强是一对矛盾，是事物运动的两方面，在一定条件下可以相互转化，老子认为"贵柔"是达到强的一种方法。首先，"守柔曰强"（《老子·五十二章》）。老子的强是一种特殊的坚守柔弱的强，在这里柔既是一种在低谷时持有的韧性，也是一种在高峰时保持的虚己性，所谓"居低不卑，居高不亢"才是真正的强。其次，"自胜者强"（《老子·三十三章》）。老子认为战胜他人的人是有力，而战胜自己的人才是强，因此要自知自胜，要不断完善自我而图强。再者，"强行者有志，不失其所者久"（《老子·三十三》）。即顽强坚持的人叫作有志，不失根本的人才能长久，要做到勤勉力行、矢志不渝才能最终实现目标。

总而言之，老子"柔道"思想在修身、治国、用兵、处事等方面均有着积极的影响。两千多年以来，老子"柔道"思想其实已逐渐渗入民族的血脉之中，成为中华文化以及民族性格的重要组成部分。

（四）《道德经》历代注本：柔道的进一步阐释

《道德经》对古今中外都产生了巨大的影响，仅据元朝时期的统计，各类研老注老著作就已超过三千余种。迄今，具有代表性的注本有：

先秦至六朝：马王堆汉墓帛书《老子》（文物出版社）、韩非《解老、喻老》、河上公《老子道德经》（四部丛刊）、严遵《道德真经指归》（《道藏》）、王弼《老子道德经注》、谷神子《老子微旨例略》、葛玄《老子节解》、顾欢《道德真经注疏》、无名氏《道德真经次解》、王羲之《道德经贴》等 15 部。

初唐至五代：魏征《老子治要》、傅奕《道德经古木篇》、成玄英《道德经开题序诀义疏》、李荣《道德真经注》、李约《老子道德真经新注》、唐玄宗《御注道德真经》、王真《道德真经论兵要义述》、陆希声《道德真经传》、杜光庭《道德真经广圣义疏》、乔讽《道德经疏义节》等 20 部。

两宋至元代：王安石《老子注》、司马光《道德真经论》、苏辙《老子解》、吕祖谦《音注老子道德经》、宋徽宗《御制道德真经》、赵孟頫《老子道德经》、陈象古《道德真经解》、赵秉文《道德真经集解》、范应元《老子道德经古本集注》、李道纯《道德会元》、陈景元《道德真经藏室纂微篇》、吕惠卿《道德真经传》等 45 部。

明代：明太祖《御注道德真经》、危大有《道德真经集义》、李贽《老子解》、归有光《道德经评点》、薛蕙《老子集解》、吴勉学《校老子道德经》、朱得之《老子通义》、王樵《老子解》、赵亮《老子译注》等 35 部。

清代：王夫之《老子衍》、张尔歧《老子战略》、严复《老子道德经评点》、姚鼐《老子章义》、纪昀《老子道德经校订》、魏源《老子本义》、文廷式《老子校语》、李涵虚《道德经注释》、任兆麟《老子述记》、易佩绅《老子解》、吴汝纶《点勘老子读本》等 50 部。

民国以来：钱基博《老子道德经解题及其读法》、钱穆《庄老通辨》、任继愈《老子今译》、钱钟书《老子王弼注》、梁启超《老子哲学》、冯友兰《中国哲学史论文二集》、胡适《老子校》、林语堂《老子的智慧》、陈鼓应《老子注释与评价》、朱谦之《老子校释》等 112 部。

国外学者：武内义雄《译注老子》《老子原始》《老子之研究》，木村英一《老子之新研究》、东条一堂《老子王注标识》、大田晴轩《老子全解》（日本刊本）、福永光司《老子》、狩野直喜《老子河上公注跋》8 部。

如此庞大的研老注老著作，汇集了各家各派的智慧，他们之中有唐玄宗、宋徽宗、明太祖这样的帝王，有魏征、王安石、司马光、纪昀、魏源等名臣，有政治家、军事家，有教育家、文学家、史学家。各种注本从不同角度、不同层次、不同背景对《道德经》的思想进行了注释，其中大量对柔、柔道的精辟解释和阐述丰富了柔道哲学的内涵和外延，形成了以《道德经》为内核的柔道思想研究体系，这构成了柔道战略的生成和发展的思想基础。

（五）其他著作：柔道的丰富与发展

关于柔道思想，还有很大一部分是分散于其他古代各类经典古籍中。虽然柔、柔道在这些经典著作中并不像在《道德经》以及历代注本中那样集中系统地出现，有的仅仅是只言片语，但不可否认的是，就是这些分布广泛的"只言片语"却极大地丰富了柔道的内涵，并推动了它的发展。例如：

子思《中庸》："送往迎来，嘉善而矜不能，所以柔远人也……柔远人则四方归之，怀诸侯则天下畏之。"①

黄石公《三略》："军谶曰：柔能制刚，弱能制强。柔者，德也。刚者，贼也。弱者，人之所助。强者，怨之所攻。柔有所设，刚有所施，弱有所用，强有所加，兼此四者，而制其宜。"②

王诩《鬼谷子》："变化无穷，各有所归，或阴或阳，或柔或刚，或开或闭，或驰或张。是故圣人一守司其门户，审察其所先后，度权量能，校其伎巧短长。"③

左丘明《国语》："古之善用兵者，因天地之常，与之俱行。后则用阴，先则用阳；近则用柔，远则用刚。"范蠡要求人事必须顺应天地之常道："敌国之制，立断之事，因阴阳之恒，顺天地之常，柔而不屈，强而不刚……圣人因而成之。"④

刘安《淮南子》："行柔而刚，用弱而强，转化推移，得一之道而以少

① 子思. 中庸 [M]. 南昌：江西美术出版社，2018：552.
② 黄石公三略今注今译 [M]. 魏汝霖，注译. 台北：台湾商务印书馆，1976：33.
③ 鬼谷子. 鬼谷子 [M]. 北京：中国文史出版社，2003：4.
④ 左丘明. 国语 [M]. 上海：上海古籍出版社，2015：433.

正多……是故欲刚者，必以柔守之；欲强者，必以弱保之。积于柔则刚，积于弱则强。观其所积，以知祸福之乡。强胜不若己者，至于若己者而同；柔胜出于己者，其力不可量。故兵强则灭，木强则折，革固则裂，齿坚于舌，而先之敝。是故柔弱者，生之干也，而坚强者，死之徒也；先唱者，穷之路也；后动者，达之原也"①，"厉利剑者必以柔砥，击钟磬者必以濡木，毂强必以弱辐：两坚不能相和，两强不能相服，故梧桐断角，马牦截玉"②，"柔弱者，道之要也"③。

吕不韦《吕氏春秋》："士不偏不党，柔而坚，虚而实。"④

贾谊《顺道》："安徐正静，柔节先定，卑湿共金，卑约主柔。常后而不先"；《称》："安徐正静，柔节先定。善予不争。此地之度而雌之节也"。⑤

河上公《河上公章句》：《老子·三十六章》"柔弱胜刚强"，河上公注："柔弱者长久，刚强者先亡也。"《老子·十章》"能为雌"，河上公注："治身当如雌牝，安静柔弱，治国应变，和而不唱也。"⑥

班固《汉书·叙传下》："孝元翼翼，高明柔克。"⑦

颜师古《汉书注》："谓人虽有高明之度，而当执柔，乃能成德也。"⑧

诸葛亮《将苑》："善将者，其刚不可折，其柔不可卷，故以弱制强，以柔制刚。纯柔纯弱，其势必削；纯刚纯强，其势必亡；不柔不刚，合道之常。"⑨

---

① 刘安. 淮南子［M］. 长沙：岳麓书社，2015：5.
② 刘安. 淮南子［M］. 长沙：岳麓书社，2015：170.
③ 刘安. 淮南子［M］. 长沙：岳麓书社，2015：6.
④ 吕氏春秋［M］. 高诱，注. 上海：上海古籍出版社，2014：604.
⑤ 陈广忠，梁宗华. 道家与中国哲学（汉代卷）［M］. 北京：人民出版社，2004：62.
⑥ 陈广忠，梁宗华. 道家与中国哲学（汉代卷）［M］. 北京：人民出版社，2004：62.
⑦ 班固. 汉书［M］. 北京：团结出版社，1996：1091.
⑧ 汉书［M］. 颜师古，注. 北京：中华书局，2002：4239.
⑨ 将苑［M］. 张天夫，注译. 西安：陕西人民出版社，1987：47.

吕祖谦《东莱文集》："天下之难初解，当以柔治天下，和缓安靖，不须躁促急迫，欲民服我。"①

张湛《皇帝注》："柔弱不以求刚而自刚，保弱不以求强而自强"；《仲尼注》："以至柔之道御万物，物无与对，顾其功不显。"②

李筌《太白阴经》："德贵柔远，而谋不可亡。"③

苏辙《栾城后集》："以柔御天下，刚强者皆乘风而靡。"④

苏洵《嘉祐集》："善制天下者，先审其强弱以为之谋……天下之势有强弱，圣人审其势而应之以权。势强矣，强甚而不已则折；势弱矣，弱甚而不已则屈。圣人权之，而使其甚不至于折与屈者，威与惠也。夫强甚者，威竭而不振；弱甚者，惠亵而下不以为德。故处弱者利用威，而处强者利用惠。乘强之威以行惠，则惠尊；乘弱之惠以养威，则威发而天下震栗……贤将能以寡为众，以小为大……智者轻弃吾弱，而使敌轻用其强，忘其小丧而志于大得，夫固要其忠而已矣。"⑤

范晔《后汉书·郑兴传》："今陛下高明而群臣惶促，宜留思柔克之政，垂意《洪范》之法。"⑥ 李贤注："克，能也。柔克谓和柔而能立事也。"

唐玄宗《"天门开阖"疏》："能守雌柔，可享元吉。"⑦

归有光《送张子忠之任南昌序》："为沉潜之刚克，为高明之柔克，惟其道之所至，不能预期也。"⑧

---

① 陆建华，沈顺福，程宇宏，等. 道家与中国哲学（魏晋南北朝卷）［M］. 北京：人民出版社，2006：410.
② 陆建华，沈顺福，程宇宏，等. 道家与中国哲学（魏晋南北朝卷）［M］. 北京：人民出版社，2006：163.
③ 陈国勇. 太白阴经［M］. 广州：广州出版社，2004：2.
④ 苏辙. 摛藻堂景印四库全书·栾城后集（卷七）［M］. 台湾：台湾世界书局，1949：11.
⑤ 苏洵. 嘉祐集选注［M］. 上海：上海古籍出版社，1993：2.
⑥ 范晔. 后汉书［M］. 杭州：浙江古籍出版社，2000：343.
⑦ 张成权. 道家与中国哲学（隋唐五代卷）［M］. 北京：人民出版社，2004：327.
⑧ 归有光. 震川先生集（上）［M］. 上海：上海古籍出版社，2007：236.

王夫之《读通鉴论》:"柔道非弱之谓也,反本自治,顺人心以不犯阴阳之忌。"①

总而言之,中国古代学者对柔道的研究成果非常丰硕,不仅从哲学上对柔道进行了总结,还将之成功延伸并运用于政治、军事、外交等领域中,形成了以《道德经》为核心,以《道德经》的各家注解为内核,以其他相关经典著作为外核的柔道学术研究系统。这个学术系统无论在价值性、层次性还是整体性上都已经相当的完备,构成了后世学者研究柔道的重要思想基础。

二、近代学者柔道战略研究开拓

近代柔道战略研究主要集中在日本,这个阶段可以称为柔道战略思想的开拓阶段。之所以将这个阶段称为柔道战略研究的开拓阶段,是因为日本"柔道之父"嘉纳治五郎在老子、黄石公等中国道家思想家的影响下,综合了本国各流派柔术特点,并对其进行取舍改造,创造了"柔道"这项被称为是"以退为进,为赢得最终胜利而首先做出让步"的享誉世界的搏击运动。这为后来"以武悟道""以武喻道"奠定了基础。从搏击、搏斗这个层面上讲,柔道则更接近了战略的本性:对立意志间的冲突,一场大规模的决斗。

这个阶段柔道战略研究的主要成就便是嘉纳治五郎的柔道思想。嘉纳治五郎柔道思想包括"道"与"术"两个部分,"道"属于哲学、理论层面,"术"则是关于柔道的具体技术层面,它们共同推进了柔道思想的向前发展。

(一)嘉纳治五郎柔道思想中的"道"

嘉纳治五郎于1882年在日本东京创立讲道馆,开始讲授柔道理论与技术;1889年提出柔道中的"以柔克刚"理论;1898年创设"造士会",并创办《国士》刊物;1915年创办《柔道》杂志;1922年创立讲道馆文化

---

① 王夫子. 读通鉴论(卷六)[M]. 长沙:岳麓书社,1996:223.

会。嘉纳治五郎在这些刊物以及活动中大量论述了柔道的概念和原理，如：

——柔道乃是最有效地运用身心之力的富含哲学原理的体育运动。

——柔道就是采用"以柔克刚"的原理来制胜对手的技术和理论的总合，堪称一个学科。

——柔道的这个"柔"字，一言以蔽之，就是以柔克刚的意思，柔道和相扑截然不同，柔道是伴随着学习高尚理论的一种修行。

——"柔"是一种"善德"，"刚"是一种恶德，"弱"可以给予别人帮助，而"强"容易与人结怨。

——善用身心之力者谓之柔道。

——人类的一切活动，都需要动用精神与身体两方面的力量。要想达到好的目的，就需要最有效地运用心、身两方面的力量。因此，心身的有效使用方法，应该是为了成功达到目的必须贯穿于一切人类活动之道。

——人之生，斯世不可枉费精力，宜本天性、随境遇、察国情以就崇高之业，此之谓立志。

——根据最善于运用能力的原理，帮助人们实现各自的人生目标。

——以柔克刚就是不依靠自己的力量，却借助对手的力量来制胜对手。

——人生在世真正有意义的事，体现在你在一辈子中为社会与他人提供的价值。

——柔道的修业就是通过练习攻防技能来使得身体和精神两方面得到充实锻炼，是为了体验这种所谓哲学原理的真髓，并且由此而提升自我，使自己成为一个对于人类社会有用的人才。

1922 年，嘉纳治五郎用"精力善用，自他共荣"八字对其毕生关于柔道的思想进行了总结，这也是他关于柔道思想的最大创新。"精力善用"即"最富有成效地使用力量"，是通过柔道特有的攻防技巧，运用自己全部气力、体力、智力以最合理、最有效的方法制伏对手；"自他共荣"即"相互的幸福安康"，柔道乃是将心理、身体、技能、精神、生活、社会、国家以及人类社会一以贯之，从自我修养出发达到自我完善，以相互扶助、共生共荣为目的的一种高尚追求。"为人谋益，为世界谋和平"既是嘉纳先生的座右铭，也是柔道精神的精髓所在，可见，柔道精神内在包含了善德的属性。嘉纳治五郎的柔道精神体现了工具理性与价值理性的统一，他认为柔道精神不仅在武艺的习练中，而且在人类社会的各个方面都应该得到贯穿。即要求人们在日常生活中，不仅要讲究最有效的方法，而应互相谦让、互相协作、不分你我、携手并进。由讲道馆监修，本友社于1988年5月出版的《嘉纳治五郎大系》、五月书房于1992年出版的《嘉纳治五郎著作选》以及嘉纳治五郎的哲学著作《贵地》（团结贮藏地）① 等都是研究嘉纳先生柔道思想的重要文献。

（二）嘉纳治五郎柔道思想中的"术"

嘉纳治五郎创立讲道馆后，制定了一整套的柔道修炼方法，包括修行目的、具体手段、基础知识、基本动作、技术原理、理念、安全方面必要事项等。这是柔道哲学在运动中的具体运用，也成为后来学者体悟柔道精神的重要途径。嘉纳先生将传统柔术技术精化为投技（立投、舍身投）、固技（抑技、绞技、关节技）、当身技（手技、足技）三大技术，他从摔法到地面的踢打制敌技术都做了细致的分类和规定，形成了柔道完整的技术系统。嘉纳治五郎对丹田、生物能量集中问题秉持着一种可贵的唯物主义观点。根据传统的东方搏斗艺术，生物能量的集聚，可达到出色的结果。这位柔道创始人首先将丹田视为人体的重心。他对特殊技巧运动附录中的机械定律、平稳理论都进行了仔细研究，并且以相应的方式进行注释。以杠杆借力为核心的"失衡术"可谓柔道的灵魂，"失衡术"的正确设计与完成是柔道的一半，它可以使对手失去平衡并被摔倒在地。

在教学目的、程序、方式和内容上，嘉纳先生也做了科学的安排，如表1-1所示：

---

① （俄）普京，（俄）舍斯塔科夫，（俄）列维茨基著，和普京一起学柔道，当代世界出版社，2011：10.

表 1-1　嘉纳治五郎的柔道教学理念

理念	在尊敬对手的基础上制服对手				
修行目的	体（体育）：身心锻炼	技（胜负）：攻防技术	心（修心）：磨炼心性		
修行方法	乱取法：在不失礼仪、不相互伤害的前提下，遵守一定规则，在自由的移动中互相进行攻击防御的练习方法	形法：预先设定好的顺序和方法，遵循规定学习技术的一种练习方法	讲义法：柔道修行的过程中，在实战以外的其他时间段开设讲义形式的课程来学习柔道的基础知识	问答法：修行者在修行的过程中，向指导者提出一些不解的问题，由指导者进行解答，直至弄明白为止的一种学习方法	
基础知识	柔道衣：以白色为主，或黄白色，木棉白、无任何染色、朴素	礼法：1. 自己（战胜自己的私欲，冷静、沉着、谦虚）2. 对手（敬意、感谢）3. 场地（对什么都没有的礼仪）4. 四秒（在这四秒钟的意义中，通过行礼的形式展现出对自己、对对手、对练习场的敬意）	基本动作：1. 姿势 2. 观察 3. 受身 4. 抓握 5. 移动	技术原理：1. 崩 2. 作 3. 挂 4. 投 5. 固	安全事项：1. 摔时，不要给对方造成伤害、要使对手能够进行受身 2. 关节技和绞技使用时要注意安全性、不要极端地进行
练习	和任何人练习	高水平与低水平	低水平与高水平	同等水平	见习
	留三分余力				
资料来源：《讲道馆柔道讲义》《柔道教本》《嘉纳治五郎》					

正所谓"拳虽小技，其道存焉"，嘉纳治五郎将老子"以柔克刚"的思想巧妙地运用到柔道技术中，又通过柔道投技中的顺势化力、借力打力、不相撞对抗、以小博大的技术特征将柔道的哲学原理鲜活地表现出来。但固技、绞技和投技又有很大的技术差别，投技的技术原理在固技和绞技中并不能成功运用，于是嘉纳治五郎通过反复的实践探索，终于找到了能够总结柔道技术的原则：精力善用，即最有效地运用身心之力。在此基础上，嘉纳治五郎更进一步，提出了柔道的价值理念：自他共荣，即在完善自己的同时，也要让对手、他人、社会、国家、人类共同受益。由此，嘉纳治五郎从老子、黄石公的柔道理论到柔道技术中的"以柔克刚"，再从"精力善用"到"自他共荣"，实现了从技术层面向价值层面的飞跃，完成了柔道由术向道的哲学升华。柔道中"术"的层面也为后来"柔道战略"概念的提出者大卫·B. 尤费总结出柔道战略移动、平衡、杠杆借力三原则提供了直接经验。

因此，可以说嘉纳治五郎是柔道战略生成史中承上启下、至关重要的人物，他在老子等道家思想家的基础上，将柔道引入搏击领域，将其发展成为一种如何使用力量的哲学，并且提出了"柔道"若干博弈原则，这直接成了"柔道战略"的提出者大卫·B. 尤费的理论来源。

三、现代学者柔道战略研究成就

现代柔道战略研究取得新进展主要是在美国，这个阶段可称为柔道战略思想的创新阶段。这个阶段最大的特点是柔道战略在经济领域上得到了成功运用和创新发展。经济学家吉尔曼和赛勒普提出了"柔道经济学"，它描述了小公司将强大对手的规模优势转化为自己的优势的柔道策略，即通过表面降低进入者带来的威胁来诱使市场占有者容忍他们的出现而不是反击。盖瑞·哈默尔和普瑞·哈拉德提出"竞争性创新就像柔道：利用对手的实力对抗他们，最终打倒他们"[1]。彼得·德鲁克提出了"企业家柔

---

[1] HAMEL G, PRAHALAD C K. *Strategic Intent* [J]. Harvard Business Review, 1989, 67 (3)：63－76.

道"，认为：在获得某一个产业或市场的领导和控制地位的战略中，企业家柔道战略是风险最低、成功率最高的战略。大卫·B. 尤费和玛丽·夸克在"柔道经济学"的基础上提出了"柔道战略"，并将其目标设定为"不仅仅是要在市场中夺得立足之处，而是去建立一个日益发展壮大并最终获利的大企业"。这些思想的核心都是在探索如何在经济领域上"以弱胜强，以小博大"，而这些思想之所以能够在美国提出，一是源于美国丰富的经济实践和激烈的经济竞争，这为柔道战略理论的创新提供了充分的案例支撑；二是得益于"柔道"这项搏击运动在美国的广泛传播，"柔道战略"概念的提出者大卫·B. 尤费就承认：柔道战略的范围超越了柔道经济学，它追溯到最初的源泉去寻找灵感——回归到 100 多年来一直被柔道大师教授的基本原则中去寻求妙义。大卫·B. 尤费就是运用"柔道"运动来作为系统性战略思考的基础，其所要探求的是企业管理人员在经营过程中是否使用了类似柔道搏击的技巧，以及作为比喻的柔道战略创建企业战略和沟通战略。事实上，在美国大量的管理学丛书中，"柔道"这项搏击运动早就以比喻的形式出现在了商业界、学术界和战略学界的语言中了。很多企业管理者、战略经济学家以及战略专业的学生都习惯地将自己的商业策略称为"柔道"或"柔术"。在美国诸多的学术期刊中，柔道战略不仅被用于企业案例的总结，还被用于政治措施的概括上，如 Davenport And Coral 于 2012 在 *National Journal* 杂志发表的 "Obama's Judo Strategy on Energy" 就是一个经典案例，文章讨论了美国经济和政治的发展，它的重点是美国总统奥巴马在 2012 年初发表的国情咨文，是为奥巴马在 2012 年的竞选活动制定的两个方面的能源进攻战略。分散应用于其他领域的案例也不胜枚举，如意大利金牌足球教练安切洛蒂的《领导者的"柔"之道：赢得人心、集思广益、取得竞赛》将柔道引入了柔道管理学，而大卫·B. 尤费可以说是新时期柔道战略的集大成者，其著作《柔道战略：小公司战胜大公司的秘密》可以说是美国柔道战略研究的代表之作。

柔道战略在美国的创新发展不仅在于它对经济领域的价值，更在于它为我们提供了一种新视野、新方法、新思维，弥补了东方文化中重"道"

而轻"器"，重"道"而轻"术"的弱点。平心而论，柔道战略在"道"
的层面、哲学的层面上要远胜于西方，而在"术"的层面、应用的层面上
要逊色于西方，我们的文化擅长于原理的抽象和概括，却缺乏原理的演绎
和具体化，所以那些总结出来的真理除了高高在上、晦涩难懂就是令人生
畏、难以落地，即使是知其然也未必知其所以然；西方的思维习惯正好相
反，它可以为一个所要阐述的原理建构出系统的分析框架，以"实用"为
目的把这个原理的来龙去脉、具体运用说得清楚明白。也正因如此，柔道
战略才能在美国新的具体的经济领域上率先取得突破性进展。这是需要我
们反思和弥补的。

四、当前柔道战略研究成果的缺陷与不足

整体而言，当前柔道战略研究的成果存在着明显的缺陷和不足。第
一，柔道战略的生成史与学术史研究处于某种缺失或混沌状态。有些学者
将柔道战略的源头定位失误，有的忽略了柔道战略的某个生成阶段，有的
对柔道战略研究的文献没有梳理清楚，如 Jorge Gleser 和 Paul Brown 在美国
杂志 American Journal of Psychotherapy 发表的文章 "Judo Principles and Prac-
tices：Applications to Conflict – solving Strategies in Psychotherapy" 将柔道的
提出定位至光武帝刘秀；大卫·B. 尤费仅仅将柔道战略的来源定位到了日
本嘉纳治五郎以及柔道经济学，而忽视了柔道战略的其他发展阶段和真正
的哲学思想源头，这都影响了柔道战略的进一步深入研究。第二，以专向
研究为主，综合性研究较为罕见。当前柔道战略主要聚焦于战略管理这一
专题上，其他领域基本很少涉及，综合性研究更是罕见。第三，以具体问
题研究为主，缺乏抽象理论的概括。尤其是大卫·B. 尤费的柔道战略思想
诞生后，各种以之为分析框架的研究大量涌现，但基本都聚焦在具体问题
上，如对微软、360、eBay、Netscape、Kiwi International Airline 等企业发展
战略的分析，以及对中小企业如何实现以小博大进行探索，但这些研究大
都缺乏进一步的理论提升和概括。第四，没有形成完整的战略理论体系。
无论是古代、近代还是现代，柔道战略思想虽然博大丰富，但是仍没有形

成具有战略哲学意义的理论体系和框架，概念也是模糊不清，并长期以一种比喻的形式存在。如 Jorge Gleser 文中所列举的，将柔道视为"having a compliant attitude"（保持谦逊和柔顺的态度），"Winning by 'giving way'"（通过"让步"的方式取得胜利），大卫·B. 尤费对柔道战略的概念定义也不清晰，仅仅将之视为"放弃硬碰硬的决斗模式"，而且仅将目光放置于具体方法和战术层面上。这些缺陷和不足导致了人们对柔道战略的理解出现了偏差，也由此限制了它的学术影响力以及在实际环境中的运用能力。

第二章　柔道战略的概念及其原理构建

柔者非弱之谓也，反本自治，顺人心以不犯阴阳之忌也。

——王夫之

诚如著名战略家克劳塞维茨所言："模模糊糊、似是而非、混淆不清、随意杜撰的概念对于实际生活有什么好处呢？几乎没有什么好处。理论只要用了这样的概念，就始终同实践是对立的，就往往受到能征善战的将帅的嘲笑。"① 因此，在阐述柔道战略理论前，首先要厘清柔道战略的概念。当然，任何一个概念都很难做到面面俱到并且毫无疏漏，因此，本书在给柔道战略下定义的同时，还增加了与之相关概念的比较分析，试图以规定性定义法和描述性定义法使柔道战略概念清晰化和完整化。

---

① 克劳塞维茨. 战争论［M］. 中国人民解放军军事科学院，译. 北京：解放军出版社，2005：157.

第一节 柔道战略的概念界定

一、柔、柔道、柔道战略概念

（一）柔

"柔"有多种含义，根据许慎的《说文解字》：木曰曲直；凡木曲者可直，直者可曲曰柔。《康熙字典》对"柔"字的解释有五：木曲直；又柔者刚之反；又安也；又服也；又草木新生曰柔；又国名。《古汉语字典》对"柔"释义为：草木始生，稚嫩；柔软，柔弱；和，顺；安抚。《现代汉语词典》中"柔"的字义很多，作为形容词主要是：软，不硬，软弱，柔韧，温和；作为动词主要指：安抚或平息，尤其是通过让步；作为名词是指车轮的外周。在不同的语境下，"柔"的释义也有所差异。

在"柔道战略"这一特殊语境中，"柔"应具有以下几种释义：（1）柔弱。是指战略主体当前的力量薄弱，处境不利，暂时无法与对手直接抗衡。（2）柔韧。是指战略主体面对强敌的精神状态是柔而不屈、柔而不可迫的，同时也意喻其战略手段灵活多变，具有极大弹性。（3）柔克。战略主体为了赢得最后的胜利，通过暂时的退让、妥协等方式来安抚或平息激烈的矛盾，为自己储蓄力量、争取主动赢得时间和空间。

（二）柔道

经过梳理，柔道目前有三种定义：

第一种解释是"柔之道"，即是关于"柔"的哲学，是一种富有中国智慧的哲学思想。"柔道"二字最早见于《易·姤》："象曰：系于金柅，柔道牵也。"① 老子在《道德经》中对柔的哲学进行了系统全面的总结

---

① 傅佩荣. 解读易经［M］. 上海：三联书店，2007：286.

（详见第一章）。

第二种解释是一种治国理政的方法。据《后汉书》对光武帝刘秀的记载："时宗室诸母因醋悦，相与语曰：文叔少时谨信，与人不款曲，唯直柔耳。今乃能如此！帝闻之，大笑曰：吾理天下，亦欲以柔道行之。"① 这里的柔道已经成了一种治国的理念和方法。

第三种解释是流行于日本的以摔法和地面技为主的格斗术。据《哥伦比亚百科全书》记载，柔道是将对手的体能和力量为己所用，借力打力，击败对手而获胜的一种武术，它使弱者或体重处于劣势的人能够战胜身体方面占优势的对手。最初这种格斗术是由中国浙江传入日本，称为"柔术"，后来嘉纳治五郎经过综合日本各派"柔术"的精华而创建了现代柔道，因此他也被誉为"柔道之父"。这个定义也为当前人们所熟悉。但是，柔道绝非日本人所说的"纯粹是本国创造"，德国柔术研究大家、著名文化学者卡尔·嘎格曼曾经在20世纪20年代指出，日本柔术搏击术的知识基础，与其他搏击术一样，都起源于中国。日本人的意图不过是想用"自主知识产权"把柔道的级别抬得更高而已。②

这三种定义虽然看似不同，实质上却有先后之别和源流之分。柔道哲学是柔道治国理政方法和柔道格斗术的源头和指导思想，柔道治国理政方法和格斗术是柔道哲学在不同领域的具体运用。为避免各种定义所产生的混淆，本书的"柔道"采取最本源的含义，即"柔道"就是关于"柔"的哲学，是中国古代哲学中的一种，亦可称之为柔道哲学，老子是柔道哲学的集大成者。如文中有"柔道"其他定义的使用会特别标明，如"柔道"单独出现则指的是"柔道哲学"。

（三）柔道战略

"战略"这一概念本身就具有诸多分歧，战略学者们的提法也相差甚

---

① 范晔. 后汉书 [M]. 北京：中华书局，1999：47.
② 弗拉基米尔·普京，瓦西里·舍斯塔科夫，阿列克塞·列维茨基. 和普京一起学柔道 [M]. 赵卫忠，于冬敏，葛志立，译. 北京：当代世界出版社，2011：1.

远。从传统军事战略角度出发，克劳塞维茨、李德·哈特、雷蒙特·阿龙等著名战略家都认为：战略是运用军事力量以达到政治策略所定目标的一种艺术。法国著名战略家安德烈·博福尔认为这个定义失之过窄，因为它只提及了军事力量，因此，他将战略的定义修正为：战略是"一种运用力量使之对于政治策略目标达到做出最有效贡献的艺术"①。这个定义显然已经突破了传统军事战略，属于大战略的概念范畴，由此也更具科学性和当代性。安德烈·博福尔还认为战略的本质是一种抽象的相互作用，他在福煦思想的基础上更进一步，提出了一个具有战略哲学意义的定义：战略是"两个对立意志使用力量解决其争执时所用的辩证法艺术"②。这个定义准确捕捉到了战略的本质，具备了高超的哲学水准，显然已经超越了其他战略家。因此，本书也以安德烈·博福尔的观点作为战略的定义。

"柔道战略"是一个诞生于 2003 年的新名词，虽然它的实践要远远丰富于它的理论，但截至目前，对其下过比较明确定义的有三个代表性人物。第一位是中国明清时期杰出的哲学家、思想家王夫之，他在《读通鉴论》中对"柔道"进行了评议，认为光武帝刘秀不仅是以"柔道"开国，同时也是以"柔道"治国："乃微窥其所以制胜而荡平之者，岂有他哉？以静制动，以道制权，以谋制力，以缓制猝，以宽制猛而已，帝之言曰，吾治天下，以柔道行之。非徒治天下也，其取天下也，亦是而已。柔道非弱之谓也，反本自治，顺人心以不犯阴阳之忌也。"③ 在文中，王夫之虽未言明，但结合上下文可以推出其所言的"柔道"实质上就是柔道战略，他认为柔道不是软弱，而是顺应人心，不违背客观规律，不激化矛盾，是推动事物向好发展的一种方法。王夫之还总结了柔道战略的五大特征，即"以静制动，以道制权，以谋制力，以缓制猝，以宽制猛"。可以说，这个

---

① 安德烈·博福尔. 战略入门［M］. 军事科学院外国军事研究部，译. 北京：军事科学出版社，1989：5.

② 安德烈·博福尔. 战略入门［M］. 军事科学院外国军事研究部，译. 北京：军事科学出版社，1989：6.

③ 王夫子. 读通鉴论（卷六）［M］. 长沙：岳麓书社，1996：223.

定义是对柔道战略较为完整的概括。

第二位代表性人物是日本的嘉纳治五郎，他认为："柔道就是采用'以柔克刚'的原理来制胜对手的技术和理论的总合。"概念语境中的"柔道"实质上指的是柔道这项运动的战略或战术，这里将柔道"以柔克刚"的原理明确提炼了出来，使柔道战略概念进一步清晰化。

第三位是代表性人物是哈佛大学商学院的大卫·B.尤费教授，他从"什么柔道战略""哪些人应该采取柔道战略""什么时候应该运用柔道战略"三个维度进行了定义。他认为：（1）柔道战略是避其锋芒，放弃硬碰硬的思维模式；移动、平衡、杠杆借力是柔道战略的三大原则。（2）如果你是一个对抗强大竞争对手的弱小者；或者你是一个很有实力的竞争者，正要进入一个可能已被强大对手占据的领域；或者不论实力如何，你有能力（速度、灵活性和创造性）去打败对手，都可以采用柔道战略。（3）当应付竞争是你首要的战略重点时，或者竞争对手具有力量和规模优势时，或者面对面的直接竞争不可能获得胜利时，都是运用柔道战略的时机。①可以说这个概念更具体，更具有现代性，但仍有不足之处。如大卫·B.尤费教授所承认的，柔道战略在其理论系统中只是一个比喻，是以武喻道的产物，虽然比喻能使我们得以从全新的角度去看待问题、做出启发心智的联系并发掘尚未被触及的真理，但是其定义的精确性和完整性却无法得到保证。因此，柔道战略的概念需要进一步精确化和完整化。

结合前人的研究成果，本书为"柔道战略"下的定义为：柔道战略是相对弱者在柔道哲学思想的指导下，通过以柔克刚的原理和方法来实现以弱胜强的辩证法艺术。这个定义界定了柔道战略的使用主体是相对弱者，是在竞争中处于相对劣势的一方；其指导思想是柔道哲学；其目的是实现以弱胜强，赢得最后的竞争；其方式是以柔克刚的辩证法艺术。

---

① 大卫·B.尤费，玛丽·夸克.柔道战略：小公司战胜大公司的秘密［M］.傅燕凌，孙海龙，译.北京：机械工业出版社，2003：9.

二、柔道与刚道的区别与联系

刚与柔是中国哲学体系中的一对矛盾，是事物运动发展的两方面，在一定条件下可以相互转化。在《易经》中，刚、柔二字贯穿了全文，关于刚柔关系，《黄帝四经》认为"刚柔阴阳，固不两行。两相养，时相成"，即刚柔是对立统一、相反相成的关系。周敦颐在《太极图说》中将刚与柔视为立地之道，认为："立天之道，曰阴与阳；立地之道，曰柔与刚；立人之道，曰仁与义。"这沿袭了《易经》中的"刚柔者，立本者也"，把刚柔提升至了宇宙本体的地位。张载则更进一步，提出"阴阳天道，象之成也；刚柔地道，法之效也；仁义人道，性之力也；三才两之，莫不有乾坤之道也"①，认为刚柔属于地的本性，所以要效仿地的法则行事，与老子的"人法地，地法天，天法道，道法自然"遥相呼应。至此，刚柔的本体论属性与方法论属性得到了有机统一。

关于刚、柔的运用，各家均有所侧重，有所不同。《易经》以为："柔之为道，不利远者，其要无咎，其用柔中也。"老子贵柔，认为"柔弱胜刚强"，"天下至柔驰骋天下之至刚"。《黄帝四经》与《鹖冠子》在老子玄德论基础上，吸取了儒家阳刚之说，认为"刚不足以，柔不足恃"，主张刚柔并重，并在此基础上提出"刑德相养"的政治原则。范蠡将刚柔规律运用于军事，认为："古之善用兵者，因天地之常，与之俱行。后则用阴，先则用阳；近则用柔，远则用刚。……宜为人客，刚强而力疾，阳节不尽，轻而不可取。宜为人主，安徐而重固；阴节不尽，柔而不可迫。"《三略》中引用了《军谶》的思想，认为："柔能制刚，弱能制强。柔者，德也；刚者，贼也。弱者人之所助，强者怨之所攻。柔有所设，刚有所施；弱有所用，强用所加；兼此四者，而制其宜。"《将苑》中认为："善将者，其刚不可折，其柔不可卷，故以弱制强，以柔制刚。纯柔纯弱，其

---

① 李仁群，程梅花，夏当英. 道家与中国哲学（宋代卷）［M］. 北京：人民出版社，2004：204.

势必削；纯刚纯强，其势必亡；不柔不刚，合道之常。"这些关于刚柔运用的思想为柔道战略的形成与发展奠定了坚实的基础。

柔道是一种典型的矛盾哲学，其精神实质在于刚柔并济，以柔克刚。学术界普遍认为老子守柔，这是无误的，但是认为守柔即是只讲柔不讲刚，只讲阴而不讲阳，只讲雌而不讲雄，只讲无而不讲有则是错误的。《道德经》中，既没有纯柔纯弱、纯阴纯阳，也没有纯有纯无，有的是负阴抱阳、知刚守柔以及有无相生；老子哲学的确可以说是雌性哲学、阴柔哲学，但老子并不反对阳、雄、刚，老子强调的是"知其雄"而"守其雌"，知其白"而"守其黑"，守雌、守黑、守柔是为了保持雄、白、刚不向雌、黑、柔转化。《淮南子》则更进一步，指出柔道的行动原则——"志弱而事强，心虚而应当"。

所谓"志弱"，是指"柔毳安静，藏于不敢，行于不能；恬然无虑，动不失时；与万物回周旋转，不为先唱，感而应之"①，即柔顺虚静，将自己隐藏在不敢有所作为之中，行动上好似无能为力，恬静无思无虑，举动不失时宜，顺随事物变化，不首先倡导，感而应顺事物。所谓"事强"，是指"遭变应卒，排患扞难；力无不胜，敌无不凌；应化揆时，莫能害之"②，即在遭变故、遇突变，排御患难时，没有什么力量不可战胜、没有什么敌手不可制伏；应顺变化揆度形势，没有什么能够伤害他。

《淮南子》还将柔道"志弱而事强，心虚而应当"原理进一步具体化，指出"贵者必以贱为号，而高者必以下为基。托小以包大，在中以制外；行柔而刚，用弱而强；转化推移，得一之道，而以少正多"③；"是故欲刚者，必以柔守之；欲强者，必以弱保之；积于柔则刚，积于弱则强；观其所积，以知祸福之乡。强胜不若己者，至于若己者而同；柔胜出于己者，其力不可量。故兵强则灭，木强则折，革固则裂，齿坚于舌而先之敝。是故柔弱者，生之干也；而坚强者，死之徒也；先唱者，穷之路也；后动

---

① 许匡一. 淮南子全译（上）[M]. 贵阳：贵州人民出版社，1993：24.
② 许匡一. 淮南子全译（上）[M]. 贵阳：贵州人民出版社，1993：24.
③ 许匡一. 淮南子全译（上）[M]. 贵阳：贵州人民出版社，1993：24.

者，达之原也"①。

由此，柔道"行柔而刚，用弱而强"，"欲刚守柔，欲强保弱"，"积于柔则刚，积于弱则强"，"不为先唱，感而后动"的刚柔并济，以柔克刚的辩证法实质得以正确表述。

无论是"刚道"还是"柔道"，其精神实质都是"刚柔并济"，只不过，"柔道"强调的是"柔"，而"刚道"强调的是"刚"。而只有"刚柔分"且"刚柔正而位当"时才能获得所谓"刚柔并济"的成功，也就是说刚柔的运用要根据环境而定，唯变是从，才能达到理想的目标。突出强调某个方面的重要性，并不意味着另一方面就不重要，而是指在某种特定情境下这一方面更重要，这并没有违背辩证法的精神，相反，它正是辩证法的体现。就如约瑟夫·奈提出"软实力"概念，他并没有否定"硬实力"的价值和重要性，而是说在某种情况下，"软实力"比"硬实力"更具价值。柔道战略强调的是"柔"的功效，但并没有否定"刚"的价值，而是指在敌强我弱的形势下，"柔道"比"刚道"更具价值。因此，没有必要因为顾全他人的意见而走上一条毫无价值的折中的道路。

三、柔道与诡道的区别与联系

"诡道"是兵家的核心概念。春秋末年，《孙子兵法》开创性地提出了"兵者诡道"的军事思想，其所列举的"诡道十二法"也被后世兵家所沿袭。"诡道"，诡诈之道也，其强调的是诡计、诡诈、诡变、阴谋，在实质上"诡道"属于"以奇制胜"的思想范畴，这种思想是对西周时期以来崇尚"仁义礼让"等军事礼制规范的颠覆式创新，据《汉书·艺文志》记载："自春秋至于战国，出奇设伏，变诈之兵并作。"② 由此，西周以来恪守古军礼、"贵偏战，贱诈战"的作战模式被无情地扫除出了历史舞台，"诡道"思想也由此立于时代军事变革的潮头，为战争艺术的充分发挥开

---

① 许匡一. 淮南子全译（上）[M]. 贵阳：贵州人民出版社，1993：24.

② 班固. 汉书·艺文志 [M]. 北京：团结出版社，1996：330.

辟了广阔的空间。柔道与诡道本属于不同层面、不同领域的概念，但是在本质上二者又有着千丝万缕的联系，将二者进行对比有助于进一步将"柔道战略"的概念清晰化。

柔道与诡道都是对客观规律的总结，但二者的具体内涵不同。诡道所揭示的是人类战争的本质规律与内在要求，其核心精髓在于通过奇谋诡道来实现以奇制胜。相比于诡道，柔道的内涵则丰富并基础得多，它首先是对自然规律的总结，其次才由自然规律延伸向社会规律，阐释了"柔弱者生，坚强者死""柔弱处上，坚强处下""柔之胜刚，弱之胜强""贵柔"以"求强"等通用于自然与社会的柔道规律，柔道同时兼具了自然规律与社会规律的双重属性。

柔道与诡道都被充分地运用于人类的战略实践中，但二者的适用范围不同。孙子提出"诡道"概念时，就在"诡道"之前加了一个明确的限定词——"兵者"，即诡道并不适用于任何场合、任何领域，而是主要针对"兵者"这一战争、博弈、对抗的范畴，而后世常常忽略它前面的限定词将之误用于其他领域，最终导致了严重的灾难，所以"兵以诈立"并不意味着其他领域也能以"诈"立。而柔道是一种客观规律的表征，是比战争规律更深层次的规律，因此，它的应用范围要广泛得多。例如，范蠡、张良、陈平都是运用柔道战略的高手，他们将柔道成功地运用于政治、军事、外交实践，不仅取得了卓越的军功和政绩，还能"功成身退"，获得美好的人生结局，这是崇尚诡道的兵家所无法企及的。据《汉书·刑法志》记载："孙、吴、商、白之徒，皆身诛戮于前，而功灭亡于后"①，唐代李筌在《太白阴经·善师篇》中也认为："孙、吴、韩、白之徒，皆身被刑戮，子孙不传于嗣。"② 即孙武、吴起、韩信、白起这些兵家人物，虽战功赫赫却最终仍逃不过兔死狗烹、惨遭屠戮的结局。

柔道与诡道均强调以奇制胜，但二者的"阴谋观"却大相径庭。诡道

---

① 班固. 汉书·刑法志 [M]. 北京：中华书局，1960：1089.
② 李筌. 太白阴经 [M]. 长沙：岳麓书社，2004：27.

论认为，兵者，阴谋逆德，非道德仁义之事，为了能够在战场上以奇取胜利则可以不择手段，因此诡道对阴谋是极力推崇的，诡道的"奇"也由此负有强烈的阴谋色彩。柔道强调的是"以正治国，以奇用兵，以无事取天下"①，老子在此将"奇""正"之道的运用范畴做了限定，保证了真理的适用范围和条件。柔道作为道家思想的集中体现，在用兵上也强调出奇，"将欲歙之，必固张之。将欲弱之，必固强之。将欲废之，必固兴之。将欲取之，必固与之"②，即企图在强敌、劲敌面前，以各种手段迷惑并使之骄纵，通过创造一系列条件而陷敌于不利，从而实现以弱胜强的目的。在这里，柔道似乎呈现出了它"阴谋诡道"的一面，但道家并不认为这是阴谋而是顺应了自然、社会与人的本性，王充在《自然篇》中论述："道家德厚"；《十六经·顺道》强调"不阴谋"；深得老子用兵精髓，曾六出奇计的陈平也自我反省说："我多阴谋，是道家之所禁。吾世即废，亦已矣，终不能复起，以吾多阴祸也。"③ 可见，道家的柔道对"阴谋"的态度是反对和禁止的，但在实际运用中，柔道又或多或少带有"阴谋"的色彩，毕竟在战争这项残酷的人类斗争中，威力与欺骗是两大美德。

四、柔道与仁道的区别与联系

"仁道"即古代儒家所提倡的仁爱之道。孔孟倡仁学，将"仁"视为最高的道德准则和道德境界。首先，关于"仁"，孔子和孟子都将之定义为人的本质，是人与兽的最大区别，据《庄子·外篇·天道》记载，老子问孔子：仁义，人之性邪？孔子曰：然，君子不仁则不成，不义则不生。仁义，真人之性也。孟子也认为"仁也者，人也"④。其次，"仁"的基本精神是爱人。在《论语·颜渊》中，樊迟向孔子请教何为"仁"，孔子回

---

① 老子［M］. 河上公，王弼，注. 刘思禾，校点. 上海：上海古籍出版社，2013：143.

② 老子［M］. 河上公，王弼，注. 刘思禾，校点. 上海：上海古籍出版社，2013：75.

③ 司马迁. 史记［M］. 武汉：崇文书局，2010：351.

④ 孟子·尽心下［M］. 吴天明，程继松，注. 武汉：崇文书局，2012：291.

答"爱人",这一定义也为后者所沿袭,例如,孟子的仁者爱人;韩非子的"仁者,谓其中心欣然爱人也"①。同时,孔子所强调的仁者之爱是"兼爱"、大爱、无私之爱。再次,孟子在孔子"仁学"的基础上,明确提出了"仁政"思想,即将"仁"贯穿于政治、经济、文化、社会等各个方面,并将之发展成为治理国家的施政纲领,"仁政"也由此成了儒家的核心政治主张。孟子的仁政思想集中体现在"以德行仁者王""仁人无敌于天下""以民为本""民贵君轻"等思想中。可以说,"仁政"由孔孟开始,就深深地烙在了中国几千年的政治实践中。

宋代理学大师朱熹则把老子的"柔"类比于儒家的"仁",认为二者有共通之处,他指出:"仁是个温和柔软的物事。老子说'柔弱者生之徒,坚强者死之徒',见得自是。看石头上如何种物事出?"② 这与道教的全真派真人丘处机对"仁"的解释又相契合,他认为"仁者,生也。一点生机,鸟啼花放,山色波光,但为造化含之,皆为真地,舒之尽是阳春。一念不生为仁体,万念皆圆为仁用。"③ 丘处机在 74 岁高龄时,不辞万里跋涉而远赴中亚成吉思汗行营,劝说他要止杀爱民,此行可谓举世震动。乾隆评价其为"一言止杀,始知济世有奇功"。水是老子眼中"柔"的典范,认为天下莫柔弱于水,而水的一大属性就是"利万物而不争",这与儒家所倡导的"爱人""穷则独善其身,达则兼济天下""己欲立而立人,己欲达而达人"有着异曲同工之妙。"仁"在战略上也有着很高的地位,春秋时期的管仲就认为:"夫霸王之所始也,以人为本。本理则国固,本乱则国危。"④

虽然"柔道"与"仁道"在具体内涵和表述上并不尽相同,从阴阳属性上讲,学者们也普遍认为柔偏阴,仁偏阳;柔偏保守,仁偏进取。但柔

---

① 韩非. 韩非子 [M]. 长沙:岳麓书社,2015:48.
② 李仁群,程梅花,夏当英. 道家与中国哲学(宋代卷)[M]. 北京:人民出版社,2004:239.
③ 李仁群,程梅花,夏当英. 道家与中国哲学(宋代卷)[M]. 北京:人民出版社,2004:74.
④ 冯国超. 管子 [M]. 长春:吉林人民出版社,2005:199.

道战略在实质上可以说是一种"仁者战略"。柔道战略怀有博大的人文关怀，关爱人、珍惜人、成就人、以人为本、让人更好地生存和发展是它的真实内涵。诚如孔子所言："柔远人，则四方归之。"① 武力强加于人不是仁者所为，而只有平等爱人才能让四方来归。柔道因此也可以说是仁德之道。在政治层面上，柔道战略的目标是息兵安民，其手段则是以战去战，"柔道"战略是以"克定祸乱"来实现"光绍前业"，是厚泽深仁，遂有天下。柔道战略极力反对在战争进行"大为无道，所过皆夷灭老弱"的暴行，而是以"不取财物""以义征伐"，以"平定安集"百姓为战争的归宿，这和那些热衷攻战追求"万世刻石之功"，以"略地屠城"为手段的人有着本质性的差别。

五、柔道与中道的区别与联系

中道，即中庸之道。儒家经典《中庸》对其下了明确定义："喜怒哀乐之未发谓之中，发而皆中节谓之和。中也者，天下之大本也；和也者，天下之达道也。致中和，天地位焉，万物育焉。"② 这个定义对"中庸"做出了本体论与方法论上的解释，即"中"与"和"是天下的本原和普遍规律，而只有"致中和"才能实现天地各就其位，万物欣欣向荣。

目前学界有些学者认为，《中庸》的"中""和"之说源于老子，是道家"道本体论"影响下的产物。这种说法虽然很有一些依据，但是"中庸"思想起源很早，在《尚书》中就有很多关于古代先贤执中、用中的例子；孔子在先贤智慧的基础上正式提出了"中庸"概念，并被后世学者不断地研究和补充。孔子的中庸之道究竟为何？总结梳理可认为，中庸有三层含义：（1）不偏不倚，无过亦无不及，强调的是一个度以及最佳位置的把握。如朱熹解释的"中庸者，不偏不倚，无过不及"。（2）中庸即中道的运用。如郑玄解释的："中庸者，以其记中和之为用也；庸，用也。"

---

① 子思. 中庸 [M]. 南昌：江西美术出版社，2018：552.
② 朱熹. 四书章句集注 [M]. 北京：中华书局，2011：20.

（3）通权达变，动态调整。就是以"中"的要求，根据环境的具体变化而做出调整，做到恰如其分，恰到好处。围棋大师吴清源就将"中和"视为阴阳思想以及人生的最高境界，他认为"围棋的目标也应该是中和，只有发挥出棋盘上所有棋子的效率的那一手才是最佳的一手，那就是中和的意思。每一手必须是考虑全盘整体的平衡去下——这就是六合之棋"①，这对战略有着很强的启示作用。

柔道和中道有着密不可分的关联，可以说柔道就是一种"柔中之道"。柔中有三层含义，第一，从目标上讲，柔中是通过守柔、守雌的方式来防止事物向消极方向转变，使事物在"常量"中运转并保持事物发展的"中"的平衡状态，即老子所强调的"以柔守中"。第二，从手段上讲，柔中强调的是刚柔并济，《易·系辞下》认为："柔之为道，不利远者，其要无咎，其用柔中也。"韩康伯注："柔之为道，须援而济，故有不利于远者，二之能无咎，柔而处中也"，即柔道并不如刚道那般攻势凌厉，利于长远，它需要从刚道中吸取力量和援助，只有刚柔互相融合才能做到"无咎"。第三，从位置上讲，柔中是以柔取中位。"位、时、中、应"是易经卦象中的四要素。位，即位置，如果阳爻居阳位、阴爻居阴位则是当位，反之即是不当位。当位是顺应了规律，不当位是背离了规律，因此《易经》强调要寻位、定位、就位、到位、换位，最重要的是当位。时，即时机，《易经》强调要对时机有准确的把握，要审时度势。老子对孔子所说的："君子乘时则驾，不得其时，则蓬莱以行"，以及孟子所说的"穷则独善其身，达则兼济天下"都是对时的把握。中，即中心、目标，是指卦象中的第二爻与第五爻，如果阴爻居二位或阳爻居阳位则称得中得位。应，即呼应，六爻通常是一爻对四爻，二爻对五爻，三爻对六爻，两两呼应，如果两爻一阴一阳则称"正应"，如果两爻相同则称"敌应"。柔中是阴爻处于中位上，如果居二位则是得中得位，有所作为；如果居五位则是得中不得位，需要等待隐忍。当前不少学者就认为日本战国时期的德川幕府就

---

① 吴清源. 中的精神［M］. 北京：中信出版社，2003：215.

是擅用"柔中"的高手，当居二位，羽翼尚未丰满时是隐忍以图强；当居五位，时机尚未成熟时则隐忍以待，最终崇尚柔忍哲学的德川家康分别"熬"死了武田信玄、织田信长、丰臣秀吉和前田利家，以73岁高龄顺利成为日本的主宰。

柔道和中道虽密不可分，但二者区别甚大。柔道思想主要以道家思想为支撑，而中道则是儒家的思想，二者从源头上就很难进行比较。但是到宋明时期，儒、释、道相互影响，相互融通，"三教合流"使中国哲学跨入了一个新阶段，这也为二者的融合和比较提供了新契机。在本体论意义上讲，中道要高于柔道，中道不仅包括柔道，还囊括了刚道，成为天下之大本。在方法论意义上讲，中道也要高于柔道，老子的柔是"守中"，而孔子的中则是"用中"，更具有积极的意义，在使用范围上中道也要比柔道广泛得多。可以说，柔道是中道的一种，柔道包含于中道之中，它是中道在特定情境下的具体运用。

六、柔道与王道、霸道的区别与联系

王道和霸道是中国政治史上儒家治国的两种路向，王霸之辩从孟子和荀子开始就从未停歇。从政治学上讲，王道是德的政治，霸道是力的政治；所谓王道荡荡，代表着传统政治的"光明正大"，霸道浩浩，代表着传统政治的"权威统治"；前者可以让人心甘情愿地服从，而后者能够迫使人服从。

从思想源头上看，王道和霸道产生于不同的社会基础。王道产生于西周，武王灭殷以后，周朝建立起了以分封制、宗法制和井田制三大制度所维系的稳定社会秩序，它的社会基础是封建诸侯国，文化基础是宗法伦理。为了维护宗周统治，周公旦创建了一整套具有可操作性的礼乐制度，将人们的饮食、起居、祭祀、丧葬等社会生活的方方面面都纳入"礼"的范畴，使其成为系统化的社会典章制度和道德规范，从而形成孔子所景仰的"郁郁乎文哉"的礼乐文化，即礼乐成为一套遍及政治、教育、信仰等各领域的重要文化结构，并在其统辖范围内全面推行礼乐之治。而这种以

德服人的"礼乐之治"实际上就是王道政治的前身,它产生于稳定安宁的社会环境中。

而霸道则不同,它是在礼崩乐坏的环境中被催生出来的。西周时期,周天子能保持着天下共主的威权,而平王东迁以后,周王朝实力开始衰微,对分封诸侯只保有天下共主的名义,而无实际的控制能力。于是,出现了"春秋五霸""战国七雄"的纷争局面,各诸侯国以实力为基础,开始相互攻伐,并直接挑战周天子权威。而以"礼乐之治"为代表的王道政治实际上已经无力维持社会的正常秩序,取而代之的是以力服人的霸道思想的兴盛。因此,从某种意义上讲,王道是一种治世之学,而霸道是一种乱世之学。

从治理目标上看,王道与霸道所要实现的理想并不相同。王道的政治理想是要建立一个"仁眇天下""义眇天下""威眇天下"的王权国家,做到最仁慈、最讲道义、最有威力,使所有国家都与它亲近友好,让所有国家都尊重它的地位,令所有国家都不敢与之敌对。同时,强调施行王道的君主要"内圣外王",要修"仁义礼智"四心,必须具备仁义和尊贤两种品质,且对国内外都要推行仁政,不允许掠夺别国财富、控制别国资源,不能假借冠冕堂皇的理由对别国发动侵略战争,坚决摒弃功利主义的战略观等。因此,王道思想在某种程度上具有理想主义色彩。

而霸道所要追求的则要现实得多。荀子对此做了很好的总结,即施行霸道的国家,不求在德行和道义上做到尽善尽美,但是基本掌握了天下事理,他们通过刑罚、奖赏、禁止、许诺等方式取得了天下的信任,既不失信于民众,也不失信于盟友。做到军队强劲、城防牢固,而敌国害怕他;国家统一,道义彰明,而同盟国信任他。即使偏居一隅的国家,他的威势也可震动天下。因此,霸道思想在某种程度上具有现实主义色彩。

从治理手段上看,王道与霸道为实现目标所采用的具体举措并不相同。《孟子·公孙丑上》提出:"以力假仁者霸,霸必有大国,以德行仁者王,王不待大。汤以七十里,文王以百里。以力服人者,非心服也,力不赡也;以德服人者,中心悦而诚服也。"具体而言,王道是依据诸如仁义或礼义等儒家原则进行统治，即要以德行仁，以德服人。因此，王道国家不一定要大国，百里可以王天下。

而霸道是在没有仁义、礼义基础的前提下通过强制，即依靠力量掌握政治霸权的方式。霸道没有把政治教化作为立国之本，没有达到最崇高的政治境界，没有健全礼仪制度，没有使人心悦诚服；但他们注重方法策略，注意使民众有劳有逸，认真积蓄，加强战备，君臣上下互相信任配合，因而天下无人敢与之为敌。霸道是以实力或武力强制别人服从，因此，霸道国家必须是具备相当实力的大国才能做到。

柔道则兼具了王道和霸道的部分特征。柔道和王道都在追求一种战略的理想境界——赢得人心；只不过二者采用的路径不同，王道是推行"仁政"，进行"德治"，而柔道则推行"无为而治"。柔道和霸道都带有现实主义的清醒，都将权力视为一个国家或战略主体得以生存的必备条件，因此，在实践中都在积极扩大自身的权力和势力范围；但是，霸道扩张自身实力的手法会比柔道激进得多，如采用严刑峻法、崇军尚武、奖励军功、集权专制等铁血政策；而柔道主要是通过资源的战略性调配来实现权力的增长。

七、柔道战略与软实力理论的区别与联系

"软实力"是美国哈佛大学国际政治学家约瑟夫·奈首创的概念。他认为：软实力是一种依靠吸引力而非通过威逼利诱的手段来达到目标的能力，这种吸引力来源于一个国家的文化、政治理念和政策。① 在约瑟夫·奈的理论体系中，硬实力是一种以强迫或利诱为手段来改变他人行为的控制能力，软实力则是一种依赖文化和价值的吸引力来影响并塑造他人意愿，或者通过操纵议程令人知难而退的同化能力。虽然二者在运作规律、运用方式、应用环境上都有很大的差别，但是它们都是通过影响他人行为，进而达到自己目的的能力。软实力理论与柔道有着密切的联系。约瑟夫·奈在《软实力》中提到"柔"的概念，认为国家应该加大对软实力资

---

① 约瑟夫·奈. 软实力 [M]. 马娟娟，译. 北京：中信出版社，2013：118.

源的投入，以实现在国际政治上的"以柔克刚"。① 书中的跋，推荐者还直接引用了老子的名句："天下之至柔，驰骋于天下之至坚"，并认为不战而屈人之兵是软实力的真谛。② 这些思想正是柔道的精髓所在。

软实力不软，柔道不柔，它们都是获取期望结果的手段。实力有多种外在表现形式，软实力并不意味着软弱，而是众多实力中的一种。柔道战略并不是柔弱无力，它是诸多战略形态中的一种，是人类克敌制胜、实现自身意志的手段之一。但从字面意义上看，"软""柔"总会给人带来诸多误解和偏见，认为其是软弱的、懦弱的、无能的，这种误解往往是由拘囿于表象而看不到真实本质所造成的。

软实力理论与柔道战略都强调环境的适应性。约瑟夫·奈将世界政治比喻成一个三层棋局，上层棋盘是传统国家军事较量；中层棋盘是经济力量角逐；下层棋盘是各种跨国议题。要想赢得这盘棋，就必须在这三层棋盘上同时落子，如果只将目光放在其中之一，长此以往则必输无疑。而要在下层棋盘（各种跨国议题）上获得优势，则往往需要动用软实力资产，即能够让软实力充分施展魅力的舞台是在各种跨国议题上。柔道战略也是如此，它不能解决所有的问题，它的发挥需要依赖具体情境。例如，面对同样精通柔道战略的强大对手，弱者的柔道战略将没有任何发挥的余地；柔道战略在绝对实力面前也几乎无取胜之可能；就像坦克一旦误入沼泽或丛林就失去威力一样，柔道战略一旦进入了与之不匹配的场景，就会如灯芯一般柔软无力。正如约瑟夫·奈所说："吸引他人确实会让你得偿所愿，重要的是，要了解吸引力在何种条件下发挥作用。"③ 软实力理论与柔道战略都在强调环境的适应性，都在肯定自身优势的前提下坦然承认自身的不足。

软实力理论与柔道战略也存在着很大差异。首先，在运用主体上有差异。软实力的运用主体包括大国、小国、单位、公司、个人，无论强弱均可使用；而柔道战略的运用主体范围虽然同样广阔，但更倾向于弱者，或

---

① 约瑟夫·奈. 软实力 [M]. 马娟娟，译. 北京：中信出版社，2013：12.
② 约瑟夫·奈. 软实力 [M]. 马娟娟，译. 北京：中信出版社，2013：258.
③ 约瑟夫·奈. 软实力 [M]. 马娟娟，译. 北京：中信出版社，2013：21.

在同一个竞争领域中处于劣势的主体，主要围绕的是如何实现"以弱胜强"这一主题来展开。其次，在道德性与规范性上有差异。约瑟夫·奈认为软实力和其他任何力量一样，既可以用于正义目的，也可以用来作恶。①因此，软实力在道德性和价值性上是中性的，虽然道德在某些情况下会催生软实力，但二者并没有必然的联系。而柔道战略则具有明显的价值属性和道德属性，例如，柔道战略在价值理性上追求和谐共生，反对大肆杀戮；在工具理性上贬斥好战逞强、武力逼迫，倡导谦卑包容、不战而胜，这些都包含着中国哲学美美与共、以和为贵的美好向往与追求，这也将柔道战略引向了哲学境界。最后，在实际运用上有差异。软实力主要是通过软实力资产（文化的吸引力、意识形态的吸引力、塑造国际规则和决定政治议题的能力等）来影响他国的行为决策；而柔道战略则是综合运用各种资源来达到目的，不仅包括软实力资产，还包括硬实力资产，所以在手段上则更加丰富。

八、柔道战略与间接路线战略的区别与联系

间接路线战略是英国著名军事思想家李德·哈特毕生所倡导的观念，虽然这个观念并非他所首创，而且间接路线思想古已有之，但随着历史的向前推移，这些观念逐渐地被忽视或被遗忘，而李德·哈特在西方历代战争研究中又重新发现了它，并以战史为基础对其规律进行了系统梳理，并将之作为大战略理论研究的重要支点和理论渊源进行了阐释，由此，李德·哈特的间接路线战略最终成了一家之言，间接路线战略也由此在战略学界拥有了崇高的地位。李德·哈特认为："从历史上看来，除非路线具有足够的间接性，否则在战争中就很难产生效果。此种间接性虽常是物质的，但却一定是心理的。"同时，他坚信："间接路线是最有希望和最经济的战略形式。"②

柔道战略所要解决的主要矛盾是如何实现"以柔制刚，以弱胜强"，

---

① 约瑟夫·奈. 软实力［M］. 马娟娟，译. 北京：中信出版社，2013：8.
② HART L. *Strategy：The Indirect Approach*［M］. London：Faber and Faber，1967：162.

它所采用的是避其锋芒，放弃硬碰硬的战略模式；与"间接路线"的目标相同，它们都希望以间接的微小的代价和最经济的战略模式来取得最大的战果，从这层意义上讲，两种战略都包含着"弱"的成分，因为"弱"所以才会对行动的经济性和技巧性格外关注。二者都强调斗智而非斗力，对于天生的强者来说，运用战略并不困难，合理利用优势资源便有助于获得成功，但真正考验创造力的是弱者战略，擅用弱者战略的人会运用超常智慧，随时留意成功的机会。力量较强的一方往往对自身的优势资源习以为常，其策略不免单调、呆板、力量有余而机智不足。弱者战略利用的就是对手这方面的缺陷。善于运用这种手法的典型人物有奥德修斯、孙子、李德·哈特，而阿喀琉斯、克劳塞维茨和约米尼则不在此列。前者善于使用欺骗、诡诈、伪装、迂回、速度、机智等手段，以合理的代价谋取胜利。①

就价值理性而言，二者也具有较高的一致性。"间接路线"是大战略理论研究的重要支点和理论渊源，正如李德·哈特所强调的"战略的眼界以战争为限，大战略的视野必须超越战争而看到战后的和平"，"战争的目的为获得较好的和平"，战略的目的是让人更好地生存和发展。柔道战略的价值追求也是如此，战胜对手只是最低层次的目标，而为社会谋求幸福、实现各得所欲才是其追求的终极目标。

虽然柔道战略与间接路线战略有着诸多相似性，但是二者有着显著的不同。首先，二者的哲学基础不同。从源头上说，间接路线是脱胎于《孙子兵法》"以迂为直"思想的现代表征，属于兵家的思想范畴；而柔道战略则具有深刻并完整的中国道家哲学思想体系作为支撑。其次，二者的使用者不同。柔道战略更多是倾向于弱者，而间接路线则没有明确的限定和偏向。再则，二者的使用范围不同。柔道战略的使用范围要比间接路线战略广阔得多，这是由二者的哲学源头所决定的，柔道所揭示的规律要比间接路线基础深厚得多，因此它们的应用范围和领域自然不同。

---

① 劳伦斯·弗里德曼. 战略：一部历史［M］. 王坚，马娟娟，译. 北京：社会科学文献出版社，2016：5.

第二节　柔道战略的原理构建

我们不可能为柔道战略搭建起一套类似于经济学的模型，因为"每当指挥官要动用自身才能时，他就会发现自己站在模型外面，与这个模型格格不入"①，也无论这个模型的准则如何面面俱到，情况总会造成一个结果：才华和天赋运行在规则之外，理论与实践相抵触。因此，柔道战略原理应该是一项研究而不是一套数学模型。但是，如果理论研究的结果自动生成了一些原理或规则，更确切地说，"如果真理自动凝缩成原理和规则形式"，理论不仅不会与这种天然的智力倾向作对，反而能使真理以更加完美的身姿巍峨耸立。

一、柔道战略的原理

柔道战略是人类竞争自由的一种方式，其所要解决的主要矛盾是如何借助某种操纵资源的策略和方法来对权力强势方实施反控制。资源是任何一项战略通过具体行为得以实施的媒介，对结构中规则和资源的不同使用和配置就会产生人与人、集团与集团之间的控制与反控制。从某种程度上讲，战略就是行动者利用资源与规则构成起来的互动，而不同的资源操纵方式也会形成不同的、各具特色的战略形态。

柔道战略的原理构建也是围绕着"资源操纵"和"力量操纵"来展开，它在操纵方式上独具特色，主要包括：（1）通过内部资源和力量的操纵实现"精力善用"，使有限力量得以极限发挥；（2）通过外部资源和力量的操纵实现"杠杆借力"，使外部力量得以充分借助；（3）通过资源和力量的运用方式来实现"后发制人"，使内外力量得以灵活统筹和实际运

---

① 卡尔·冯·克劳塞维茨. 战争论［M］. 张蕾芳，译. 南京：译林出版社，2012：
81.

用。三者具有不同的战略内涵，它们相互独立但又成系统，其内在逻辑是围绕战略杠杆来展开："精力善用"是撬动杠杆的砝码，"杠杆借力"是省力杠杆的架设，"后发制人"是如何将砝码投掷到杠杆施力点的艺术。

（一）精力善用：内部力量的极限发挥

柔道之父嘉纳治五郎将"精力善用"视为柔道的核心精髓。"精力善用"即"最富有成效的使用力量"，是通过柔道特有的攻防技巧，运用自己全部气力、体力、智力以最合理、最有效的方法制伏对手的一门艺术。他认为，人类的一切活动，都需要动用精神与身体两方面的力量。要想达到好的目的，就需要最有效地运用心、身两方面的力量。因此，心身的有效使用方法，应该是为了成功达到目的必须贯穿于一切人类活动之道。柔道战略同样遵循"精力善用"的原则，其目的和价值在于对所能动用的有限资源作最好的配置和利用，以达到政策所拟定的最终目标。

柔道战略的精力善用原则主要是针对内部资源和力量的统筹以及分配而言，它具有以下特征：

（1）目的专一与力量节约。目的与力量的平衡即为战略，柔道战略家需要清晰认识自身存在的限制和约束条件，并以此为基础对目标和行为加以限定。柔道战略强调的是目的专一与力量节约，目的专一是精力善用的首要原则，即最充分或最有效地使用有限力量，促使一个确定的意图或目标的实现，这要求对不恰当的欲望加以节制，要求对力量加以集中，要求对力量进行不平衡的配置，要求对力量进行合理地节约，即既要保护自己不受敌方准备动作的妨碍，实施自己的准备动作，又要能给予决定性的打击，而内部资源的这种最佳分配是实现力量节约和行动自由并保证目的得以实现的前提。

（2）行动解放与力量自由。柔道战略的至高境界是无为而无不为，在力量的统御模式上，柔道战略强调"无为而治"，它最显著的特征是通过"无为"来顺应各种力量的本性，使之得以充分解放和自由发展。这种统御模式主要体现在以"无为"的方式对臣属的力量、人民的力量和自我的力量进行解放，使之得以自由。在作战系统上，统帅的"无为而治"，即君无为而各级将帅有为，其宗旨是解除战略指挥等级体制的束缚，赋予各级指挥官以足够的行动自由，使其主动性得以最大限度地发挥，让他们敢想敢干。这种独特的作战体系由统帅的"概略命令"和各级指挥官的"行动自主"构成。

（3）创新性配置与力量实现超常规爆发。柔道搏击中的"得意技"是指运动员最擅长且经常能够以此而得分的技术，它是运动员在自身特点的基础上对柔道基本技术进行有机搭配组合的产物，每位著名运动员都有属于自己独特的"得意技"，这让他们在比赛中得心应手，出招便使对手无还手之力。以武喻道，柔道战略同样具有自己的"得意技"，它是柔道战略家通过对所拥有的资源进行创新性配置来实现行动的最高"效费比"，它能够让弱者有限的资源和力量得到超常规的爆发，从而击败强者。因此，柔道战略对速度、灵活和创新这样的素质格外青睐。

（二）杠杆借力：外部力量的充分借助

当处境根本不能通过内部的手段即通过抵抗本身求得改善时，就只好期待外力来帮助改善。传统中所谓的借助外力来帮助改善，无非是指政治关系的改变，这或者是防御者有了新的盟国，或者是原来反对他的同盟瓦解了。

从狭义上讲，柔道战略对外部力量的借助主要是借助对手的力量来形成"借力打力"的局面，即将对手的体能和力量为己所用，并利用对手的实力对抗他们，最终打倒他们，这是柔道战略最独特，也是最显著的特征。而从广义上讲，这种外力的借助对象则要广泛得多，凡是可以借以增加自身力量的外力均在考虑范围之内，这里不仅包括有形的力量也包括无形的力量，不仅包括对手的力量也包括盟友的力量。

柔道战略对外力的借助主要是通过"杠杆借力"的方式进行，"杠杆借力"原是柔道运动中最具特色的一项技艺，"假设有恰当的杠杆和支点，任何人或任何物体，不管多大都能被移动"①，这也是柔道战略能够取得成

---

① 大卫·B. 尤费，玛丽·夸克. 柔道战略：小公司战胜大公司的秘密［M］. 傅燕凌，孙海龙，译. 北京：机械工业出版社，2003：94.

功的关键所在。柔道战略中存在着诸多能够撬动对手平衡并将之掀倒在地的重要杠杆,这些杠杆或是物质的,或是心理的,但都是造成"力小而势大"的关键点所在。

柔道战略"杠杆借力"原理具有以下三点原则:

(1)找准杠杆的平衡点。在所有的战场上,一定总有一个决定点,占领了这个点,要比其他一切的点,更有助于胜利的确保,使我方对战略的原理更容易作适当的应用,所以一切安排就是要把打击落在最具有决定性的这个点上。这个点在柔道战略中被称为是杠杆的平衡点,又称为"最有效果的力量作用点"。在战略的博弈场上,每位对手都是独具"个性"的存在,他们的重心或平衡点不尽相同,只有因其个性而切中具体要害才能实现"省力杠杆"的构建,否则,平衡点的错置将会酿成"费力杠杆",还将会引来对手灾难性的反噬。

(2)把握杠杆的倾斜度。有目的、有计划地实施政策倾斜、力量倾斜是柔道战略取得成功的基本保证,但是力量和政策的倾斜有一个"度"的问题,倾斜度并非越大越好,也并非越小越好,倾斜度太大则无力量再兼顾其他,倾斜度太小则易于陷入"平均使用力量"的陷阱。恰到好处的倾斜应该是:第一,向敌人的战略重心倾斜,以确保有足够的力量对其进行集中精确且有力地打击;第二,向我方的核心竞争力倾斜,只有将力量用于独特能力和独特优势的构建,充分拉伸长板才能形成真正的核心竞争力,这是超越对手,纵横战场的前提所在。当然,将力量集中到一两个点上而不惜削弱自己的"侧翼",是需要相当大的勇气和风险评估能力的,但是危险归危险,冒险则仍须冒险,这是战略要想取得成功的必要要求。

(3)投向杠杆的战略高地。"两个倾斜"是针对现状需要而做出的力量分配,而战略的目光则需要更加长远,需要专门集中一部分力量用于抢占具有战略意义的制高点。这是一根撬动未来的杠杆,早投入早获益,晚投入晚获益,不投入将失去更多乃至已获的全部利益。而寻找杠杆并不是一个机械性的过程,要成为利用杠杆技巧的大师就必须摆脱思维定式来考虑问题。换句话说,作为一个柔道战略家,必须从其他人认为是长处的地方找出潜在的弱点，从其他人认为是威胁的地方找出潜在的机会。而一旦发现这个点之后，应将全部精力贯注在这个点上，即应使用三分之一的力量去监视和阻止对手的行动，而将其他三分之二的力量投掷在决定点上，以求获得胜利。

（三）后发制人：内外力量的综合统筹和实际运用

后发制人是柔道战略的总方法、总基调、总原则，其本质在于"不与物争于一时，要于终胜之而已"，即在斗争中允许以富有弹性、灵活柔韧、妥协让步等方式来达到最终的胜利。柔道之父嘉纳治五郎将柔道定义为："以退为进，为赢得最终胜利而首先做出让步。"可以说这是对老子"不为天下先""进道若退"思想的战略哲学性表述。大卫·B. 尤费在嘉纳治五郎的基础上更进一步，提出了柔道战略的"移动"原则，即通过空间（领域）上的移动让自己避开强者的致命攻击，在保全自己的同时寻找最佳的反击位置。

时间、空间、力量是战略的三大基本要素，"从战略哲学的视角上看，竞争战略的三种基本战略是：时间竞争战略——空间竞争战略——力量竞争战略"①。而柔道战略所要讨论的是权力弱势方如何在三种基本战略形态中的综合展开。水至柔，而柔之所以能胜强、能胜刚，前提必须是有足够大的量——要么是空间上的巨量（滔天巨浪可以掀翻海船），要么是时间上的巨量（积十年之功滴穿一块石头），要么是力量上的巨量（激水之急，至于漂石）。所以，"弱之胜强，柔之胜刚"背后的实质是以数量胜质量②。柔道战略的后发制人原则是在时间、空间、力量三个维度上对内外力量的综合统筹和实际运用：

在空间竞争上，是以退为进的力量储蓄。柔道战略在空间竞争上可分为三个主要的连贯阶段：（1）通过空间的位移来避开对手的优势进攻，以避免被毁灭；（2）寻找最佳的"生态位"，这一位置应最有利于自身的生

① 周晓光. 战略哲学论略 [J]. 云南社会科学，2006（1）：22.
② 熊逸. 中国思想地图——老子 [M]. 太原：山西人民出版社，2010：153.

存和发展，并能为反攻提供必备的条件；（3）等待对手超越了"胜利顶点"后发起猛烈的反击。其中，寻找最佳"生态位"是空间竞争中的关键中枢，它具有进攻与防守的双重意义，就进攻而言，它是通过空间位移以进入最佳位置并对敌发动最强有力的攻击；就防守而言，是通过空间位移避免被毁灭，以及寻找最佳生态位以保全自我、积蓄力量并适时重返战场。

在时间竞争上，是养其全锋而待其弊。"柔忍"是柔道战略中最珍贵的精神要素，是指在不利形势下，收敛锋芒，隐忍避仇，积蓄力量，待时而发的生存之道，这也就是柔道战略中的柔忍之道。收敛锋芒是放低姿态，隐忍避仇是避免攻击，积蓄力量是反攻准备，待时而发是等待时机，这亦被称为"韬光养晦"。柔道战略之所以能够成为弱者由弱转强的基因是因为它不是消极忍耐，而是在实力弱时，花费时间积聚力量。因此，累积战略成为这个阶段最重要的表现形态，它意味着各种细小因素以不易觉察的方式叠加累积到某个未知的节点，当这些行为累积到足够大的规模时，就会发挥至关重要的作用。

在力量竞争上，是放弃硬碰硬的决斗模式。柔道战略在力量的使用上对技巧的重视要胜过规模与实力，这是相对弱者在客观形势下的自然选择，因为在纯粹的力量对抗中，大多数的柔道战略家会发现自己处于不利的地位，尤其是实力处于劣势的情况下，柔道战略所倡导的是速度、灵活和创新这样的素质，而不是使用蛮力与强者进行硬碰硬的对抗，也只有如此，柔道战略家才能在制止对手充分利用其实力的同时将自身的力量发挥到极限。在力量竞争模式上，柔道战略呈现出了以静制动，以道制权，以谋制力，以缓制猝，以宽制猛的五大特征。

总而言之，柔道战略在空间、时间以及力量上的竞争形态是老子"进道若退"思想的完整体现，与柔道的定义——"以退为进，为赢得最终胜利而首先做出让步"——相互呼应，其目的在于以柔化力的同时营造一种于己有利的反击态势。这也充分体现了柔道在哲学和战略上一脉相承的相反相成的辩证法艺术。

二、柔道战略的分类

由于"柔道战略"概念正式诞生的时间较晚，因此国内外学者并未对其进行系统的分类，本书根据不同标准将其划分如下：

（1）按照所取得的成效进行划分，可以将之分为成功的柔道战略与失败的柔道战略。顾名思义，使用柔道战略顺利达到了既定的目标则可将之称为是成功的，反之则被认为是失败的。

（2）按照所应用的具体领域进行划分，可以将之分为柔道政治、柔道经济、柔道军事、柔道外交、柔道管理等。柔道战略在哲学上有着共同的原理，但是在这些具体领域中又呈现出很大的差别，只有在运用中才能体味柔道战略的变与不变。

（3）按照战略意识标准进行划分，可以将之分为有意识的柔道战略与无意识的柔道战略。前者对柔道战略的原理与运作方式有着非常清晰的认识；后者对柔道战略没有清晰的意识，即使在实践中已经充分运用到相关的手段的方法，也没有意识到这就是柔道战略。

（4）按照生成方式进行划分，可以将之分为规划型柔道战略和涌现型柔道战略。前者是在深思熟虑的基础上按照柔道战略的原理对行动进行精心策划和谨慎控制的；后者是在目标的实施过程中，由于形势的逼迫或需要，柔道战略自动涌现或恰好被采纳运用的。

（5）按照博弈类型进行划分，可以将之分为零和型的柔道战略和非零和型的柔道战略。前者是柔道战略在零和博弈情境中的运用，后者是柔道战略在非零和博弈情境中的运用。

三、柔道战略的魅力及其本质

柔道战略最大的魅力就在于它是一条有助于弱者生存的途径。在现实主义学派看来，"这个世界本质上是一个利益对抗和利益冲突的世界"①，

---

① 汉斯·摩根索. 国家间政治——权力斗争与和平［M］. 徐昕，译. 北京：北京大学出版社，2012：3.

而在传统的印象中，"弱肉强食"似乎已经成为主宰自然界乃至人类社会的一条"公理"。强大者必胜，柔弱者必败；强者可以为所欲为，弱者只能任其宰割已经成为霸凌主义和强权政治所信奉的至上"真理"。但事实上并非如此，诚如《圣经》中所说的："赛跑未必快者赢，打仗未必强者胜。"弱者自有其生存之道，并能够通过自己的智慧战胜强者，而这正是柔道战略所要解决的矛盾所在。当然，在众多弱者能够生存的世界中，一定会有别的弱者战胜强者的博弈方法，柔道战略是其中一种，而不是唯一一种。

柔道战略从本质上讲是一种"宁斗智，勿斗力"的智慧型斗争模式。有相当一部分人由于误解而对"柔道战略"抱有深深的偏见，认为柔道战略是软弱无力、妥协后退、没有骨气、无能胆怯、缺乏男子气概的代名词，而不知道"开始的折服是为了最后的胜利""为了更好地一跃而后退""让出空间是为了赢得反攻的时间""不妥协、不停顿地前进是知识分子的孩子气，而不是革命阶级郑重的策略""放弃硬碰硬的思维模式不是认败投降，而是调换了战场"。

柔道战略从本质上讲是一种弱者战略，弱者缺乏雄厚的实力和资源，无法采用如强者那般以势压人、泰山压顶的力量型斗争模式，与强者硬碰硬地正面交锋无异于自取灭亡。因此，弱者想要生存，需要依靠智慧型的斗争模式，因为"要是头脑不贫弱，四肢就有巨大的能力"①，因此，需要像榻榻米上的柔道大师一样精力善用、以小博大，用最小的代价去赢得最大的胜利。如果依然觉得柔道战略很软弱，那么可以观看几场经典的柔道比赛，看看柔道大师们是如何以弱小的身躯将千斤大汉瞬间掀翻的；或者去探究一下战史，看看那些伟大人物是如何利用弱小的兵力创造伟业的。事实上，强者战胜弱敌无须具备超常之能，弱者战胜强敌才是真正的考验，大多数战略家毕生所追求的目标就是如何对付比自己更加强大的力量，因为那是跻身世界一流将帅的必由之路。

---

① 尼科洛·马基雅维利. 君主论［M］. 潘汉典，译. 北京：商务印书馆，2011：124.

第三章　柔道战略的理论层面分析

在现实表面的混乱无序下面，蕴藏着管制宇宙万物的规律，蕴藏着能够被发现和理解的法则，而这些法则一旦被发现，就提供了控制和塑造现实的新手段。

——约翰·夏伊

谈战略实质上就是在谈哲学，因为任何战略家都会自觉或不自觉地以一定的哲学世界观、价值观和方法论作为行动的指导。在亚历山大的行动里，我们能够发现亚里士多德；在拿破仑的行动里，我们能够发现卢梭和狄德罗；在毛泽东的行动里，我们能够发现马克思、恩格斯、列宁；在克劳塞维茨《战争论》中我们能够发现黑格尔唯心主义和辩证法；在《孙子兵法》中我们能够体会到军事和哲学的有机统一。因此，想要很好地把握某种战略思想，只有从哲学上进行追根溯源，才能廓清思维的迷雾而直击战略的本质。

第一节　柔道战略的本体论层面分析

哲学本体论是关于世界终极存在的讨论，它要寻找的是万事万物纷繁复杂现象背后决定着它的东西，即对世界做出一种带有根本性、本质性和规律性的陈述或描绘。这是一种超越表象而追究本质的思考，是人类不再满足于现象世界的复杂性而去追求背后的一，让人类的思维聚焦于多中的一，万中的一。巴门尼德的唯一不变的本原"存在"，老子的"道"，柏拉图的"共相"，亚里士多德的"四因"与"极因"都是本体论研究的代表性思想。亚里士多德把哲学概括为本体论，认为本体是关于本质、共相和个体事物关系的问题，也就从亚里士多德开始，本体论研究开始转向了现象与本质、殊相与共相、个别与一般的关系探讨上来。

本体论思维方式对柔道战略研究有着至关重要的意义。首先，哲学是以研究本体为己任，是要研究实事的本质与特征。那么柔道战略的本质和特征是什么？其次，本体是存在的中心或核心，是世界万物背后的深层次的因素和原因，是第一推动力。那么，纷繁复杂的柔道战略现象背后的第一推动力又是什么？再次，本体是可知的，是可以通过思维方式去把握的，那么柔道战略的规律是否可知？又该如何去把握？最后，现象与本质、殊相与共相、个别与一般的关系是本体论研究的重要范畴，那么柔道战略的现象与本质、战略的殊相与共相、战略的个别与一般的关系又是什么？上述的这些问题，只有对柔道战略进行哲学本体论的反思才能真正把握住其本质和规律。

一、道：老子哲学本体论的最高范畴

老子是中国哲学史上第一个开创了"道论"这一哲学本体论的哲学家。"道"在《易经》《尚书》《左传》《国语》等经典古籍中都作为"规律""法则""道路""标准"等释义大量出现，但是将"道"提升至宇宙之本这一至高地位的是老子，而这一突破也被称为是中国哲学的突破。先秦时期，相对于道家而言，从哲学层面谈论"道"的学派并不多，儒家孔子主要谈的是"人道"，后来荀子论"道"逐渐增多，但是都没有能够超越老子道论的范畴。中国现代哲学家张岱年先生在总结道家在中国哲学史上的地位时就认为："道家在中国哲学史上的最大贡献，是开创了哲学本体论……老子的道论是中国哲学本体论的开始，这是确实无

疑的。"① 老子的道论可以从以下三方面进行理解。

（一）道的本质

老子道的本质是指万物的本源、本体，它先于物质存在并凌驾于万物之上，是天地万物之母和总根源、总原理。老子说：

道之为物，惟恍惟惚。惚兮恍兮，其中有象；恍兮惚兮，其中有物。窈兮冥兮，其中有精；其精甚真，其中有信。自今及古，其名不去，以阅众甫。吾何以知众甫之状哉？以此。（《道德经》第二十一章）

这是说宇宙一切原本于道，开始于道。道是惚恍窈冥的。从道中先有法象，再有万物。万物分析到最后只是些精气，这些精气运行，有它常然可信之规律。宇宙一切现象，永远是那些精气运行所变化，因此宇宙只是一道体。我们明白这一道体，便可明白宇宙一切众始②。

道的这一地位的获得是其被赋予高度的抽象性的结果。它本身是一种形而上的存在，但又不脱离形而下之物，这使它具有无限的扩散性，也使得老子思想诸方面内容无一不与道相联系，无一不是其道论展开的结果：其宇宙论以道为万物之本，由此而展开其宇宙生化过程的论述；其规律论以"道"为起点与终点，由此而展开"大曰逝，逝曰远，远曰反"的运动轨迹；其认识论是以道为认识对象，又以合道为最终归宿；其人生论和社会政治思想由道的自然性而引申出无为主张，并通过无为而达到无不为，从而与"道常无为而无不为"的特点相吻合③。

（二）道的特征

1. 无名

道是天地万物之所以生的总根源、总原理，它不是具体事物，所以很难用具体事物或形容具体事物的名字来命名它、定义它或者指代它。盖凡

① 张岱年．道家文化研究（第六辑）［M］．上海：上海古籍出版社，1995：7．
② 钱穆．中国思想史［M］．北京：九州出版社，2012：68．
③ 李霞．道家与中国哲学（明清卷）［M］．北京：人民出版社，2004：305．

名皆有限制即决定之力；谓此物为彼，则即决定其是此而非彼，而"道'周行而不殆'，在此亦在彼，是此亦是彼也。故曰：道常无名"①。又曰："道尽稽万物之里，故不得不化，故无常操"，本来就不可以用名字来命名它，"字之曰道"，也是勉强这样命名罢了。

2. 无形

道不同于某一具体存在物，它不是某一物，而是恍惚的存在。因此，人们不能凭借感官去感知它，"视之不见""听之不闻""搏之不得"，它是很精细微小的，不可能用一种形体界限去认识它。总之，"道"是无形的，因为无形，不可见、不可听、不可触，因此也不可名。

3. 无限

道广大无边，所以"迎之不见其首，随之不见其后"。《道德经》第十四章的中心意思是：道是最广大最精微最普遍的存在，因此也不可能用感觉经验去认识它。

4. 无为无不为

万物既生，其生长并作，皆有道支配。道作为万物运动的规律而存在于万物的化生发展过程中。道作为规律并不是有意识有目的的主宰，但万物的存在和发展又莫不遵循一定的规律，这就是"道恒无为而无不为"。万物遵道而动完全是自然而然地运动，并非受到什么命令或指使："夫莫之命而常自然。"道作为规律固然是无意识无目的的，但是它是万物运动的必然性，是任何存在或力量都不能违反的。

（三）道的运动

道是先天而有，是绝对的（"独立"），又是循环往复的（"周行"）。宇宙万物都出于道（"为天下母"）。道是运行向前的（"逝"），但它向前到某一限度又会回归的（"反"）②。

老子说：有物混成，先天地生。寂兮寥兮，独立而不改，周行而不

---

① 冯友兰. 中国哲学史（上）[M]. 重庆：重庆出版社，2009：148.
② 钱穆. 中国思想史 [M]. 北京：九州出版社，2012：68.

殆，可以为天地母。吾不知其名，强字之曰道，强为之名曰大，大曰逝，逝曰远，远曰反。(《道德经》第二十五章)

道的运动遵循着周行的路线："独立而不改，周行而不殆"；"大曰逝，逝曰远，远曰反"。万物的运动也是周行，道生万物，所谓"夫物芸芸，各复归其根"，归根即复归道。道—万物—道，即道与万物转换的循环过程①。

道的运动是永恒的："独立而不改，周行而不殆。"道与万物之间循环往复不已的转换关系是一种规律："复命曰常。"

"反者道之动"是老子对道运动规律的光辉总结。它包含了三重基本含义：

(1) 反（否定）是运动的动力。一切事物或现象的存在都依赖于对立双方的统一，没有对立就没有事物。"天下万物生于有，有生于无"，"无"即是"有"的否定，是"有"之反。因为有了这种否定，才有了万物的产生和运动。

(2) 返归是运动的方向。道的运动方向是返归于本源，即返归于常道。一方面，万物之性来自道，体现道，万物也以此互通，这是万物之共性；另一方面，物之性毕竟还只是道之一偏。物性体现道性，其运动自然循道而行，最后复归于常道。

(3) 向对立面转化是运动的形式。向否定的一方转化，是事物的生成和发展运动的形式。如"曲则全，枉则直，洼则盈，敝则新，少则得，多则惑"。正是因为事物向相反的方向转化，人们应当自觉运用"反者道之动"这一原理，做到"将欲歙之，必固张之；将欲弱之，必固强之；将欲废之，必固举之；将欲取之，必固予之"。"大道泛兮，其可左右"，大道无所不在，无初无始，无边无涯，自由运动，上下左右，无所不适，到处

---

① 孙以楷，陆建华，刘慕方. 道家与中国哲学（先秦卷）[M]. 北京：人民出版社，2004：100.

都是道运动的作用。①

二、柔道：统摄于“道”的具体规律表征

“道”从规律这一层面看是万理的总括，是制约宇宙间一切事物运动发展的总规律：它是无所不在的，是不以人的意志为转移的客观存在；它是无所不能的，宇宙万事万物，无论多么巨大和微小，不管是有生命还是没有生命的，都是由道化生的；它是在不停地运动变化之中的，是自由身内部阴阳二气矛盾作用而推动；它是构成宇宙的物质实体，没有形象，但又主导万物②。

（一）道在结构上具有层次性

（1）最高层次为“道”。道为天地万物所以生之总原理，万物之所以能成万物都是由于道，它是制约宇宙万物运动发展规律以及支配具体规律的总规律。

（2）第二层次为“天道”。天道是存在于自然界中，是制约和支配自然界运动发展变化的规律。老子天道是“天之道”和“地之道”的合称。总体而言，天道原则有：“利而不害”“损有余以补不足”“天道无亲”“功遂身退”等③；地道原则突出：“柔弱胜强”“居下安下”“知雄守雌”等。天之道、地之道都是老子天道的并称，都是以自然现象、自然规律为依托。

（3）第三层次为“人道”。它客观存在于人类社会中，对人类社会的运动和发展以及人生运动和变化起着制约和支配作用。其中，涵盖着大量人类社会具体的道，例如：兵道、医道、茶道、养生之道等具体规律。

（4）道、天道、人道的关系是：“人法地，地法天，天法道，道法自

---

① 孙以楷，陆建华，刘慕方. 道家与中国哲学（先秦卷）[M]. 北京：人民出版社，2004：102.

② 陈广忠，梁宗华. 道家与中国哲学（汉代卷）[M]. 北京：人民出版社，2004：91.

③ 许春华. 天人合道——老子天道、地道、人道思想的整体性与统一性 [J]. 河北大学学报（哲学社会科学版），2012，37（6）：52 – 53.

然。"即人道是源于天道，是对天道的效法；天道是源于道，受到道的制约和统摄，是道在自然规律中的具体体现。

（二）柔道是统摄于道的具体规律表征

按照道的结构层次划分，柔道属于天道的范畴，即是对自然规律的概括和总结，是统摄于道的具体规律表征，是"道"这一普遍规律中的一种，是特殊规律。其主要表现在"柔弱者生，坚强者死"，"柔弱处上，坚强处下"，"柔之胜刚，弱之胜强"等具体规律表征上。（详见第一章）

除此之外，道对柔道的统摄还体现在：

（1）柔道是柔以载道。老子讲"水几于道"，即水和道是将近相同的，但由于"道无水有，故曰几"（王弼注），即道是无形的，水是有形，所以说是近乎相同。道无所不在，无所不利，而水亦然，水的一项本质特性是"柔"，即"柔之道"正是道的载体与体现。如："道生一，一生二，二生三，三生万物"（《道德经》四十二章），而"水善利万物而不争"（《道德经》八章），生，是道的功能，道化天地而生万物，至柔之水既是道的产物，其"利万物而不争"更是道规律的演绎，即"柔之道"与道相通，均包含了"利而不害"的价值关怀。另外，道还通过至柔之水来表现其善地、善渊、善仁、善信、善治、善能、善时、不争、处恶的能力与品性。

（2）柔道是柔以顺道。刚愎者往往逞强恃能，逆于道而任意妄为，故常招祸自辱；而柔弱者往往宽容谦下，所以柔顺天道，做到"不自见""不自是""不自伐""不自矜"而合于道，故常常能"明"，能"彰"，能"有功"，能"长"。另外，老子盛赞婴儿之柔，认为婴儿之柔是"充满生命力的柔"，是"充满阳气之柔"，是"含有阳刚又能控制阳刚之柔"，指出新生事物虽然柔弱，但一定能够战胜僵（刚）硬的衰老事物，是因为新生之柔弱代表了事物发展的方向，即合于道。这不仅表明了道的不可违背抗性，也表明了守柔即是守道的客观性。

（3）柔道是柔以用道。"反"是道最根本的运动方式，"祸兮福之所倚，福兮祸之所伏"，而柔道正是顺应了道的这一矛盾转化的规律而成为道发挥作用的重要方式。刚强到极点则转向衰弱，因此为了削弱对手，则首先将之推向强盛的极点，而为了防范自身从雄健转向衰颓，则需要以柔守之；柔弱到了极致则会转弱为强，因此，身处困境时需要谦卑尊礼、忍辱负重，以柔韧的姿态进行力量的储蓄，从而促进事态的向好发展。这就是柔道柔以用道的关键所在。

三、柔道战略：因循"柔道"规律的战略选择

《道德经》以为宇宙间事物的变化发展，在其中可以发现通则。凡通则可将之称为"常"，"常"具有普遍永久的意义，所以称为常道。如果能知通则便称之为"明"，即"知常曰明"。如果人不知道宇宙万物变化的通则而任意妄为，就会有不利的结果，即"不知常，妄作，凶"。因此，"知常曰明"之人处世接物必定会遵循一定的方法，而这些方法是源于对天道规律的认知和遵循，即司马谈所言：道家之术，理论基础是"虚无"，实践方式是"因循"，没有一定之规，随机应变，因势利导。

柔道战略就是人"推天道以明人事"的产物，是对柔道规律的洞见而将之运用于战略领域的实践理性，因此柔道战略属于"人道"范畴。但是，"柔道"从一种哲学思想转变为战略实践，是存在着障碍和前提条件的。首先，柔道哲学本身无法现实化、战略化，它只有为人们所接受而从理论过渡到行动时，才有可能成为一种有效的"物质力量"，因此，柔道战略需要以人的实践作为中介。其次，哲学非战略，战略亦非哲学，只有弥补柔道哲学与战略实践之间的割裂，从而在二者之间建立起一种新的实质性的联系，柔道哲学才可能成为指导战略的哲学并否定自己思想的纯粹性；同时，在战略实践中只有注入了柔道哲学，战略才能变成柔道哲学指导下的战略，才能成为有别于其他战略形态而赋有柔道色彩的战略，因此，柔道战略的生成与否还有赖于二者实质性的关系能否得以建立。

范蠡是道家战略学派的先驱，也是将道家哲学战略化的第一人，他冠有"国师""军师""财神""商圣"之名，在跨度巨大的行业中均能够取得惊人成就，与其说他是通才大家，不如说这是柔顺天道的结果。范蠡将其成功之道总结为："人事必将与天地相参，然后乃可以成功"，即人的行

为必须与天地（客观世界及其规律）相符合，做到天、地、人三道统一才能获得成功。在范蠡看来，天道特征是"盈而不溢，盛而不骄，劳而不矜其功"；地道的特征是"能包万物以为一，其事不失。生万物，容畜禽兽，然后受其名而兼其利。美恶皆成以养其生"；人道的特征是"人道好谦"。范蠡进一步指出，圣人最大的特点是"左道右术，去末取实"，即在洞悉了天、地、人三道规律的基础上，要顺之而有术：顺应天道，做到谦虚谨慎，不骄奢淫逸，不自矜其功；顺应地道，做到财成万物，包容美恶，施惠于人，并要善于因时而动，时不至不可强生，事不究不可强成；顺应人道，以谦卑的姿态赢取人心，尤其是身处逆境、拯救危亡时，更需要研究对手的人性及弱点，"卑辞尊礼，玩好女乐，尊之以名"以满足其心理、物质及欲望方面的人性需求，使之麻痹大意、丧失警惕，从而赢得反击的时间。综上可以发现，范蠡对"天道""地道""人道"的总结与顺应无一不是老子"柔道"的演绎与发展，其战略思想和行动则更是如此。

范蠡的战略既无法家的激进、也无儒家的偏执，而是体现了道家的柔顺与自然，将其誉为历史上第一位柔道战略家并不为过。清代著名学者孙星衍对其战略思想作了精辟总结：范蠡之学，出于道家，其所教越，以亡取存，以卑取尊，以退取先之术也。这种手法与老子"柔道"高度契合，可以说柔道哲学在战略领域的演绎，具体表现在：

（1）柔而不屈的定倾观。所谓"定倾"，是指能使危险的局势或即将倾覆的国家转危为安的战略。身处危局，勇于反抗则易于被毁灭，而只有勇于不敢反抗才是求得生存的方法，因此，当勾践兵败于夫椒而被吴军围困于会稽时，范蠡劝谏越王勾践要向吴王夫差示弱取柔、自取卑顺，要含垢忍辱、以屈求伸。越王勾践随后携妻带子入吴为奴，但是范蠡"柔而不屈"的处置逆境的方法并不是真正的屈服，而是通过暂时的示弱来谋求长远的生存与最终的胜利，正如韩非所说："勾践入宦于吴，身执干戈，为吴王洗马，故能杀夫差于姑苏……故曰：守柔曰强。"[1]

---

[1] 韩非. 韩非子 [M]. 长沙：岳麓书社，2015：60.

（2）柔因天时的节事观。所谓"节事"，是指处理国家政事要适度得当，要因时而动，采取适时的正确措施。范蠡洞悉了自然"赢缩转化"的规律，即万事万物的发展总是时多（"赢"）时少（"缩"），盈虚消长，互相转化。因此"时将有反，事将有间"，即客观形势终将走向它的反面，事情发展也终会迎来转机，因此要因时而动，这也体现了范蠡弱可变强、危可变安的政治观。范蠡的"因时"并非消极的等待，而是通过积极行动、创造各种必要条件来促成转机的到来。越王勾践在吴国给阖闾看坟，给夫差喂马、脱鞋，服侍其上厕所，勾践的夫人给水、除粪、洒扫，受尽人间耻辱但是始终不愠怒，无恨色，通过"柔道"来赢取夫差的信任，三年后终于得以归国。返回越国后，勾践与文种、范蠡等大臣共谋强国，食不重味，与百姓共苦乐，十年生聚，十年教训，终于转弱为强，积累了对抗吴国的实力。

在反击的时机选择上，范蠡再次演绎了"待其来者而正之，因时之所宜而定之"的战略观。范蠡选择了三个反击的时机：第一次反击是周敬王三十八年（前482），趁吴国疲于北上与中原大国争霸，在黄池大会诸侯，而国内力量空虚，只有老弱与太子留守的时机，发动了对吴战争，越军在郊区泓水歼灭留守的吴军并乘势攻入吴国都城杀掉吴国太子。吴王夫差急忙从前线调动军队回朝并派人请和，范蠡认为吴国主力尚存，贸然进行决战的时机尚未到来，因此便与吴国签订合约后撤军。第二次反击是周敬王四十二年（前478），趁吴国发生灾荒，越军大举攻吴，在笠泽之战中三战三捷，吴军的主力被歼灭，吴王夫差带领少量残兵退守姑苏城。此时，吴、越力量发生了根本逆转，越国已经占有绝对优势。第三次反击是周元王元年（前475），越国再次发起进攻，并对吴国首都姑苏进行了3年的围攻，这期间吴王八次遣使请和，请求愿为附庸，世世事越。越王有意接受请降时，范蠡当即指出："天与不取，反受其咎"，因此越军拒降并继续进攻，最终夫差自刭而死，吴国灭亡。其后勾践率军"北渡江淮，与齐、晋诸侯会于徐州"，周元王封勾践为伯，此后"越兵横行于江淮东，诸侯毕贺，号称霸王"，越国终于成了春秋时期的最后一任霸主。

（3）柔顺天道的持盈观。所谓"持盈"，是指如何在盈盛的状态下避免由盛转衰，由成转败的正确方法。范蠡的"持盈"战略实质上是老子"持而盈之，不如其已。富贵而骄，自遗其咎。功遂身退，天之道"思想的具体演绎。富贵而骄是持而盈之的一种表现，其结果将是自遗其咎，而柔顺天道的正确做法应是"盈而不溢，盛而不骄，劳而不矜其功"，只有这样才不会自遗其咎。这条原则用于国家则是劝谏君主在盈、盛的状态下要保持不骄、不溢、不矜的态度，避免因为骄奢淫逸、好大喜功、狂妄自大、逞强用勇而招致祸患。用于个人，范蠡始终秉持"不欲盈"的态度，范蠡深知"满则亏、盛则衰、福久则为祸"，通晓"人有盛衰，泰终必否"，明白"大名之下，难以久居"，于是在辅佐勾践兴越灭吴后，功成身退，辞别越国"乃乘扁舟，出三江、入五湖，人莫知其所适"。与之相反的是文种，由于功成不去而被越王赐以属镂之剑命以自裁，最终落得伏剑自杀的下场，令人唏嘘。范蠡之后多次经商成功，但是认为"居家则致千金，居官则至卿相，此布衣之极也，久受尊名，不祥"。于是"三致千金，三散千金"，散尽万贯家财以支助贫苦。这些都足以体现范蠡明知进退、超然辟世的道家风范。

范蠡对柔道战略的运用，是基于对道"赢缩转化"规律的体认，在战略实践中他将"反者道之动，弱者道之用"的柔道精髓运用得炉火纯青，在强调阴阳平衡、刚柔相济的同时，更善于以阴承阳，以柔克刚，并将"柔"的力量发挥到极致，为后人提供了积弱为强、反败为胜的典范。其"柔而不屈""近则用柔""柔而不可迫"等具有深刻创见的思想为柔道战略增添了丰富的内涵。

总之，"道独立而不改"，"独立"即不依赖于"道"以外一切存在而存在，此"一切存在"既包括物质客体，亦包括主体自身及其精神活动。人类要想改善自己所处的社会，首先需要理解社会赖以生存的法则，"要从服从他之中来控制他"①，一切好的战略之所以能够发挥效能，也都是以

---

① 梁漱溟. 乡村建设理论［M］. 北京：商务印书馆，2015：8.

遵从他的法则来驾驭他。柔道战略就是"执古之道，以御今之有"，是人类因循柔道规律的战略选择。

第二节　柔道战略的认识论层面分析

战略作为一门关于博弈的科学和艺术，究其本质是研究不同战略主体和战略客体之间相互作用的一种学问。从哲学上讲，主体指的是对客体有认识和实践能力的人，客体指的是主体以外的客观事物。而战略主体则是一个多维层次的概念，指的是具有战略认识能力和战略实践能力的个人、集体、集团或国家，战略客体指的是战略主体之外的战略得以实施的客观环境、客观条件以及客观对手。柔道战略和其他战略思想一样，不是现实本身，而只是现实在人们头脑中的反映或抽象，是对世界的一种诠释，这就意味着每一种战略都有可能错误地反映现实或歪曲现实，从认识论层面对柔道战略进行分析有助于深入把握其产生的背景、原因以及过程。

一、来源于战略客体

历史上任何一种伟大战略思想的出现其实都是一种对重大挑战或刺激的反应，或者说所谓的战略智慧是从严酷物质条件下的生存需求出发，通过复杂社会环境的相互作用发展而成的。著名战略家明茨伯格将对战略形成的认识称为是"盲人摸象"：战略是一头大象，各个学派和思想是源于从不同侧面去认识"大象"的局部，由此形成了设计学派、计划学派、定位学派、认知学派、学习学派、结构学派等十大战略学派和战略思想。[①]而实际上，战略的本质是人们对战略主体和客体之间相互关系的认识，各大战略流派、各种战略思想产生的根本原因不在于战略思想本身，也不在

---

① 亨利·明茨伯格，布鲁斯·阿尔斯特兰德，约瑟夫·兰佩尔. 战略历程：穿越战略管理旷野的指南［M］. 魏江，译. 北京：机械工业出版社，2012：4.

于研究者所采用的视角，而在于不同时期战略客体的实际情况和变化，是特定的战略客体催生出了不同的战略思想和流派。由于战略客体的不断变化，既没有任何学派或思想可以永恒，也没有所谓的可以放之四海而皆准的"通用战略"。

柔道战略是人类诸多战略思想中的一种，它的产生是源于一种特殊的战略客体。人们变革对象求得实效，总会遭遇对象的"反抗"即阻力，这迫使人意识到，只有根据它们的客观属性，才能有效地施加反作用而达到自己的目的。柔道战略家所面临的战略客体大致如下："人们自己创造自己的历史。"马克思在其辛辣、精彩的历史著述《路易·波拿巴的雾月十八日》中指出："但是他们并不是随心所欲地创造，并不是在他们自己选定的条件下创造，而是在直接碰到的、既定的、从过去承继下来的条件下创造。"① 这是一个简单却深刻的战略远见。每个人都在努力塑造自身的命运，但他们的选择是由他们所处的形势以及他们分析形势的方式决定的。柔道战略也不例外，它是在这种被动环境下逐渐形成的，其所要破解的战略矛盾是如何在劣势环境下实现以弱胜强，可以说，柔道战略就是恶劣环境适应下的产物。如果脱离了这种战略客体而去谈论柔道战略就如同无源之水、无本之木，也就是失去了柔道战略的价值合理性。当然，将这种劣势竞争条件下产生的产物呆板移用于其他环境也将会遭遇"水土不服"的恶果。

二、取决于战略主体

战略并不是一个简单的数字运算题，也不会存在一个固定的公式和答案。即使面临同样的战略处境，不同的战略主体也可以根据自身的擅长之处而采用不同的战略方法并且能够达到预定的目的。柔道战略之所以能够被发现、被选择并成功运用于实践还要取决于战略主体：

首先，取决于战略主体的意图需要。人们的需要是柔道战略得以产生

---

① 马克思. 路易·波拿巴的雾月十八日 [M]. 南京：江苏人民出版社，2011：2.

的直接动力。战略变革的动力往往来自试图摆脱现状中不如人意的努力。面对来自权力强势方的压迫和控制，不同的战略主体大致会持有两种相反的态度，一种是无可奈何、被迫接受并愿意服从；另一种则是暂时屈从、等待时机，筹划准备而实施反控制。前者没有"反控制"的需要，因此也不需要柔道战略，而后者意欲对强者进行"反控制"，因此需要挖掘并运用柔道战略以实现其企图。

其次，取决于战略主体的客观处境。大凡战略的生成皆有其环境背景以及相宜的适用范围与条件，用之得当方能尽显其妙。达到目标的方法看似很多，但在特定情境下，可选择的并能确保成功的并不多，一个统帅的整个处境迫使他不得不这样做，只做那种最符合他当时处境的事是十分自然的。如上文所述，柔道战略是恶劣环境适应下的产物，是如何在劣势环境下实现以弱胜强的弱者战略。如果战略主体的客观处境确实如上述十条所言，那么柔道战略的确可以给予其智慧的启发，但如果战略主体属于强者或与对手势均力敌，则柔道战略则失去了它原有的价值。当然，战略主体通过柔道战略的成功运用而由弱变强，柔道战略的功用也会逐渐失效，即柔道战略的应用不能失去了滋润养育它的客观土壤。如越王勾践，在夫椒被吴王夫差击败而被围困于会稽，不得已才携妻带子入吴为奴，受尽凌辱、卧薪尝胆才有了"三千越甲可吞吴"的致命反击，与其说这是主观的战略选择，不如说这是客观形势的逼迫。

再次，取决于战略主体的思想认同。柔道战略是以柔道哲学作为指导思想，是在柔道哲学在战略领域的具体的应用，其价值理念、目标追求、方法手段无一不受到柔道哲学世界观、人生观、价值观、方法论的影响，如果战略主体缺乏对柔道哲学思想的认同或认识，也就没有所谓的柔道战略。黄石公的《三略》、左丘明的《国语》、刘安的《淮南子》、李筌的《太白阴经》等，无一不受到道家思想的影响，又如古代战略家之范蠡、张良、陈平都是柔道战略的高手，也无一不是道家思想的信仰者和践行者。由于战略主体的认知都具有主观性，这直接影响了他们所采取的战略，也就形成了各家各派形态多样并且独具特色的战略思想。因此，要想很好地分析某位战略家的思想，首先就应确定其思想认同，更确切地说是哲学认同。

最后，取决于战略主体的个性天赋。战略主体具有不同观点个性、天赋、认知风格以及人生阅历，而这些都会对他们所偏好的战略产生重大影响。战略家的个性能直接投射到其所选择的战略中，如光武帝刘秀的柔道战略就彰显了一代明君的鲜明个性。刘秀性格中有"柔"，因此其战略中也就有了"柔"的色彩。刘秀是"柔美"的，人如其名，刘秀身长七尺三寸，美须眉者也，其为人谨厚，受《尚书》而通大义。刘秀是"柔韧"的，光武年九岁而孤，27岁反莽起义，平生见小敌"怯"而见大敌勇，千磨万击却百折不回，谓王霸曰"颍川随我者皆逝，而子独留，努力，疾风知劲草！"谓耿弇曰："有志者事竟成！"又见"光武北击尤来、大抢、五幡于元氏……因乘胜轻进，反为所败，贼追急，短兵接，光武自投高岸，遇突骑王丰，下马授光武，光武抚其肩而上，顾笑谓耿弇曰：'几为虏嗤。'弇频射却贼，得免"，这是何等的柔韧与从容。刘秀是"柔善"的，如进至邯郸，已故的赵缪王子刘林就劝说光武："赤眉今在河东，但决水灌之，百万之众可使为鱼。"光武以为残忍，不答，去之真定。刘秀是"柔逊"的，蒲阳之战，悉破铜马而降之，但降者仍不自安，于是光武"敕令各归营勒兵，乃自乘轻骑按行部陈。降者更相语曰：'萧王推赤心置人腹中，安得不投死乎！'由是皆服"。刘秀是"宽柔"的，如诛杀王郎之后，收到了很多下属与王郎交关谤毁的文书，"光武不省，会诸将军烧之，曰：令反侧子自安"。又如，邓禹违背光武之令，领数十万军队而数败于赤眉，最终只带24骑逃归宜阳，光武亦能宽恕其过错，数月之后又拜右将军。刘秀是"柔武"的，"帝在兵间久，厌武事，且知天下疲耗，思乐息肩。自陇、蜀平后，非儆急，未尝复言军旅。皇太子尝问攻战之事，帝曰：昔卫灵公问陈，孔子不对，此非尔所及"。范晔总结刘秀一生功业时，誉之为"止戈之武"。再则，"光武中兴"完全可以与"文景之治""贞观之治""开元盛世"相提并论，但相比起来"光武中兴"也更多地带有刘秀的个性特色。

三、产生于战略实践

战略原理的推导、表达和制度化必须发生于实践之后，柔道战略的产生既不是单纯地来源于战略主体，也不是单纯地取决于战略客体，而是产生于战略主体和战略客体的实践关系中。

首先，柔道战略的产生来自变革实践。柔道战略的创立不是凭空忽然地创立，而是有其渊源，在此项战略创立之先，已有此项战略之前身，逐渐地在创立。一项战略逐渐创始并日臻成熟，在当时必有种种人事需要，逐渐在酝酿，又必有种种用意来创设它，柔道战略如同某项制度，它的产生"必然有其外在的需要，必然有其内在的用意，这是断无可疑的"①，而这种需要和用意不是来自主观臆想而是来自变革实践，是要以此来纾解变革实践中的困境。

其次，柔道战略只有经过实践的检验，其真理性才能够真正确立。脱离了实践，真理就会变成虚无，真理不能在纯粹思想的领域中自在地存在，而只能在实践中存在。任何一项战略都带有强烈的实用主义倾向，因为"高雅的一般容易流于华而不实，而在战争中却不像社交中那样可以容许华而不实的作风存在"②。"适者生存、不适者淘汰"的战略达尔文主义会将无效的战略理论、华而不实的作战风格残酷地、彻底地扫出战场，而只有那些满足人们需要的实用的理论才能很好存活下来。柔道战略也是经过了实践正反两面经验的反复修正而生成的，是经过"逻辑渐进"证明了自身思想的真理性，即自己思想的现实性和力量，亦即自己思想的此岸性后的飞跃。例如：秦汉两百多年的兴衰成败为光武帝刘秀推崇"柔道"战略提供了宝贵的教益，秦朝因"繁刑严诛""赋敛无度"的"刚道"而亡，西汉因文帝、景帝"轻徭薄赋""与民休息""以德化民"的"柔道"而兴，这都为刘秀的"柔道"战略提供了经验基础。

---

① 钱穆. 中国历代政治得失 [M]. 北京：九州出版社，2012.：2.
② 中国人民解放军军事科学院. 列宁军事文集 [M]. 北京：中国人民解放军战士出版社，1981：181.

　　同时，战略主体和客体之间的实践矛盾推动着柔道战略的不断发展。其一，实践的改造功能具有双重性。战略主体在积极作用于客体并改造客体的同时，战略主体自身也被作用、被改造、被完善了。在柔道战略的使用过程中，必然会遇到一些挫折，这些挫折会教给战略主体如何正确使用柔道战略以解决实际任务的方法，并且"每次局部的挫折将促使改善手段和方法，巩固和扩大已有成果"①，而柔道战略也就是在实践的过程中得以磨合并加以完善的。其二，实践的深入与发展会推进柔道战略的自我革新。战略客体有别于一般的客体或"死物"，因为它有着活泼的充满干劲和狡诈的战略对手，拿破仑兵败滑铁卢的最主要原因是他的对手们已经熟悉了他的战争"舞步"，从而再也不会被动地跟随他翩翩起舞了。每一种方法一旦在战场上取得成功便很容易形成一套模式而被反复运用，然而情况已在不知不觉中发生变化，对手通过揣摩和研究已经产生了"抗体"，原有的作战风格实际上早已经过时，若还要依赖于先前的经验则必然招致失败。因此，必须推陈出新，为原有的战略添加新的未知变量方能保持长久不败。同时，随着实践的深入和发展，柔道战略的应用范围也在进一步扩大，由开始的政治手段延伸到军事、外交领域，再从搏斗艺术拓展到经济领域，这些实践经验大大地丰富了柔道战略的内涵和原理，为柔道战略的创新奠定了坚实的基础，即在战略实践活动中，"改变自身同改变环境是同步的"②。

---

①　中国人民解放军军事科学院. 马克思恩格斯列宁斯大林军事文选［M］. 北京：中国人民解放军战士出版社，1977：278.

②　中共中央马克思恩格斯列宁斯大林著作编译局. 马克思恩格斯全集（中文第1版第3卷）［M］. 北京：人民出版社，1956：234.

第三节 柔道战略的价值论层面分析

一、价值论与战略价值

（一）价值论概说

价值论是关于价值的理论，是从主体的需要和客体能否满足主体的需要以及如何满足主体需要的角度出发，考察和评价各种现象及主体行为对个体、社会的意义。关于价值的性质目前有三种主流观点：一是主观价值论，认为有用即真理，它是以价值主体的主观需要和价值追求出发来衡量价值客体的价值；二是客观价值论，认为价值是不依赖于人的意志为转移的客观存在，凸显出了价值的自在性；三是实践价值论，即以实践来解决认识的真理性，以实践来确定人和世界的价值关系，来解决价值关系的客观、合理、科学有效性。在价值的构成上，大致可以分为：自然价值、社会价值、人的价值、物质的价值、精神的价值、工具价值（工具作为一种手段，实现着价值的追寻）、目的价值（目的作为一种指向，制约着价值运动的方向）。价值论当前的研究主要集中于三大领域：伦理学视域、政治哲学视域和美学视域。

（二）战略价值论略

人是追求和创造理想世界的存在物，而战略本身就可定义为"谋求自身利益的系统"①，它不是"没有目标而造反，没有纲领而拒绝，没有未来应当如何的理想而又不接受现状"，战略蕴含着对理想世界的渴望，有着强烈的价值追求。在战略实践中，人们"优先去认识什么""重点去改造什么""率先去攻打什么"，都极大取决于它们的战略价值。所谓战略价

---

① 马丁·范克勒韦尔德. 战争的文化［M］. 李阳，译. 北京：生活·读书·新知三联书店，2016：67.

值是指战略主体为了满足政策制定者或利益相关者的战略需要而采取系列行动所创造出来的价值。它属于价值论的另一个重要视域，由于直接关乎战略所追求的目的问题、所采用的手段问题以及战略家的价值观问题，因此显得尤为重要。

按照不同的标准，战略价值可以有多种分类。最常见的是将其划分为两种：第一种，把战略价值等同于战略所要追求的目标和利益，即战略或某种战略行动能够为利益相关者提供或创造的价值，这种定义具有明显的目的价值取向；第二种，把战略价值等同于对全局性、整体性利益具有重大意义和价值的行动、事件、举措等，这种定义则具有明显的工具价值取向。同时还有其他分类，如：按照时间标准进行划分，战略价值可以分为短期价值、中期价值、长期价值；按照空间范围进行划分，战略价值可分为局部性价值和整体性价值；按照事态变化的方向进行划分，战略价值可以分为正向价值和负向价值；按照作用效果和意图分类，战略价值可以分为生存性价值和发展性价值；按照表现差异，战略价值可以分为隐性价值和显性价值；按照作用方式，战略价值可分为直接性价值和间接性价值等。

战略价值并非固定不变，而是随着战略实践的深入而不断发展，并由此催生出新的战略形态。就军事战略而言，其价值点就由原来的攻城略地、开疆辟土向歼灭敌人有生力量转移，而价值点的变化也引发了具体作战形态的变化，即由阵地战，要塞攻防战向运动战、歼灭战转移。就发展战略而言，其价值点也由单纯的经济增长向人的自由全面发展而转移，因此发展战略也经历了由"经济增长"的发展战略向"'经济增长'+'社会变革'"的发展战略到可持续发展战略和"以人为中心"的综合发展战略的转变。就商业战略而言，价值点也由"李嘉图租"向"熊彼特租"转变，其战略形态也由为争夺稀缺资源而击败对手的零和博弈向通过新商业、新技术、新供应源和新的组织模式的创新来获得超额利润的竞合博弈转变。可以说，每一次战略价值点的转变都会引发战略形态的重大变革。

战略价值观是战略的价值观念形态，是战略家、决策者在进行战略决策、完成使命、实现愿景过程中所推崇的价值信念以及所奉行的价值原则，它贯穿于战略的始终，在战略施行的过程中起着意义规范、价值评判等重要作用。战略价值观主要涉及的是在战略活动中的价值判断、评价及其选择的价值观念，是战略家的人生追求与社会理想在战略中的集中体现，它是所有战略素养中与人文素养关系最为紧密的部分，也是战略家与阴谋家的区别所在。诚然，现实中不可能存在一套标准的战略价值观念去让人遵守，即使有也会被现实撕得支离破碎。因此，确切地说，理想的战略价值观是应然的而不是实然的，也就是处于实现的过程中。它可能与实现了的、完全的"善"相对立，这种理想的战略价值观在理念辩证法的水平上"不过是一个抽象的设准"，它应该具备以下特征：

（1）战略价值观应是一种人本主义价值观。战略的目的是让人更好地生存和发展，所以战略是"为了人"；战略的一切规划都需要人去创造和实施，所以战略必须"依靠人"。人既是战略的价值尺度，又是战略最珍贵的资源。评价一项战略的好坏，最重要的标准就是"和平的状况和人民的生活状况是否比战前要更好一些"①。然而，战略就像是一匹烈马，在战场上极容易失控，战略的异化会反过来戕害人类自身，所以战略本身暗藏着危险，它越是锋利，执驭者越要收敛，尤其是在大转折、大变动的时代，战略家们需要以更加深邃的目光透视战略全局，不仅要看到战时的矛盾更要看到战后的和平，不仅要看到自身的利益更要看到人类共同的福祉，坚决避免因为一时的虚荣、仇恨或者利益而去追逐那些得不偿失的"皮洛士式的胜利"；战略家们需要认真地向历史学习，要收起那些不恰当的欲望和妄想，改变那些咄咄逼人、自以为是的态度，因为在历史的长河中人类为了一些鸡毛蒜皮的事情而无数次大打出手，但今日看来大体都是劳而无功。两次世界大战让人类对战争的危害有着刻骨铭心的体会，生灵涂炭，幸福家园遭到摧毁，战争的未来不是战斗而是饥饿，不是杀人而是

---

① 李德·哈特. 战略论：间接路线 [M]. 钮先钟，译. 海拉尔：内蒙古文化出版社，1997：400.

国家的破产和社会组织的崩溃。视人命如草芥不是战略的本意，关爱人、珍惜人、以人为本、让人自由全面地发展才是战略的真实内涵，因此，战略家要有博大的胸襟与人文的关怀。

（2）战略价值观应是一种建构主义价值观。战略的本意不是摧毁而是建构，是希望通过摧毁、改造、变革和超越的手段来建构一个理想的、应然的、合乎人的本性和目的的美好新世界。那些为个人或小集团的私欲而犯上作乱者，为维护自身既得利益而无事生非、任性妄为、制造动乱、带来灾难者，纵使有再辉煌的战绩也不能称为是战略家，而只能列入卑劣的阴谋家之流，如恶名昭彰的纳粹集团首领希特勒、残忍暴虐的日本军国主义者都属于此类。真正的战略家是具有"建构德性"的，他们的理想是让世界变得越来越好，而不是让世界变得越来越糟，当然，由于措施的失当，良好的目的并不一定能够带来美好的结果，但这并不影响"建构德性"成为卓越战略家的必备素养。也正是因为"建构德性"，当代战略家们也逐步地将目光从军事战略转向发展战略，从零和博弈转向合作共赢，从狭隘的利己主义转向构建人类命运共同体，他们积极地鼓舞和引领人们通过不断的实践和努力去建构一个富裕、繁荣、和谐、应然的新世界。

（3）战略价值观应是一种全局性价值观。是否有利于全局是战略评价的一项重要标准。战略研究首要强调的就是全局意识，战略谋划是全局性的，它既不能作孤立的思考更不能寻求局部的解决，战略家的思考应当高屋建瓴，应当志其大而舍其细，只有识大体、顾大局方能成大事。战略的全局意识要求对局势做综合性、整合性、全体性和概括性的总结，而对那些无关痛痒的细枝末节应予以坚决的排斥；不仅如此，战略的全局意识要把战略上的成功置于战术上的利益之上，要正确处理全局与局部的关系，要警惕"赢得了战斗却输掉了整场战争"的危险。战略家们一旦养成了全局意识，便不再以确保局部成功为满足而是积极地去追求一个对全局具有决定性意义的胜利，这能更灵活地处理全局与局部的关系，还能更加深刻地领会"失之东隅，收之桑榆"的精妙。他们绝不会因为在某个战场上的失利而沮丧气馁、怨天尤人，反而他们会以更为高昂的姿态在其他广阔的战场上弥补这种过失；他们更精通间接路线战略的运用，能极好地控制或暂时搁置狭窄领域的冲突，并通过大量看似与该冲突无关的"外部行动"来解决争端；他们不会认为局限和节制是一种纯粹的阻碍，反而将之视为是增进人类幸福的重要推动力。

（4）战略价值观应是一种长远性价值观。是否有利于长远是战略评价的另一准绳。战略与战术最大的一项区分就在于时间的长远性，战术是为了解决当前最为急迫的任务，而战略则是为了"十年"之后，是为了引领未来的。战略是长远的，它的实现需要较长的时间周期，和战术不同，战略行动很难追求速效，它对当前几乎毫无影响而对未来却能发挥巨大作用。但是，"火烧眉毛顾眼前"是人类的通病，被眼前的麻烦折磨得头昏脑涨的人们自然将"虚无缥缈"的未来暂时搁置一旁，为了眼前利益而牺牲长远，"竭泽而渔"的短视做法将会引发未来更大的麻烦。战略的长远意识首先是对未来趋势的研判，在此基础上应势而谋、因势而动、顺势而为才能事半而功倍。其次，长远意识要保证战略的连续性，由于战略要达到的目标愈艰巨，需要的时间就愈长，所要克服的困难也就越多，因而半途而废的危险也就越大，战略的半途而废比其他任何领域所要付出的代价都要沉重得多，如果无限金银无限血只是换来一场空，那无论对国家、企业还是个体而言都是一场灾难，所以要以坚强的"战略定力"保持战略的连续性，直至最后的成功。再则，长远意识要着眼于根本问题的解决，扬汤止沸不如釜底抽薪，焦头烂额不如曲突徙薪，战略只有从根本上对问题予以彻底解决才能一劳而久逸，暂费而永宁。同时，战略的长远意识并非抛开当前而是立足于当前，俗话说："种一棵树最好的时间是十年前，其次是现在"，培育高端人才，实现制度更新，发展精密武器都需要很长的先导时间，过去一切的失败经验可以归纳为"太迟"二字，因此不能因为需要的时间长而失去信心，而应满怀信心立即行动。

（5）战略价值观应是一种牺牲性价值观。战略艺术是靠牺牲来生存的，拿破仑的战略艺术之所以高明，就在于他敢于做出残酷的牺牲，以至于人们都认为他的作品有缺陷。追求"面面俱到"在战略理论上讲无可厚非，但在实践中将会遭遇全盘倾覆的危险。牺牲意识首先体现在对战略目标的选择上，贪多务得，嚼多不烂是战略的最大禁忌，一个阶段唯有聚焦一个主要目标而牺牲其余才能倾尽有限的力量以实现之，在制定战略目标时须谨记以实现的可能性为前提，应做到咬下的分量不能超过可以嚼烂的程度。其次，牺牲意识也体现在战略路径的选择上。从战略的起点到终点存在着无数条路径，战略家必须在多条战线中确定其中的一条并坚持下去，同时，坚决杜绝战略上的摇摆不定，就如美国著名战略家马汉所说："如有机会，能逃便逃，如需战斗，便应立即应战，但绝不可三心二意，脚踏两只船，犹豫不决产生折中思想。"① 再则，战略需要 "为有牺牲多壮志，敢教日月换新天" 的大无畏气概，想要样样具备，势必样样落空，"不在一部分人民家中一时地打烂些坛坛罐罐，就要使全体人民长期地打烂坛坛罐罐。惧怕一时的不良的政治影响，就要以长期的不良影响做代价"②。从实质上讲，战略的牺牲意识就是一种取舍的艺术，应该做到凡是不能舍弃的便绝不舍弃，凡是可以舍弃的便毫不保留，就如马克思所言的："如果他们将来战败了，那只能归咎于他们的'仁慈'。"③

战略价值观集中体现了战略家的人生观、价值观以及世界观，因此对战略价值观的培养，真正的功夫是在战略之外。研习者只有亲身体验了人世的痛苦与艰辛才能养育出一颗善良博爱的灵魂，才能在战略上关心人、呵护人、珍惜人；只有阅尽了战略所带来的灾难才会拥有建设美好新世界的 "建构德性"；只有经历了失败与成功的双重教训才能更好地理解全局、理解长远；只有深刻地从人类漫长的历史中吸取教训，才能真正理解牺牲的价值所在。

---

① 艾·塞·马汉. 海军战略 [M]. 蔡鸿幹，田常吉，译. 北京：商务印书馆，1994：387.
② 毛泽东. 毛泽东选集 [M]. 北京：人民出版社，1991：212.
③ 中国人民解放军军事科学院. 马克思恩格斯列宁斯大林军事文选 [M]. 北京：中国人民解放军战士出版社，1977：191.

二、柔道战略的价值本质

所谓战略价值，就是战略主体的需要和客体之间的一种特定关系——需要与被需要的关系。只有厘清了战略主体的需要和客体能否满足以及在多大程度上满足其需要之间的辩证关系，才能廓清柔道战略的价值本质。

人类主体所要认识的客体可以分为三大类：自然客体、社会客体和精神客体。自然客体即对自然物质世界的认识，社会客体即对人类社会的认识，精神客体即对人类思想客观产物的认识。人类认识的重点也经历了一次"客体转移"的过程，即从以对自然世界（自然客体）的认识为中心转向以对人类社会（社会客体）的认识为中心，再向以人类客观产物（精神客体）为中心的转移过程。精神客体虽然不依赖于具体主体而存在，但仍属于人类的意识范畴，其精神性、思想性以及创造性对社会发展的贡献也越来越突出。

柔道战略作为经过抽象概化了的战略思想，究其本质它是一种"精神客体"，是人们在战略实践基础上发掘、总结并产出的精神现象、精神产品或更确切地说是某种具有反映客观规律而不带有主观偏见的普遍认识。当然，柔道战略这一"精神客体"虽然在某种程度上反映了客观事物的本质特征和运动规律，但它并不是孤立存在的独立物，也并不等于"客观实在"，而是"客观实在"的派生物。因此，柔道战略具有其物质承担者，归根结底还是物质运动形式的一种特殊形态。然而，柔道战略这一"精神客体"最为重要的作用就在于它的能动性、创造性与反作用，战略主体能够从中获得启迪，并利用它来对自然客体和社会客体进行变革以实现自身的目的和意志。如上文所述，柔道战略这一"精神客体"有着自身的独特属性，即主要阐释和揭露的是如何"以柔克刚，以静制动，以道制权，以谋制力，以缓制猝，以宽制猛"的博弈规律，更确切地说柔道战略的独特性就在于它是一门聚焦于如何实现"以小博大，以弱胜强"的人类精神产物。

战略主体是为了达到某种预定的战略目标而选择并执行某项战略的个

人、集团或国家。战略主体有着多重层次的分类，但是从博弈双方或多方的实力上可以划分为两类：强者和弱者，博弈的类型也由此可以分为两类："强—弱"间的博弈和"势均力敌"的博弈。由于战略主体的实力、境况都不尽相同，他们所选择和实施的博弈方法自然也就不尽相同。柔道战略所要解决的不是"势均力敌"的博弈而是"强—弱"间的博弈。在战略博弈中，强者占据着庞大的资源，拥有大量充分而有效的战略工具，可以轻而易举地将与之相比实力悬殊的对手击倒在地并扫出战场。而弱者的情况正好相反，他们占有的资源有限，反制的工具有限，并且面对的对手却相当强劲，因此其应对方法自然与强者有所不同。在这种境况下，无论是强者或是弱者，任何忽视自身能力而盲目地采用错误的博弈方法的行为都将引发不测。弱者若采用"强者战略"去应敌则无异于是以卵击石，强者若采用"弱者战略"去应敌则无异于是画虎不成反类犬。因此，战略主体和战略之间的匹配性至关重要。

综上所述，柔道战略是一种特殊的揭示在博弈中如何实现"以小博大，以弱胜强"的精神客体。而战略主体中，自身实力相对薄弱而所要面对的对手又相当强劲的，我们可以将其称为"相对弱者"，相对弱者为了战胜强大对手不得不寻求一套能够实现"以小博大，以弱胜强"的方法，因此柔道战略的价值本质就是精神客体的特殊属性与战略主体需要之间的一种客观关系，更确切地说：柔道战略这一精神客体的特殊属性满足了战略博弈中相对弱者的实际需要。

三、柔道战略的价值选择

柔道战略是柔道哲学在战略领域中的运用，因此它也延续了柔道哲学的价值理性。而每一种战略思想一旦得以实施，就进入了实践范畴，柔道战略的价值选择和评价就不仅仅是纯粹观念中的选择，而更多指的是战略价值的"实际创造和获得过程，是在实践中实现的创价活动"①。

---

① 李连科. 价值哲学引论［M］. 北京：商务印书馆，1990：133.

（一）柔道战略价值选择的必要性与可能性

1. 必要性

战略价值选择之所以必要，主要有以下原因：

首先，源于战略目标及其本质的规定性。战略是为了满足主体需求而趋向于某个目标，目标的规定性也就决定了价值选择的方向性，同时战略的本质就是一门关于价值选择的学问，"战略就是在竞争中做出取舍，战略的本质就是选择不做什么。没有取舍就不需要选择，也不需要战略"①，因此，没有价值选择也就没有了所谓的战略，更谈不上要实现柔道战略的理想和追求。

其次，基于战略资源的有限性。对于柔道战略家而言，他们所能掌控和可支配的战略资源是很有限的，甚至可以用"捉襟见肘"来形容，这种客观形势导致他们的行动自由遭到了极大约束，无法做到随心所欲，而必须根据对客观事物价值的判断来选择做什么和不做什么。

最后，为了实现战略举措的高效性。柔道战略家所面临的情况是战略资源的有限性和客观事物的复杂性和多样性，如何能够以有限的资源和微小的代价去获取最大限度的成功是他们所要破解的最大难题。那些毫无重点地平均使用兵力、毫无目的和选择地猛打浪战已被证明是愚蠢且失败的，而"只要有十万人用在恰到好处的地方，就可以决定欧洲的命运"②。对战场的选择、对时机的把握、对兵力的分配、对作战线的规划、对敌人重心的精确打击等都是获取高质量战果的重要条件，而这些活动无一不涉及价值的选择和判断。

当然，战略客体具有复杂性、多样性以及伪装性、欺骗性等特征，也导致了选择的艰难性。应该避免哪些看似有利可图却偏离了主要前进方向的目标，应该如何选择一条抵抗力最小或者说期待性最小的路线，应该如

---

① 约瑟夫·兰佩尔. 战略过程：概念、情境与案例［M］. 耿帅，译. 北京：机械工业出版社，2017：24.
② 约米尼. 战争艺术［M］. 钮先钟，译. 桂林：广西师范大学出版社，2003：7.

何识别并占据使敌人左右为难的位置，应该如何从复杂暧昧的形势中识别出制胜之道，以及如何找到一条具有可交换目标的行动线，这些都离不开战略价值的判断和选择。

2. 可能性

就像马基雅维利所坚守的信念那样：承认命运的力量，但人并非完全由命运摆布。①"上帝不包办一切"②，人类可以通过行使自由意志来创造自己的历史。战略家们之所以能够在历史必然性面前根据自己的意志来进行价值的自由选择，一是因为社会必然性是"弹性"的而非"僵化"的。它是由大量偶然性构成并通过偶然性表现出来，即客观世界为人们提供了选择的可能性，在各种偶然性中，战略主体应当且可以选择一种对自己有利的偶然性。二是因为战略主体具备自主能动性，可以自由主动地进行价值选择，从而创造出丰富多彩的价值世界，人们在创造价值、进行价值选择的同时，实际上也在创造自身的价值，在这一价值选择和创造过程中又使自己具备了创造更大价值的潜力。

（二）柔道战略价值选择的过程

1. 目标选择

"目的比用来达到目的的手段要基础性得多"③，战略价值选择首先是对战略目标的选择，战略目标是关于社会或某一领域全局性长远性的奋斗目标，有合理性与非合理性之分，合理的战略目标应该是根据需要、规律以及可能而给予优化考量的目标，即是目的性、规律性和实际性的有机统一。而战略目标的价值依据、基本价值导向具有特殊的重要性。

价值依据的重要性在于，它是凝聚人心和力量的，关系战略的成败。如果在基本价值上出了问题，或者考虑不周，那就很难在战略上取得满意

---

① 彼得·怕雷特. 现代战略的缔造者：从马基雅维利到核时代 [M]. 时殷弘，译. 北京：时代知识出版社，2006：15.
② 尼科洛·马基雅维利. 君主论 [M]. 潘汉典，译. 北京：商务印书馆，2011：124.
③ 中国人民解放军科学院. 马克思、恩格斯、列宁、斯大林军事文选 [M]. 北京：中国人民解放军战士出版社，1997：199.

的效果，甚至导致战略失败。历史上有一些短时间看来力量非常强大的势力，但在最基本的价值上立不住，比如说法西斯势力在最基本的价值上立不住，最后是不能成功的。……得民心者得天下，民心，就是最广大民众的基本价值需求，满足了这种需求，民众将会凝聚到这一目标之下，则这一目标就获得了巨大的社会支持，从而能够最终实现这一目标。不满足这种需求，则广大民众不能给予支持，所确定的目标就不能实现。得道多助，失道寡助，说的就是这个道理。①

柔道战略所追求的目标可以分为三重境界：

最低层次：战胜对手。任何一种战略思想都内在包含着让对手屈服并使自身意志得以贯彻的追求，胜利的标准主要包括：（1）敌人物质力量的损失大于我方；（2）敌人精神力量的损失大于我方；（3）敌人放弃自己的意图，并公开承认以上两点。这是战略的共性要求，柔道战略也不例外，战胜对手是它最直接的目的，只不过柔道战略的立足点是如何击败强敌。

中间层次：自他共荣。这是"柔道战略之父"嘉纳治五郎对柔道目的的规定，所谓"自他共荣"就是在对抗的同时也要求兼顾"完善自己之时，也要让对手共同进步，共同受益"。嘉纳治五郎认为，应将"自他共荣"拓展到国与国、人与人之间，实现其"共荣"，即意味着充分满足人精神方面的欲望，避免无谓冲突，为避免消耗无用的精力，互相理解、谦让、协调，让人类社会继续生存。在减少或避免冲突的相助相让之中，求得双方的最大利益。柔道的精神就是真正利己、为自己谋求幸福的同时，也必须为社会谋求幸福。最大的自利是伴随着自他开始的。②

最高层次：消弭致乱之源，实现各得所欲。这是柔道战略的终极追求，也是柔道战略在哲学价值论上的具体体现。老子对"争"持着反对和批评的态度，认为贪得无厌的欲望所导致的争斗本质上有违天道，是争端不休、兵连祸结、哀鸿遍野的祸根所在。当面对政治现实时，《道德经》

---

① 段培君. 战略思维理论和方法［M］. 北京：中共中央党校出版社，2001：86.
② 王晓晨，赵光圣，张峰. 嘉纳治五郎对柔道教育化改造的关键思路及启示［J］. 山东体育学院学报，2015，31（2）：110.

又不得不承认，在"不得已"的情况下，可以暂时凭借战争的手段，来达到一定有限的政治目的。① 但是，《道德经》对通过战争所取得的胜利采取的是"恬淡为上，胜而不美"的态度，具体来说是要"果而勿矜，果而勿伐，果而勿骄，果而不得已，果而勿强"，这里的"果"指的是达到某种有限制的目的和胜利，而这种胜利并不是出于主观意愿而是被迫之选，因此即使获得了胜利也保持勿矜、勿骄、勿伐、勿强的态度并以"丧礼"处置，如果以杀人为乐，则不可志于天下矣。可见，战胜对手、获得胜利并非《道德经》的最终目的，是"不得已"的结果，其最终目的是要消弭战争，让天下人得以自化、自正、自富、自朴、各得其所欲，通过"清静无为为天下正"，使人类社会真正跨入一个没有战争、相安无事、和平共处、和谐均衡发展的理想社会。

如东汉思想家王充在《论衡·自然篇》中论述的："道家德厚，下当其上，上安其下，纯蒙无为，何复谴告？故曰：'政之适也，君臣相忘于治，鱼相忘于水，兽相忘于林，人相忘于世，故曰天也。'"② 柔道战略是"推天道以明人事"的具体产物，因此柔道战略价值追求上也延续了老子自然哲学的价值内核，从而渗透出浓郁的人文关怀。因此，真正的柔道战略家都是具备厚生好德的本性，他们所追求的目标是高层次的，是以更完善的和平和人类的幸福为根本出发点。当然，在长期的斗争中，这些目的又很容易被人遗忘，因此"狂热就有逐渐变成单纯追求胜利的趋势，特别是斗争持久而激烈时，就更是这样"③。

2. 手段选择

如美国著名政治学家汉斯·摩根索所说："有多少，政治家们怀着改善世界的愿望，结果却把世界搞得更糟？又有多少次，他们为了一个目标

① 黄朴民. 先秦两汉兵学文化研究［M］. 北京：中国人民大学出版社，2010：64.
② 陈广忠，梁宗华. 道家与中国哲学（汉代卷）［M］. 北京：人民出版社，2004：318.
③ 伯特兰·罗素. 权力论［M］. 吴友三，译. 北京：商务印书馆，2016：95.

而奋斗，结果却得到他们既没有料到也不愿得到的东西?"① 良好的战略目标可以保证避免有意制定坏战略，但它们不能保证其所产生的战略在道德上是仁慈的，在结果上是成功的，还要看其选择和使用的手段与目标的匹配性。

安德烈·博福尔根据双方所能动用的资源以及争执问题的重要性，总结出了战略的几种经典样式，如表 3-1 所示：

表 3-1　安德烈·博福尔战略的样式②

目标	资源	行动自由度	战略样式	特点或案例
一般	充分	大	直接威胁	核威慑战略
一般	不充分	小	间接压迫	间接路线战略
重要	不充分	小	连续行动	直接威胁、间接压迫、有限度的武力配合
重要	不充分	大	低军事强度的持久斗争	持久战、游击战
重要	充分	中	以军事胜利为目的的猛烈冲突	军事战争

柔道战略所要讨论的议题是在自身资源不充分条件下的博弈方法，因此，它在手段的选择上也独具特色：

贵"道"而不贵"兵"。柔道战略主张的是"以道佐人主"而反对"以兵强天下"。军事战争是柔道战略中的一种手段，但不是最重要的手段，而是不得已而用之。因此，不能以兵逞强，炫耀武力，而应保持"恬淡为上，胜而不美"的战争观和胜利观。

贵"后"而不贵"先"。柔道战略主张的是"不敢为天下先"的后发

---

① 汉斯·摩根索. 国家间政治——权力斗争与和平 [M]. 徐昕，译. 北京：北京大学出版社，2012：8.

② 安德烈·博福尔. 战略入门 [M]. 军事科学院外国军事研究部，译. 北京：军事科学出版社，1989：11.

制人战略。"后发制人"是战略学上一个重要命题，与"先发制人"形成辩证的对立统一，前者强调的是待机破敌，后者强调的是先机之利。

贵"慈"而不贵"暴"。柔道战略十分重视政治条件以及道义条件对胜利的意义，指出："夫慈，以战则胜，以守则固。"（《道德经》六十七章）"慈"即仁慈、宽容，统治者如果能够以心怀善心、施行善政则能够获得人民的信任和拥护，以此为攻防的基础，将应付自如，无往不胜。

贵"奇"而不贵"正"。柔道战略支持"以正治国，以奇用兵"的主张，在军事战略上，尤其是身处弱势的情况下更突出强调了"出奇制胜"的价值。"奇"，尚变也，诡诈也，崇智也，这是抵消强者优势，实现以弱胜强的关键所在。

贵"哀"而不贵"骄"。柔道战略强调"抗兵相加，而哀者胜矣"（《道德经》六十九章），即敌我相抗，哀兵之所以能够取得胜利关键在于他能清晰意识到自身不利的处境，从而重视敌人、警戒备战、全力以赴、克敌制胜。骄兵之所以必败，是因为他凭恃自身强大实力而"无虑而易敌"，即轻敌自大招致灾难。

贵"下"而不贵"上"。"下"也是柔道战略中非常具有柔道色彩的一种手段，"大邦以下小邦，则取小邦；小邦以下大邦，则取大邦"（《道德经》六十一章），即大国对小国谦下忍让，就可以取得小国的信任和依赖；小国对大国谦下忍让，就可以取得大国的信赖。如果大国小国都能够以谦虚忍让的方式来"下"对方，则能够实现彼此相安无事，和平共存，从而进入"虽有甲兵，无所陈之"的太平盛世。在柔道管理学上的体现是"善用人者为之下"（《道德经》六十八章）。

贵"不与"而不贵"争胜"。柔道战略所追求的最高境界是"善胜者不与"。"不与"即"不与争也"（王弼注）①，在战略上不与敌人正面强争而避其锋芒，不与敌人直接硬拼而以柔化之，即"不争而善胜"。"不争"

---

① 老子，苏辙，王弼. 吃透道德经［M］. 李蒙洲，编译. 北京：新世界出版社，2012：251.

之所以"善胜"是有其更深层的"争","若对手盛,则以柔化之,可要在化的同时,造成克势"①,即不与强敌进行正面争斗只是第一步,更重要的是在此过程中为自己塑造最佳的反击态势。因此,柔道战略亦可成为是"造势"的学问,"不争而善胜"的全面表述应是"不争力而争势"。

除此之外,柔道战略还强调,以退为进、以静制动、以柔克刚等方法手段,为战略上"处于弱小的一方如何扬长避短、转弱为强、因敌制胜提供了有力的思想武器"②。

3. 结果选择

如果只有选择的目标和手段却没有结果,这仍算不上是完整的战略价值选择过程。战略价值选择的过程大体如下:首先,确定选择的目标。此时战略的价值主体已掌握了做什么和如何做的问题,但这只是一个观念上的理想模型。其次,通过选择活动将观念的理性模型转化为真实的物质存在。观念模型通过物质手段转换成物质现实,便转化为选择的结果。最后,在选择的结果中实现选择的目标。实际上是按照战略客体的规律和属性以及战略主体的需要,改变价值客体的存在形式,使之被强制地按照主体的需要决定的价值目标改变自身,并最终使价值目标在其中实现③,这就是选择的结果。柔道战略价值选择的结果,既是价值目标的实在化,又是价值主体本质力量的对象化。战略主体是为了满足自身的需要而进行价值选择,满足需要就是享用和消费各种价值,使客体主体化;同时,各种价值又能转化为主体的本质力量,转化为主体的生活、活动、意识、知识的内容④。

任何一项战略,当其行动成功接近尾声时则必然会面临结果的选择。它主要表现在:第一,胜者对败者的态度,是要毁人国、拔人城、灭人种,还是清晰意识到"不仅要把敌人打倒,还要把它扶起来;唯有放弃报复心态,用睦邻、平等态度构建利益共同体,仇恨才能化解"?第二,胜

---

① 阿城. 棋王 [M]. 北京:作家出版社,2000:11.

② 黄朴民. 先秦两汉兵学文化研究 [M]. 北京:中国人民大学出版社,2010:68.

③ 李连科. 价值哲学引论 [M]. 北京:商务印书馆,1990:141.

④ 李连科. 价值哲学引论 [M]. 北京:商务印书馆,1990:142.

者对未来局势的态度，胜者是沉湎于当下的胜利而洋洋得意，还是将眼光投向未来——如何去赢取一个有利的和平？第三，胜者对战略价值的态度，战略是为了赢取个人私利，还是为了使全人类得到自由全面可持续的发展？对这些问题的不同回答将会直接影响战略结果的选择，而这一结果又何尝不是未来事态发展的起因呢？种善因未必一定得善果，而种恶因必然会导致恶果，这又何尝不是整部战略思想史的教戒呢？

如前文所言，战胜对手只是柔道战略的最低追求，其更高的目的是能够实现国与国、人与人之间的共同繁荣和发展。其终极追求是消弭致乱之源，实现人类的各得所欲，用现代话语体系来讲便是实现人类自由全面的发展。在柔道战略里，战胜对手只是实现更好和平的一种手段。如历史上第一位系统性运用柔道战略的光武帝刘秀，用十二年时间东征西讨，击赤眉，平关东，灭陇右，收西蜀，翦灭群雄，终于克定天下，使新莽末年以来陷入军阀混战与割据的中国再次归于一统。从新朝末年大乱到天下回归统一的近二十年里，国家伤亡惨重、民生凋敝，天下人口"十有二存"，为了尽快恢复和发展，刘秀勤于政事，在政治、军事、经济、文化、社会上采取多项改革措施，至其统治末期，国家人口已高达两千多万，经济、文化事业也得到了空前的发展，史称"光武中兴""建武盛世"，这又何尝不是一位柔道战略家的厚德本性和战略的结果选择使然呢？

四、柔道战略的价值相对性与绝对性

按照一般的原理，包括真理在内的任何事物既是相对的又是绝对的。柔道战略这一特殊的"精神客体"，其价值也是相对性与绝对性的统一。

就绝对性而言，柔道战略这一精神客体的特殊属性满足了战略博弈中相对弱者的实际需要，是弱者战胜强者的一种博弈方法，这种方法依循了"柔道"的客观规律，具有反映客观规律而不带有主观偏见的普遍认识，反映了客观事物的本质特征和运动规律。同时，柔道战略并非仅是一种经过抽象概化了的战略思想，而是经历了实践反复检验后的总结，它的产生既不是单纯地来源于战略主体，也不是单纯地取决于战略客体，而是产生

于战略主体和战略客体的实践关系中。正是经过了实践的检验，柔道战略的真理性、效用性以及绝对性才能够得以真正确立。

就相对性而言，首先，柔道战略这一"精神客体"并不是孤立存在的独立物，也并不等于"客观实在"，而是"客观实在"的派生物。随着"客观实在"的变动发展以及对其认识的深入，原来确定的、肯定的精神"派生物"也会相应地发生改变，也由此变得不那么确定和肯定了。其次，战略主体和客体间的实践矛盾会推动着柔道战略进行自我否定和自我革新。柔道战略会在具体使用中暴露出其缺陷和不足，也正是在激烈的战略实践中不断被校正、被改造、被完善，大量的实践经验会不断丰富柔道战略的内涵和原理，为柔道战略的创新奠定基础，因此，柔道战略是一个"逻辑渐进"的开放过程而不是一个静态的僵化封闭状态，所以其价值也是经过不断重塑的。再则，柔道战略的使用有其特有的限制条件和范围，其中罗列的一切手段只有相对的价值。如果超出这个领域之外，就有另一个较高的法则起支配作用，假如把狭窄领域内取得的东西看成是绝对的，把它在特定时空背景下所使用的手段看作是必然的、唯一的手段，则将会在具体实践中遭遇不测。

在中国历史上，几乎每个正统王朝在建国之初都曾奉行自然无为的柔道精神——"天下之难初解，当以柔治天下，和缓安静，不须躁促急迫，欲民服我"，"大凡患难之极，必须解散"，"用广大平易之道，与民宽息。如是，则可以得民之心，而民归附矣"。其中西汉、东汉、唐朝以及北宋对柔道哲学的运用最为显著。四朝开国均面临内忧外患，也均能在身处弱势时以"柔道"转弱为强，为盛世奠定了基础。然而，柔道战略只适用于某个艰难的特殊时期，一旦转弱为强，这种思想就很难再为一个羽翼丰满、实力强劲的战略主体提供一种积极进取的哲学，"而在现实环境改变时，不能代以他种更为进取的哲学，则一个王朝就会如北宋一样，陷于因循保守，而不能成就更为伟大的事业"①，此时，柔道战略思想，将会自觉

① 朱中博，周云亨. 老子的大战略思想研究 [J]. 国际政治研究（季刊），2010（2）：167.

或不自觉地成为历史前进的羁绊了。

　　因此，人们不应该把柔道战略研究的结论延伸得太广，但是，这些结论仍然是无比重要的，因为在以弱胜强的战略对抗中，那些受特殊条件限制的作战方法必然带有某种比较具有普遍性的东西，甚至带有某种完全具有普遍性的东西，这些东西正是柔道战略理论的精髓以及首要研究的对象所在。

第四节　柔道战略的方法论层面分析

一、方法论与战略方法

（一）方法论概说

　　方法论是研究方法的理论，是关于人们如何认识世界，如何改造世界的一般方法的学说，即在哲学上解决的是"怎么办"的问题。方法论可以分为三个层次：第一层次是具体学科和各个门类的具体方法，这些方法的适用性很窄，仅可运用于有限的学科和门类，如数学的微积分方法、物理学的紫外—可见吸收光谱法，地质学的碳–14年代测定法等。这些庞杂的具体门类的具体方法构成了方法论体系中最庞大、最丰富的底层基础。第二层次是科学研究的一般方法。这些方法是从庞杂门类和学科中抽象概括出来的，可以普遍运用于诸多学科的方法，如自然观察法、实验法、模型建构法、系统论方法、调查法、测验法、控制方法、个案法等。第三层次是哲学方法，它的抽象概括程度更高，其适用范围也更加广泛，可以有效运用于自然科学、社会科学、思维科学这三大科学领域，如古代亚里士多德的三段论演绎法，近代经验主义的归纳法，现代的实证主义方法论（实证）、实用主义方法论（考察结果）、法兰克福学派的否定辩证法、结构主义的结构分析方法等。这些方法为人们实现特定的目标提供了便捷的手段或途径。

（二）战略方法论略

归根结底，战略不外是运用正确的手段以达成既定的目的。因此，战略方法也就成为战略最为核心的问题，因为它解决的是如何"搭桥过河"，如何实现特定战略目标的问题，它在战略主体接近、达到或改变客体的实践中起到了工具或桥梁的作用。

战略方法是客观规律的主观运用。战略方法有效，一个重要原因在于它符合了客观规律，那些不合事实的主张或办法会被无情的现实淘汰掉，而只有那些合乎事实的方法才能得到最后的胜利。然而，战略方法是对客观规律的主观运用，某种战略方法能否经受住现实世界的考验，除了依据客观规律，战略主体还需要对自身的目的、能力、手段、工具以及对客观规律的认知水平有清晰的认识。战略主体要在认识、服从客观规律的基础上来驾驭它，解决的力量天然存在于问题之中，卓越的战略家有着发现这一力量所在的敏锐眼光，并且能够迅速投身其中，借着自然形势的力量，从而因其固然，因势利导取得成功。

战略方法带着深刻的主体烙印。所谓"八仙过海，各显神通"，不同的战略主体可以采用不同的战略方法来实现同一目标或变革同一事物。战略家们拥有不同的个性，具备独特的天赋，掌控差异的资源，怀有各自的心事，因此他们会采取最擅长的方法或最适合自己的手段来达成目的。因此战略方法不会像药剂一般存在固定的配比，而是带有深刻的主体烙印，呈现出多姿多彩的一面来。

战略方法具有强制约束性的规定。虽然战略方法没有统一的标准或固定的格式，但是战略方法带有强制约束性的规定。这种强制约束性表现在它能够清晰地指明在战略上什么可行，什么不可行，各种举措的优先等级是什么，如何才能以最小的代价获取最大的成功等。因此，战略方法往往以原则、原理、要求、规范、律令、训示等相对确定的形式呈现出来，诚然，遵循这些原则和原理未必就能取得成功，因为还有一个运用艺术的问题，但是违反这些原理则必然遭到失败，这就是其强制约束性的地方所在。

战略方法带有自我革命的创新基因。在战略这一残酷的互动中，非棋高一着不能出奇，非更胜一筹不能制胜，若仅仅寄托于老旧、过时并且人人皆可模仿的方法是无法创造辉煌战果的，胜利经常属于那些善于改变传统战法的人，而不属于那些死抱住传统方法不放的人。战略方法也只有在推陈出新中才能获得强有力的生命力，而这一自我否定式的发展亦可称为"战略发展律"，是达尔文进化论在战略领域的延伸。不能利用旧的手段去达到新的结果是许多战略家的告诫，而只有创造新的、更有威力的手段才能达到新的、更伟大的结果则是整部战略思想史的重要启示。综观古今中外，那些创造了新纪元的伟大人物，不是发明了新的物质手段，便是以新的正确方法运用他以前所发明的手段的第一人。不管承认与否，我们已经跨入了一个新时代，由于新要素的大量纳入，这个时代所呈现出来的特性和以往有着本质的不同，我们必须断然改变方向，追随现实本身。新时代呼吁新方法，在这个迅速变动的环境中，谁敢走新路，谁就能获得新方法、新手段所带来的无可估量的利益，这对政治家来说是如此，对军事家来说也是如此，对企业家来说更是如此。就如空军理论巨匠、空军战略学说创始人杜黑在《制空权》一书中说道："在前进中向后看总是危险的，当道路充满急转弯的时候更是如此。"①

回顾战史，战略家们对战略方法存在着三种普遍看法：

第一种观点可以将之称为战略艺术学派，他们认为战略是一门艺术而不是科学，没有一定的原则和方法可以遵循。这一学派的代表人物法国战略思想家沙克斯在《我的梦想》中提出所有一切科学都有原则和规律，战争则无。普鲁士战略家贝仑霍斯特在其代表作《战争艺术的省思》中认为战争艺术也并非以不变的法则为基础，而与许多未知而无法控制的因素有关，并且是在充满意志力和感情的环境中运作。其弟子克劳塞维茨也认为战争中根本无规律之存在，它是由非常复杂的互动组成，是一只真正的变色龙，在克劳塞维茨眼中，战略家和艺术家是同一类人，任何对战争的量

---

① 杜黑.制空权［M］.曹毅风，华人杰，译.北京：解放军出版社，2014：4.

化，在现实的挑战面前都不堪一击。一直奉克劳塞维茨为师的毛奇也"否认战略是一门科学，否认能够确立起作战计划可从中合乎逻辑地被引申出来的普遍法则"①，认为战略是一种随机应变的系统，它不仅限于知识，而是知识对现实生活的应用，它是具有创造性的观念，随着环境的改变而发展，它是在最困难条件压迫下的行动艺术。

第二种观点可以将之称为战略科学学派，他们认为战略领域中有固定不变的规则和方法存在并可以将之科学化、几何化，而一切战略都要受制于不变而科学化的原则，持这种观点的有瑞士著名战略家约米尼，法国战略家范邦、卜希古、毕罗等。其中范邦的《要塞的攻击与防御》试图完成一种要塞几何体系并由此发展出一套高效的攻击方法；卜希古的《有原则与规律的战争艺术》则在范邦的基础上，试图用科学方法（几何精神）在野战中有所成就；毕罗的《现代战争体系的精神》则企图利用几何学的途径来建构其所谓的"现代体系"，提出了"战争三角"观念，试图建立几何化的战略科学，对战略、战术、作战线、作战基地等概念都进行了界定和使用。

第三种观点可以称为是战略艺术学派和科学学派的统一。他们承认战略领域中有规则和规律的存在，原则不变但应用千变万化，原则的应用有赖于天才，研究战争必须以历史经验为基础。这一学派的代表人物是西方首创"战略"这一名词的法国战略家梅齐乐，其代表作是《战争理论》，他提出了"军事辩证法"这一概念，认为战略很难有固定规律，但又有若干规律存在。18 世纪英国战略家劳易德在《日耳曼最近战争史》中认为战争艺术可以分为机械和应用两大部分，机械部分是可以学而致的而应用是不可学而致的。

博弈论被认为是新战略的标志性方法论。这种脱胎了现代数学的新学科已经成为经济学、战略学、国际政治、国际关系、生物学等学科的重要

---

① 彼得·怕雷特. 现代战略的缔造者：从马基雅维利到核时代 [M]. 时殷弘，译. 北京：时代知识出版社，2006：290.

分析工具之一。从本质上讲，博弈论归属于战略科学学派，它把战略的博弈方法数学化、公式化、模型化，形成了一套逻辑紧密、系统完整的分析方法。不得不承认，博弈论的诞生将战略方法推向了一个新高度，如博弈论中的"智猪博弈"所探讨的就是竞争中弱者如何生存的策略，但是烦琐的公式、艰深晦涩的分析往往让人望而生畏，将"战略"抽离其现实世界环境的方法显著增加了重大误算的风险，同时，严重的学究气不免让人怀疑其是否能够成功运用于生动活泼的战略实践中，毕竟"既不应认为科学方法可以适用于战略研究的全部范围，更不可认为除科学境界外，即已无其他境界之存在"①。

　　关于战略方法，本书采取第三种观点，即战略领域确实存在普遍而根本的法则，但是法则的运用却有赖于天才。其实，从战争开始的那一刻起，人类就一直在探索总结战略的根本原理和普遍范式，中西方战略经典也无一不是在寻求战略中的不变原理。如我国清初兵法大家王余佑所言："兵则千百端而不尽，略则三数端而已明矣。"② 战略的原则、原理往往简单且没有几条，但它又包含了不少要点，美国著名海军战略家艾·塞·马汉认为海军学院的原则只有一个，就是研究战争艺术并阐明其原理。艾·塞·马汉后来把"集中乃是战略和战术的共同根本原理，指挥上必须目的集中，行动上必须数量集中""目的专一""战争就是处置位置""相反的条件不应以折中而以协调使之和谐一致""态势乃必不可少"等这些原理归纳成一条脊椎骨式的重大原理："在决定之点上居于优势，且不管双方在整体上的相对力量如何。"③ 可以说，这一总结与《孙子兵法》、克劳塞维茨《战争论》、约米尼《战争艺术概论》等具有不朽生命力的战略思想是跨时空一致的。当然，这还不能穷尽所有的战略原理，但是可以确定的是经探索、归纳和创立的主导性战略原理能够有效地减少模糊观念所造成

---

① 钮先钟. 战略研究［M］. 桂林：广西师范大学出版社，2003：295.
② 刘基，王余佑. 百战奇略·乾坤大略［M］. 长春：吉林大学出版社，2004：329.
③ 艾·塞·马汉. 海军战略［M］. 蔡鸿幹，田常吉，译. 北京：商务印书馆，1994：278.

的混乱，使思维既简明扼要又方向明确，从而达到简明的理解效果。就如毛泽东所总结的："打得赢就打，打不赢就走""敌进我退，敌驻我扰，敌疲我打，敌退我追""先打弱的，后打强的，你打你的，我打我的""分兵以发动群众，集中以应付敌人"等战略原理清晰明了、朗朗上口、毫无学究的晦涩气。回顾人类几千年的战略史可以发现，这些战略原理基本保持恒定，外在的变化并未对其产生多大影响，但其运用却因环境而异，故其例证也会是新颖多样的。尤其是人类科技的进步，对战略的运用产生巨大影响，如陆权、海权、空权、网络权的争夺给战略运用带来了全新样式，但是战略的原理却如大海中的磐石，任由风浪打而自岿然不动。

对战略原理的实际运用则突破了科学的范畴而进入了艺术的境界。对于战略原理而言，知不知道是一回事，会不会用是一回事，用不用得好则又是另一回事，就如马克思所断言的：对哲学家们说来，从思想世界降到现实世界是最困难的任务之一①……思想根本不能实现什么东西，为了实现思想，就要有使用实践力量的人。更如战略大师拿破仑所说的："带着军事体系来到战场的将军，没有不倒霉的。"② 迂腐的战略家要采用科学的战术，要改变环境来适应他们的兵法，而这注定是死板的、粗野的、累赘的，而真正的战略必定是如拿破仑那般有机的、灵活的，随机应变的。"理论真理总是通过批判性分析而不是通过教条来发挥其对现实生活的影响力"③，所谓批判就是将理论置于真实情境中进行考察，并通过经常反复的运用来领会和熟悉这些真理。由于在一定环境下生成的战略理论很容易过时，因此既要通过合理的批判来防止理论与实际相脱节，又要通过创设性的方式对原有理论进行创新性改造以引领现实。简单的战略原理汇总对于老手而言是有用的，他们可以以此来排除疑惑、坚定信心，但是对新手

---

① 中共中央马克思恩格斯列宁斯大林著作编译局. 马克思恩格斯全集（中文第 1 版第 3 卷）[M]. 北京：人民出版社，1956：525.

② 艾利·福尔. 拿破仑论 [M]. 萧乾，译. 北京：北京大学出版社，2016：226.

③ 卡尔·冯·克劳塞维茨. 战争论 [M]. 张蕾芳，译. 南京：译林出版社，2012：100.

而言却无裨益，然而"对于一个未经训练的人来说，原理无论如何正确，
只不过是根据客观的权威所作出的论述而已，而他的内在的信念和鉴别对
于这些论述的正确性尚未予以证实，而只有内在的信念和鉴别才能在需要
的时刻产生力量"①。战略实践可以视为一次绘画艺术的创作，战略原理可
以为你提供基本的绘画规则，而能否在这种规则的约束下画出最美的图画
则要看"画师"的实际操作水平和创作能力了。同时，"画龙"是分析与
衡量，战略原理可以为"画师"提供一套有效的分析方法；而"点睛"则
是判断与高潮，石壁上的龙能否破壁飞去，关键的就是这点睛之笔，战略
家们往往能够通过这关键一笔而化腐朽为神奇，这也是卓越与平庸的分水
岭所在。总而言之，战略的原理其实都很简单，但是简单并不意味着容
易，在战略的博弈场上，要正确运用最简单的原理也是困难重重。

二、控制辩证法：柔道战略方法论的核心要义

"控制辩证法"是指博弈双方通过对资源和权力的操纵所建立起来的
相互争持、相互制衡、相互支配、相互得益的"控制与反控制"的互动关
系和规律。这种辩证关系充分体现了权力运行的双向性，不仅体现在权力
强势方运用各种控制策略对权力弱势方进行自上而下的控制，更表现在权
力弱势方对权力强势方采取自下而上的反控制。

《辞海》对"控制"的解释是："掌握住，限制住"，"使不越出范
围"，"使处于自己的占有、管理或影响之下"②。而"反控制"的意涵则
正好相反，即避免、抗拒、远离、逃脱被控制，并伺机对控制者实施反控
制。"控制"与"反控制"这一矛盾贯穿于战略始终，可以说一切战略活
动都围绕着这一矛盾展开，博弈双方都力求"制人而不制于人"，"夺人而
不夺于人"，其目的都是控制对手，限制对手，支配对手，从而使自己的
意志能够在对手身上得以贯彻。

---

① 艾·塞·马汉.海军战略［M］.蔡鸿幹，田常吉，译.北京：商务印书馆，1994：10.
② 辞海编委会.辞海［M］.上海：上海辞书出版社，1989：794.

一般而言，"制人者握权，被制者失命"①，控制方往往属于权力强势方，他们为了维护既得利益或攫取更多利益，通常凭借先期的权力优势，以威胁、强迫、惩罚、激励、奖赏、劝说、说服等手段要求对手必须予以服从，当控制过严而导致对手只有某一种选择时，则可假定对手除了服从而别无他法。被控制方往往属于权力弱势方，由于资源缺失、手段匮乏，在博弈中常处于被支配、被依附、被控制的不利地位。但是这种不利处境并非绝对的，权力弱势方总有机会在不对称的权力控制关系中采取反抗行动，他们可以通过资源和权力的操纵颠覆现有权力机制的制约，从而确立起自身行动的自主性。如当代英国著名社会理论家和社会学家安东尼·吉登斯在论述结构化理论时指出的，控制辩证法"作为控制的权力的双向分布性，体现出在既有权力关系中，权力弱势方如何借助某种操纵资源的方式，对权力强势方实施控制"②，而柔道战略所要探索的主要矛盾正是如何通过操纵内外资源对权力强势方实施反控制，即如何实现"柔弱胜刚强"。

（一）控证辩证法的思想基础

控制与反控制的辩证关系在古代兵法、武术搏击、对抗性体育运动中有着大量的直接体现，同时在关于权力、阶级等理论中有着大量的间接论述，如：黑格尔在《精神现象学》中关于主奴意识的论述，实际上是对主人与奴隶之间独立与依赖、主宰与被主宰政治关系表征。马克思则从"异化劳动"的角度对剥削与被剥削，压抑与反抗的关系进行剖析。福柯在《规训与惩戒》中对自由与约束、规训权力与局部反抗的论述，实质上是从微观权力观来对支配与被支配关系进行总结。斯科特在《弱者的武器》中对马来西亚农民与榨取他们劳动成果的利益者之间的斗争进行了分析，实质上是对弱者如何以低姿态对剥削者进行反抗的策略总结。这些都是控制辩证法思想的重要体现和思想来源。

---

① 六韬·鬼谷子［M］. 曹胜高，安娜，译注. 北京：中华书局，2007：295.

② 安东尼·吉登斯. 社会的构成：结构化理论大纲［M］. 李康，译. 北京：生活·读书·新知三联书店，1998：522.

而作为一个专业学术术语，"控制"概念诞生于诺伯特·维纳于1948年出版的《控制论——关于在动物和机器中控制和通讯的科学》一书，表明了控制论的目的是在于创造一种语言和技术，使我们有效地研究一般的控制和通信问题。

真正的具有分水岭意义的则是吉登斯于1984年出版的《社会的构成》一书，这标志着"控制的辩证法"（Dialectic of control）在社会学领域的确立。吉登斯认为在社会系统中，"权力具有一定的时空连续性，它的前提是行动者或集合在社会互动的具体情境中，彼此之间例行化了的自主与依附关系。不过，所有的依附形式都提供了某些资源，臣属者可以借助它们来影响居于支配地位的人的活动。这就是我所说的社会系统里的控制的辩证法"①。这一论断是建立在结构化理论的基础之上，结构二重性构成了吉登斯控制辩证法的理论前提，权力二重性则是吉登斯控制辩证法的实质内涵：

（1）结构二重性：吉登斯控制辩证法的理论前提。传统的关于社会与个人关系的理论存在明显的主体主义和客体主义的"二元对立"现象，吉登斯认为二者的视角都过于绝对和片面，都想建立起某种具有霸主地位的理论，然而社会关注的"不是一个预先给定的（pre – given）客体世界，而是一个由主体的积极行为所构造或创造的世界"②。所以，吉登斯沿着"社会制度和社会互动在社会整合中的关键作用"和"与集体特性相差别的个人能动性"两条路线展开研究，他将这种"双线交汇"称为是克服了二元论（dualism）的"二重性"（duality）。吉登斯指出："行动和结构二者的构成过程并不是彼此独立的两个既定现象系列，即某种二元论，而是体现着一种二重性。"③ 社会系统的结构是时空中资源和规则的总和，它不

① 安东尼·吉登斯. 社会的构成：结构化理论大纲 [M]. 李康，译. 北京：生活·读书·新知三联书店，1998：78.
② 安东尼·吉登斯. 社会学方法的新规则 [M]. 田佑中，刘江涛，译. 北京：北京社会文献出版社，2003：277.
③ 安东尼·吉登斯. 社会的构成：结构化理论大纲 [M]. 李康，译. 北京：生活·读书·新知三联书店，1998：522.

是僵化死板的"外在之物"而是"内在于"人的活动中，并且不应将结构仅仅等同于制约，结构最大的特征是既对人具有制约性，又同时赋予其主动性，即"结构二重性"。

主客体关系是通过行动者的能动作用来进行沟通的，而结构（社会再生产过程中反复涉及的规则和资源）是行动得以进行的基础和前提。在吉登斯的结构化理论概念中，规则指的"是在社会实践的实施及再生产活动中运用的技术或可加以一般化的程序"；资源指的是"行动者完成某种活动所依赖的工具或资料"，它是行动者获取权力和实施权力的直接来源和媒介，它包括配置性资源和权威性资源，其中"配置性资源指的是实践过程中所使用的物质资源，权威性资源则是指在实践过程中的非物质性资源，其源泉是一些人相对于另外一些人的支配地位"①，"对规则的不同使用和对资源的不同配置就产生了人与人之间的控制与反控制"②，由此，权力双方通过对资源的操纵而建立起来的相互博弈、相互依赖、相互制约的稳定再平衡关系形成，这种关系实质上就是关于控制的辩证法。

（2）权力二重性：吉登斯控制辩证法的实质内涵。权力二重性，更确切地说是权力关系中的结构二重性，是吉登斯在批判主体主义权力观和客体主义权力观的二元对立基础上提出来的。主体主义权力观虽将主体置于权力的核心地位（将权力视为贯彻主体意志的能力），但忽略了一个重要事实，即主体是在一定社会结构中行动，受到社会结构的制约；而客体主义权力观忽略了主体的能动性，仅将主体看作是社会结构的消极适应者，同时它强调的是权力和谐一致的一面却低估了社会上利益分歧、冲突对抗的现实，从而忽视了暴力或威胁对个人行为的约束性现实。因此，吉登斯提出了"权力二重性"的命题，他指出"权力在赋予行动沟通主体和客体关系能力的过程中，还产生了它的'二重性'：转换能力和支配能力。前

---

① 张振华. 行动与结构的整合——吉登斯结构化理论解读［J］. 天津市财贸管理干部学院学报，2009，11（2）：89.
② 贾思宇. 弱者的力量——吉登斯"控制辩证法"思想研究［D］. 北京：中央民族大学，2011.

者表现为主体本身所具有的自主性，后者表现为主体间的依赖关系"①，即权力具有两张"面孔"，在吉登斯看来，行动者的权力都是转换能力与支配能力的有机统一，简单来讲就是"我们在受制约中创造了一个制约我们的世界"，吉登斯把二者的辩证关系称为"控制辩证法"。"控制辩证法"是"行动者—行动—结构"之间的辩证关系在权力上的反映：结构赋予行动者权力所需的资源，使他们的行动成为可能，但是行动又不断再生产出资源的结构性特征，对行动者形成支配。这种辩证关系放置于社会领域，具体表现为：各种居于支配地位的统治者（个人或群体）凭借权力优势，运用各种控制策略对居于从属地位的个人和群体进行控制的同时也会唤起其对统治者的反对策略。"一个行动者与另一个行动者间的支配关系，其实是一种双方在权力上互相制衡和争持的情形"②，吉登斯就是将这个现象称为社会体系中的控制辩证法。

（二）控制辩证法的当代解释

吉登斯的见解可以说是理论的一次巨大飞跃，但是聚焦的主要是社会学领域，因此，吉登斯的控制辩证法思想存在很强的局限性，主要表现在：（1）权力双方一定是存在支配与臣属、独立与依赖、主宰与被主宰、剥削与被剥削、压迫与反抗的关系，即是在社会学意义中的自主与依附的互动；（2）权力双方的控制与反控制通常是低强度的、克制性的，是保持在权力强势方控制下的反抗，最终达到的权力平衡仍是权力强势方控制下的平衡；（3）权力弱势方的地位并没有在反抗中得到真正改善，而是或多或少从权力强势方对自身的反抗做了些许妥协或者让步所取得的；（4）虽然指出了资源是控制辩证法的基础，但是对资源和权力的界定过于狭隘，而且未明确指出弱者如何操纵资源以实现反控制；（5）缺乏对控制辩证法中控制与反控制的具体类型与策略进行阐释等。

① GIDDENS A. *Central Problems in Social Theory* [M]. London：the Macmillan Press Ltd，1979：88.
② 山小琪. 吉登斯结构化理论的"权力"概念解析 [J]. 社会科学论坛，2009（2）：67.

　　然而，实际上：（1）权力双方是博弈关系，并不必然就是依附或臣属的关系，二者还可以是完全独立的个体（集团、阶级或国家），只不过它们在权力上具有强弱之别；（2）权力双方的博弈并不必然形成一方对另一方的绝对控制，而可以形成有条件的、相对的、动态的控制；（3）权力双方的控制与反控制关系不必然是零和的，而可以是相互制衡与相互得益的统一；（4）权力双方的控制与反控制不一定是低程度的、克制性的，而可以具有激烈的对抗性和暴力性，其目标都是要不顾他人反抗而实现自己的意志；（5）权力弱势方可以通过反控制策略对权力强势方进行反控制，进而实现以弱胜强，而不是仅仅寄希望于权力强势方做出施舍和妥协而实现地位的改善；（6）权力双方进行博弈而所动用的资源远远超出了吉登斯对"配置性资源"和"权威性资源"的界定，具有更加广泛而丰富的内涵；（7）控制辩证法中控制与反控制的策略实际上比资源和权力本身更重要，因为它关乎如何高效使用资源和权力的问题。

　　因此，在综合以上特征的基础上，本书将控制辩证法界定为：博弈双方通过对资源和权力的操纵所建立起来的相互争持、相互制衡、相互支配、相互得益的"控制与反控制"的互动关系和规律。这一定义也使得控制辩证法超越了社会学意义而富有了战略哲学的内涵。矛盾是事物发展的根本动力，矛盾的同一性和斗争性共同推动了事物的发展。战略的主要矛盾就是控制与反控制的辩证统一，一方（通常是权力强势方）总是设法突破对方的防线，以实现控制对手、逼其就范的目的，而另一方（通常是权力弱势方）总是力图抵抗对手的攻击，在避免被其控制的同时寻找契机对其实施反控制。二者相生相克、相互依存，有怎样的控制，就会催生出怎样的反控制，战略就是在这种控制与反控制的互动中创新发展的。因此，只有充分掌握战略的控制辩证法，才能掌握战略制胜的秘密。

　　（三）战略中的控制辩证法

　　战略的控制辩证法是在下述三个"主要坐标"所形成的框架内进行的，这三个坐标就是：时间，空间，所能动用的兵力之大小（资源）和精神素质。它们通常可以在任何时候支配任何情况。

1. 时间维度的控制与反控制

主要表现为：（1）时机控制。博弈双方的战略行动通常都存在着各自的最佳时机，即在某个特殊时间段内发起的行动将会获得最大利益，更确切地说某个时机于我最有利而于敌最不利。因此博弈双方都会评估、等待、选择最佳的行动时机，并积极破坏、延滞、阻断对手的最佳行动时机，这种互动就构成了战略在时机上的控制与反控制。（2）节奏控制。节奏是时间、速度、力量、动作的协调统一，博弈双方都会形成一种惯用的有利于自身行动发挥出最佳效能的节奏，在对抗中，双方都需要保持自己的最佳节奏，并破坏对手的惯用节奏，同时还需要积极主动变换节奏给对手以措手不及，这种互动就构成了战略在节奏上的控制与反控制。（3）当前与长远的控制。一般而言，博弈双方行动的最佳时间是不重叠的，总有一方在当前的时间下比另一方更具行动优势，且这种时间优势不会轻易被改变，因此另一方则需要在长远中去寻找行动的最佳契机，但这种漫长的寻找与等待又总会伴随来自对手的巨大阻力，这种关于未来的互动就构成了战略在当前与长远维度上的控制与反控制。

2. 空间维度的控制与反控制

主要表现为：（1）位置控制。博弈双方都力图寻找最佳的位置空间，这些位置通常是最佳的"攻击点"或"防御点"，能够有效地提升自己的攻防能力与生存能力，因此对这些位置的争夺就构成了战略在空间位置上的控制与反控制。（2）距离控制。权力强势方总是意图通过缩小与对手的空间距离以给予致命打击，或者将对手牢牢控制在自己的权力范围之内，使之臣服、顺从，而权力弱势方则极力扩大与对手的空间距离，逃脱至对手的权力投射范围之外或者在权力的边缘徘徊以避免被歼灭或被控制，这就构成了战略在距离上的控制与反控制。（3）全局与局部的控制。这实际上是博弈双方在权力范围上的争夺，通常权力强势方的权力投射范围广，能够在全局上拥有绝对的优势，而权力弱势方的权力覆盖范围虽然窄，但是却能在局部上形成相对优势，这就构成了战略在全局与局部上的控制与反控制。

3. 力量维度的控制与反控制

（1）力量型控制。这种类型的控制主要是博弈双方在实力上硬碰硬地直接比拼，通常表现为权力强势方凭借强大的综合实力向对手发起直接、猛烈的攻击，致使对手在力量上无法抵抗而屈服，这是强者使用力量的惯用策略。（2）敏捷型控制。这种类型的控制主要是依赖速度、技巧以及灵活性这样的素质，最典型的就是游击战、运动战、持久战等战略战术的运用，它能够在一定程度上控制对手的行动自由，属于弱者的战略。（3）智慧型控制。这种类型的控制主要是依赖于创新，如对战略战术的创新性运用，对科学技术的创新性发明，对资源的创新型配置等，会给对手带来持久的、根本的、难以逆转的控制。

4. 心理与意志的控制与反控制

（1）恐吓威胁型。主要是通过严厉的惩罚性、威胁性警告来控制对手，使对手不敢做出任何出格的行为。（2）拉拢安抚型。主要是通过利益的允诺和赠予对被控制者进行拉拢安抚，使其心甘情愿为控制者所用。（3）迷惑欺骗型。通过诱导、假象、迷惑、欺诈、攻防策略的调整部署等手段干扰迷惑对手，使对手的判断和行动失去自主而朝着控制者的意愿去行动。

战略领域的控制辩证法大致就是在上述领域内的展开，但还有几个关键点：第一，精确的预判是实施控制与反控制的前提，缺乏精确的预判既不能制人又易于被人所制；第二，资源和权力是实施控制与反控制的根本，它是控制辩证法产生的源泉，更是控制辩证法得以实施的根本媒介；第三，战略和战术是实施控制和反控制的关键，它涉及如何有效操纵权力以制胜的问题；第四，"得意技"的实施是控制与反控制的目的，"得意技"是指最擅长且经常能够以此而制胜的技艺，它的最大价值在于能够有效遏制对手战略战术的正常发挥，并使自身优势和特长得到最大限度的释放，从而控制对手；第五，逆向思维是实施控制和反控制的思想精髓，它是一种充分估计到对手的战略意图后，而采取的后发制人的一种高级思维模式。

柔道战略是相对弱者在柔道哲学思想的指导下，通过以柔克刚的原理和方法来实现以弱胜强的辩证法艺术，它所要探索和解决的是如何通过

"精力善用"来实现以弱胜强，即力图通过"某种操纵"来实现对权力强势方的反控制。虽然，《道德经》也提出了柔道战略"反者道之动，弱者道之用"的方法论基础，但这只停留在思辨阶段而并没有提出"柔弱胜刚强"的具体权力运作机制和形成机理，控制辩证法则弥补了这一缺陷而使之具体化，控制辩证法这一围绕权力强弱双方如何通过不同的资源操纵方式进行博弈的理论为柔道哲学中"柔弱胜刚强"的方法论提供了当代哲学性解释，也由此构成了柔道战略方法论的核心要义。

三、柔道战略的要素结构和作用机制

（一）柔道战略的要素结构

1. 行动者

行动者是柔道战略结构中最基本的要素，所谓行动者是指有能力"改变"既定事态或事件进程的个体，如果某个人或某个利益集团丧失了这种"改变"能力或能动作用，即实施某种权力的能力，那么就不能再称其为一个行动者；在这里，行动者不仅是"有所欲"，更重要的是能"达成其所欲"。由于掌握的资源既不均衡又非充分，所以行动者便分为权力弱势方与权力强势方，权力强势方为了维护既得利益，凭借权力优势而制定规则、规范、规约，要求社会其他成员必须予以服从，当制约过严而导致其他行动者只有某一种选择时，则可假定其他行动者除了服从而别无他法。但是行动者——尤其是处于被支配、被依附的权力弱势方总有机会在不对称的权力控制关系中采取反抗行动，他们可以通过颠覆现有权力机制的制约，而确立起自身行动的自主性。柔道战略就是围绕行动者——权力强势方和权力弱势方在"控制与反控制"这一控制互动流而展开的探索。

2. 资源与权力

资源是柔道战略通过具体行为得以实施的关键要素，它既是权力生产与再生产的来源，又是实施权力的重要媒介，还是权力冲突的真正根源所在，可以说战略就是争取关键资源和生存竞争二者造成的自然结果。战略主体的能动性是以其所能支配的资源为前提的，能支配的资源越多其能动

性就越强，其控制范围就越广、权力就越大；反之则能动性越弱、控制范围越窄、权力也就越小。但是，我们不能简单地将资源等同于权力，否则就会遭遇一个悖论：天生强悍未必处处如意。因为除了"拥有资源"外，还有一个"如何操纵资源"的问题。资源与权力在"控制辩证法"中处于核心地位，吉登斯指出权力支配依赖的是两种不同类型资源的调集：一是配置性资源，指对物体、商品或物质现象产生控制的能力，或者更准确地说，指各种形式的转换能力；二是权威性资源，指对人或者说行动者产生控制的各类转换能力。① 他认为社会系统在时空方面的任何协调活动都必然涉及这两种资源的特定组合，在重要性上，配置性资源和权威性资源都是社会变迁的"杠杆"，毋庸置疑，配置性资源的增长对权力的扩张具有根本意义，但假如缺乏权威性资源的变化，则配置性资源也难以得到发展。在柔道战略中，弱者需要通过有限的权力对自然和社会中的资源进行改造，并将改造后的资源转换为可以对历史事件加以干预和改变的权力。由此，权力也就有了"改造能力"与"转换能力"的双重属性。而对结构中规则（意义与约束）和资源（配置性资源与权威性资源）的不同使用和配置就会产生人与人、集团与集团之间的控制与反控制。柔道战略就是行动者（权力强、弱双方）利用资源与规则构建起来的互动。如表3-2所示：

表3-2　吉登斯结构化理论中的资源结构

配置性资源（物质资源）	权威性资源（非物质资源）
1. 环境的物质特征（原材料、物质能源）	1. 对社会时空的组织（路径和区域的时空构成）
2. 物质生产/再生产的手段（生产工具、技术）	2. 身体的生产和再生产（人们在相互交往中形成的组织和关系）
3. 产品（由1和2的相互作用所创造的人造物）	3. 对生活机会的组织（自我发展和自我表现的机会的构成）

----

① 安东尼·吉登斯. 社会的构成：结构化理论大纲［M］. 李康，译. 北京：生活·读书·新知三联书店，1998：98.

3. 制约与边界

社会结构为处于其中的行动者提供能动性条件的同时，也对其具有制约作用，即社会结构兼具了使动与制约的二重性。在"强—弱"动态博弈的过程中，人们总是过分地强调强者的能动性和弱者的制约性，而未能充分考虑到弱者的能动性和强者的制约性。其实，即便是占据庞大资源的权力强势者，其行动范围同样受到客观现实的制约，其控制权力并非无边无际而同样具有严格的边界，这种权力边界可以是时间的、空间的、能力的，也可以是心理上的；而资源匮乏的权力弱势者也并非只是单纯的被支配者，他们可以巧妙地利用有限的资源来摆脱强势者的控制与盘剥。弱者在强者的权力控制范围内，其行动自主性自然会遭到削弱，而一旦脱离到权力边界之外或游走于权力边界之上，弱者的行动自由便会获得极大的解放。因此，柔道战略最重要的一环就是要寻找到敌我双方的权力边界所在，只有充分利用这一边界，并有效利用、扩大丰富多样的规则与资源才能为自己赢取足够的生存空间和反击时间。

4. 共同在场

共同在场（co-presence）是人与人互动的基本条件，可以说所有的社会互动都是在共同在场的时空边界内的具体情境中发生的，不论它们是否还通过书信、电话或其他媒介手段加以延伸。共同在场并没有明确的物质边界限定，它可以如一间屋子、一个擂台、一片比赛区域所包含的空间那样，限定了预期里的共同在场边界，也可以是"敞开"的，没有明确的界限，但这种"敞开"也是有限度的，超过了某个边界，互动便无法进行或只能保持弱互动。共同在场亦可称为战略的博弈场，双方或多方之间的博弈互动需要在具体的时空边界内进行，任何一方脱离了这个"场域"就无法构成互动博弈，当然，弱者为了逃避强者的直接攻击和碾压可以脱离"共同在场"，然而弱者如果想要战胜强者却寄希望于"逃避""躲在战壕里"那是令人悲哀的，想要获胜则必须积极融入"场域"中，并在这种共同在场的要求中获得力量。当然，即使强弱双方或多方共同在场，也可以像柔道家一样，通过移动、平衡、杠杆借力等技巧将对手掀翻。

5. 精神要素

作为通过冲破重重阻力以实现"以弱胜强"的实践理性，柔道战略最显著的精神品质就是那股"柔而不屈""柔而不可迫"的柔韧精神。人生历程中所遇之事无论大小，都会有数次甚至数十次的阻力，在"强—弱"对抗的战略领域中更是如此，弱者除了要应付环境的"自然抗力"，还要面对来自对手的残酷打击和无情摧残，柔道战略家们在战略中所遭遇的挫折和失望要远远甚于平常，如果没有那股"柔而不屈"的精神忍耐力作为主心骨则一挫即溃矣。

柔道战略的柔韧精神主要体现为三个方面：（1）目的专一的韧性。对目标的专注意味着将意愿集中于一个目标而舍弃其余，如拿破仑总结的"目的的专一乃是获取巨大成功的秘诀"①，拿破仑认为欧洲的确有不少卓越的将军，但他们看的东西太多，而他只看一样东西，那就是他面前的大家伙，只要设法把它们消灭，附属体就会跟着自行瓦解。奥地利的查理大公也是"目的专一"的践行者，在维尔茨堡会战中击败法国儒尔当元帅，他认为"只要我在此期间粉碎了儒尔当，即使莫罗打到维也纳也无关紧要……只要舰队能摧垮对手，那么在保持守势的一翼不论出现何种情况都无关紧要"②。"目的专一"所带来的精力的专注和力量的集中会给战略家们带来无穷的利益，但是在现实中受到诱惑或扰乱而放弃这一原则所导致失败的案例比比皆是，要想克制住因此而引发的"三心二意""犹豫不决""力量分散""想要一举多得"的失误则需要坚强地以对目标的专注意志作为保证。（2）战略执行的弹性。战略最重要的特征就是它的互动性，敌我双方都在倾尽全力地发挥主观能动性以压倒对手，对手的变化为战略添加了一个最大的未知因素，这种极其激烈、复杂、变幻莫测的斗争考验的就是战略家的权变能力和政策弹性。世界上并不存在所谓的"通用战略"，战略不是"依样画葫芦"而是根据具体情况而生成的，因此每一种情况都

---

① 艾·塞·马汉. 海军战略 [M]. 蔡鸿幹，田常吉，译. 北京：商务印书馆，1994：7.
② 艾·塞·马汉. 海军战略 [M]. 蔡鸿幹，田常吉，译. 北京：商务印书馆，1994：57.

会产生一种相应的特殊战略，卓越的战略家必须应时权变，见形施宜，如孙子所说："兵无常势，水无常形；能因敌变化而取胜者，谓之神。"① 战略的权变并不像战术权变那般迅速而激烈，大致可以分为两种情况，一种是对原有战略的全面否定，推倒重来；一种是大致不变，局部调整，而这都是以不同阶段的主要矛盾为转移的。由于不同阶段的主要矛盾不同，因此呆板的相互移用或者转变过早或过迟都会引发灾难，如中国历代王朝的开国战略与治国战略转换得是否顺畅就直接决定了这两个阶段的过渡期是否平稳。（3）对失败保持的柔性。柔性是一种容忍的能力，弱者与强者的对抗，起初的挫折和失败是必不可少的，战略的执行是由思想转入现实，也必然会受到多重阻力的掣肘，如梁启超先生所说："意志薄弱者，阻力猝来则颓然丧矣；次弱者，遇再挫而退；稍强者，遇三四挫而退；更稍强者，遇五六挫而退；其事愈大者，其遇挫愈多；其不退也愈难，非至强之人，未有能善于其终者也。"② 每一项战略都需要再三的努力才能实现，在艰难的环境中，每一种幻象都会让决策者误认为某事根本无法实现而终止行动，而战略家的执行意志就体现在百折不回地将不可能变为可能。因此一旦遭遇失误或者失败就力求避开危险并对危险持有过分胆怯的态度是最令人沮丧的，应该保持一种对失败的强大包容性，败得多阅历也多，手段也就变得越高明。就如陈天华在其名篇《警世钟》中所言的：汉高祖和楚霸王连战七十二阵，阵阵皆败，最后一胜就得天下……大家都要晓得这个道理，都把精神提起，勇气鼓足，任他前头打了千百个败仗，总要再接再厉。③

（二）柔道战略的作用机制

资源是权力实施的媒介，但资源的分布具有不平衡性与不充分性，每个行动者所掌控的资源也就有了多寡之分和优劣之别，由此，行动者在权

---

① 孙子. 孙子兵法［M］. 北京：中华书局，2007：43.

② 梁启超. 新民说［M］. 沈阳：辽宁人民出版社，1994：132.

③ 陈天华，邹容. 猛回头［M］. 沈阳：辽宁人民出版社，1994：54.

力支配和权力控制的能力上发生了失衡，形成了权力强势支配者和权力弱势依附者相互博弈的权力格局。权力强势支配者凭借占据庞大的资源和规则而拥有了强劲的控制权力，从而对权力弱势者进行控制和支配。权力弱势者所具备的资源虽然匮乏，但是为了摆脱强势者的控制与盘剥，他们可以运用自身的权力转化能力对资源、规则进行有效利用、积蓄、开发和再生产，从而形成对权力强势者的反控制权力。"权力强势支配—权力弱势依附"这一权力格局是暂时的，变动的，不稳定的，强者与弱者在资源控制与支配能力上的反复争夺将会引发新一轮的权力冲突和再平衡。

柔道战略的作用机制就是以控制权力与反控制权力的冲突与平衡为核心，探索弱者如何实现对强者施加压力并对其进行反控制的方法和策略。在这一博弈过程中，弱者为了扳倒强者通常规划了以下几个阶段：

（1）屈从阶段。行动者在多大范围内拥有"行动自由"，是受到外来力量限制的。外来力量对它们力所能及的对象施行严格的限制，使行动者在自主性——"以另一种方式行事"的能力上遭到严格限制，使之置身于某种情境下"别无选择，而只能以某种方式行事"。因此，在这个阶段，弱者为了生存和发展需要对权力强势支配者保持必要的屈从和依附，而在所有的屈从—依附关系形式中，权力强势者都会为依附者或臣属者提供某些或多或少的资源，而弱者将会借助这些资源来影响处于支配地位的人。除非弱者的资源被完全彻底地剥夺掉，否则，有能力的行动者只会在某些时间里屈从于某种约束，他们只是用暂时的屈从或依附作为代价来交换报偿，一旦时机成熟，他们会在其他时间、其他地点迅速地摆脱这种约束的控制。就像《拿破仑论》中所揭示的那样：如果我们想要解放自己的力量，那么不管我们如何伟大，在我们的一生中至少也要有一次不得不屈服于这样或那样形式的奴役之下。①

（2）筹划阶段。诚然，如瑞典时间地理学家赫格斯特兰德所认为的：行动者的生活轨迹"不得不将自身纳入他们在此世的时间和空间中的共同

---

① 艾利·福尔. 拿破仑论［M］. 萧乾，译. 北京：北京大学出版社，2016：40.

存在所导致的压力和机会之中"①。然而行动者并非只是一些运动着的被奴役的躯体，他们是有意图的存在，拥有各自的目的，这种目的也被吉登斯称为"筹划"。在某种意义上，筹划阶段也可称为觉醒阶段，在这个阶段里，行动者或更确切地说处于从属被支配地位的行动者已经清晰意识到自己的目的、处境以及制约所在，他们在大脑中已经形成了对所在社会系统中各种矛盾特性的理解，而对矛盾的洞察会促使他们采取行动，以求解决这些矛盾或克服它们，最显著的特征是他们对权力强势支配者的制约和束缚产生了不满和抗力，这促使他们采取相应的战略以满足各自的"筹划"。

（3）行动阶段。处于从属被支配地位的行动者要使筹划变成现实，就不得不有效利用时间和空间上的有限资源以克服他们所面临的制约。这种行动可以分为"隐性"和"显性"的，当实力强弱分殊明显时，弱者往往需要隐蔽自己的行动和意图以避免权力强势方的警觉以及由此招来的阻断和干预，只有当弱者向强者"叫板"的实力得以增强时，这种行动才会逐渐地由"隐性"转向"显性"，才会由"暗地里较劲"转向"公开地叫板"。在行动阶段中，弱者采用的行动策略大致可以分为以下几种：

疏离。无论是强者还是弱者，他们的任何行为在时空方面的伸展都会受到一定的限制，这些限制包括肉体存在对人类行动者的运动能力和知觉能力的限制、时空限制、完成任务的能力限制、权力投射范围的限制等，这些制约给这种限制提供了总的"边界"。有行动能力的弱者往往善于发现并利用权力强势者所受到的制约而采取多种"疏离"的方式来避开强权者的控制，这种疏离可以是时间的、空间的，但本质上是权力的，其目的就是要远离强势方的权力控制范围，走到其控制权力的薄弱区、边缘区或真空区，通过疏离来寻求最佳位置从而为自己赢得充分的发展空间和反击的机会。

发展。疏离是为了避免过早地遭遇攻击，因此也被称为是"小狗策

---

① 安东尼·吉登斯. 社会的构成：结构化理论大纲［M］. 李康，译. 北京：生活·读书·新知三联书店，1998：196.

略", 但与强者正面对抗的时刻终究会到来, 因此, 发展就成了疏离之后的重要举措, 即全力追求反控制权力的快速提升。这个阶段需要遵循"不要引发关注""不要引发攻击""不要引起对手注意""为扩充实力而保持小狗卖乖的姿态""快速、有步骤、有侧重"等原则, 可以说这是柔道战略实施中"最痛苦的时期", 但它又是形势"转变的枢纽", 是"最关键的较量", 因此"要熬得过这段艰难的路程"。就像邓小平在 20 世纪 90 年代指出的: "我们再韬光养晦地干些年, 才能真正形成一个较大的政治力量, 中国在国际上发言的分量就会不同。"① 弱者想要摆脱掉来自权力强势方的压迫与控制, 生存与发展才是硬道理。当然, 发展必然不会一帆风顺, 也必然会招致来自各方的阻力和破坏, 因此需要以充分的定力来抵抗战略的漂移。如图 3 - 1 所示:

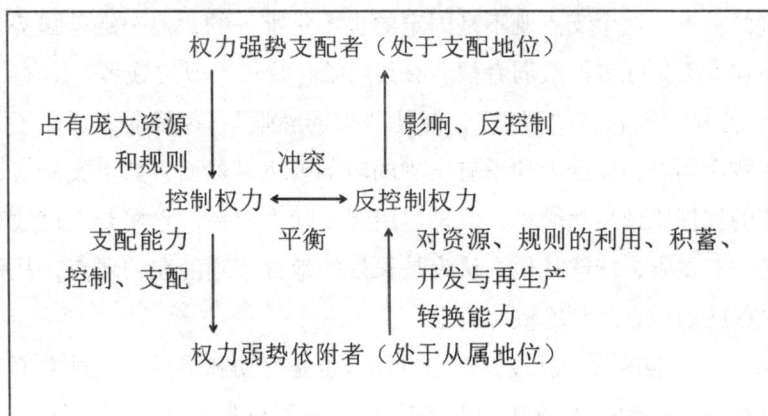

图 3 - 1 柔道战略的作用机制

纳入。共同在场 (co - presence) 是互动的基本条件, "所有的社会互动都是在共同在场的时空边界内的具体情境中发生的, 不论它们是否还通过书信、电话或其他媒介手段加以延伸"②。弱者想要彻底改变权力弱势的

① 冷溶, 汪作玲. 邓小平年谱 (1975—1997 年) (下) [M]. 北京: 中央文献出版社, 2007: 1346.

② 安东尼·吉登斯. 社会的构成: 结构化理论大纲 [M]. 李康, 译. 北京: 生活·读书·新知三联书店, 1998: 470.

状况，则必须积极主动作为，抢占资源，熟悉规则，将自己纳入与强者共同在场的场域中，与之形成权力博弈的双方。疏离、发展为弱者提供了避开攻击以及在遭受攻击中大难不死的机会，在这两个阶段中，弱者的反控制权力也得以加强，而纳入则具备了向强者发动进攻的色彩，是在适当退却后积蓄力量重返战场的号角，虽然这种进攻的力度未必足够强劲，进攻的方向也可能只是从权力强势者控制薄弱的边边角角开始，但纳入是弱者由守转攻，由被动转向主动的重要举措。

杠杆。如果说疏离、发展、纳入是为了增加权力，那么杠杆就是如何有效地操纵权力。柔道战略强调的是以柔克刚，精力善用，是要放弃硬碰硬这一蛮力对抗模式而去寻求一种以巧制胜的方法。而杠杆借力是柔道战略将有限力量发挥出极致作用的关键一环。杠杆借力最重要的就是寻找一个正确的支点，这个支点既不是固定的也不是唯一的，但一定是强势者的弱点所在。无论强者抑或弱者都会有其局限与特长，即"强者"总有"弱点"，"弱者"也总有"强点"，但凡"以弱胜强"，都是弱者抓住了强者的某些致命弱点，而强者却没有击中弱者的要害。然而，如上文所言，柔道战略的杠杆原理虽然简单，但是运用起来却不容易，它需要柔道战略家们具备一双慧眼，能够从他人认为是长处的地方找到潜在的弱点，从他人认为是威胁的地方找到隐藏的机会。

（4）反控制阶段。反控制既是目标，也是行动和结果。经过柔道战略屈从、筹划、行动三个阶段，弱者已经具备了与强者"公开叫板"的资格，"强者可以为所欲为，弱者必须任其宰割"的权力格局已经发生逆转，并出现了新的权力均衡，这种权力均衡可以是"强—弱"双方地位发生颠倒，原来的强者变成了弱者，原来的弱者变成了强者；也可以是双方实力差距缩小，从而出现了均势，强者对弱者的压迫与制约权力范围与强度遭到削弱，弱者对强者的影响和反控制权力得到增强。当然，柔道战略的反控制并不意味着一定要置人于死地或者彻底地毁灭对手，柔道战略最终的价值追求是和谐共生，是通过斗争、反制、影响来为自己争取平等生存和发展的权利，这也是柔道战略有别于其他零和博弈战略规则的地方所在。

第四章　柔道战略的实践层面考察

> 战略思想史是一部实践理性而非纯粹理性的历史，战略思想不可避免地是高度注重实际的。
>
> ——彼得·怕雷特

战略来到世上"不是为屈服于现实，即在痛苦和迷惑的想象中体现的现实"①，而是要克服种种想象，对不会满足人的世界进行改造，这与那些烦琐好辩、艰深晦涩的经院哲学有着本质的区别。正如克劳塞维茨所断言的，战略"像某些植物一样，只有当它们的枝干长得不太高时，才能结出果实。在实际生活的园地里，也不能让理论的枝叶和花朵长得太高，而要使它们接近经验，即接近它们固有的土壤"②。在研究和指导战略全局上确实需要有战略哲学家的存在，然而对于战略的执行者而言过分博考深思的心灵却不适宜，因为过分深远的思虑会让人麻木。因此，对柔道战略的研究不仅要从哲学理论上加以分析，还需要立足于实践经验这片固有土壤，只有在实际的运用实践中才能把握住柔道战略的真谛所在。这一部分，将挑选古今中外具有代表性的"柔道战略"经典案例进行剖析，它们将涵盖

---

① 贝内德托·克罗齐. 作为思想和行动的历史 [M]. 田时纲，译. 北京：商务印书馆，2016：42.
② 卡尔·冯·克劳塞维茨. 战争论 [M]. 中国人民解放军军事科学院，译. 北京：解放军出版社，1964：16.

柔道战略的政治实践、经济实践、军事实践和外交实践等，其涉及来自中国、美国、俄罗斯、日本、印度、古罗马、普鲁士等国家的战略家，列举的这些案例并非是出于或者怀有某种"政治倾向"或"政治目的"，仅是为了更好地阐释柔道战略而从学术角度客观、全面地描述柔道战略在不同时空、不同领域、不同环境下的实际运用。

第一节　柔道战略之精力善用

"柔道之父"嘉纳治五郎将柔道定义为"善用身心之力者谓之柔道"，他进一步解释道，人类的一切活动，都需要动用精神与身体两方面的力量。要想达到好的目的，就需要最有效地运用心、身两方面的力量。因此，心身的有效使用方法，应该是为了成功达到目的必须贯穿于一切人类活动之道。柔道战略是一门运用力量以达到既定目标的艺术，其所要解决的是如何通过"精力善用"来达到"力小而功多"的结果。

一、目的专一与力量节约

潜在无限的欲望和必然有限的能力之间的平衡是战略所要解决的核心问题。

人生多欲故多歧路，老子讲求"少私寡欲"，崇尚"去甚，去奢，去泰"，其实质是去欲而非断欲，即是息除过分、多余的妄想。嘉纳治五郎则进一步指出："人之生，斯世不可枉费精力，宜本天性、随境遇、察国情以就崇高之业，此之谓立志。"这也是他将精力善用原理从柔道运动中抽象出来并贯穿于一切人类活动之道的体现。而这一原则体现在柔道战略上就是保持目的专一和力量节约。

（一）目的专一：精力善用的首要原则

柔道"不可枉费精力"的原则首先体现在目的专一上，其所要求的是"最充分或最有效地使用头脑和体能，促使他们实现一个确定的意图或目标"。

目的专一要求的是欲望的节制。这也就意味着，柔道战略所追求的目的应该是专一的，是将意愿、力量集中于一个目标而舍弃其余，而非用有限的精力去同时追逐多个目标，那种"三心二意""想要一举多得"的想法不仅有违"精力善用"的原则，还会因为力量分散而导致失败。

目的专一要求的是力量的集中。力量的集中是战略所需遵守的一个通理，除非有足够强大的力量可以"双管齐下"，否则不能采用"脚踩两只船"的方式去同时进行两件事。如前文所言，柔道战略家所拥有的资源和力量本身就是有限的，如果将本身就有限的力量再度分散开去则会造成"弱者更弱，强者更强"的局面，在这种局面下的强弱对抗，弱者必败无疑。

目的专一要求的是力量的不平衡配置。弱者在综合实力上无法与强者相抗衡，因此，弱者必须在局部上取得优势。正确的做法应该是，摒弃平均分配力量的思想，迅速地、隐蔽地将力量集结于一方面，而在某个区域内形成对敌优势，在其他方面则保持守势，以尽量延长牵制敌人的时间，以确保主攻方向获得圆满的成功。

（二）力量节约：获得行动自由的基本前提

战略是"两个对立意志使用力量解决其争执时所用的辩证法艺术"，两个对立意志间的对抗从本质上讲都是围绕着如何击中对方要害，而迫使对方瘫痪投降而展开的。因此，在任何战略中都有两个相互有差异而又同等重要的成分：（1）选择所应攻击的决定点（这取决于对方弱点之位置）；（2）选择有助于达到决定点的准备动作。因为双方都会采取这同样的步骤，所以两方面的准备动作将发生冲突。哪一方能阻止对方的动作，致使自己的动作达到目标，哪一方就将获胜。这就是福煦所谓的"保持行动自由"这一传统战略术语的意义。所以意志的战斗就变为争夺行动自由的斗争，每一方都企图保持自己的行动自由，同时不让对方有行动自由。①

而获得行动自由的基本前提是"力量的节约"，即对于自己的资源必

---

① 安德烈・博福尔. 战略入门 [M]. 军事科学院外国军事研究部，译. 北京：军事科学出版社，1989：22.

须作明智的分配：既要保护自己不受敌方准备动作的妨碍，实施自己的准备动作，又要能给予决定性的打击，即如何花费最小代价（人力、财力、物力），在最小阻力下以最快的速度取得最大的成效。这就涉及柔道战略如何对有效资源进行最佳分配的问题，在传统的战略术语中，资源的最佳分配被称为是"兵力的节约"①，而在当代大战略术语中，应该将之称为"力量的节约"，因为大战略所采用的手段早已不再仅仅限制于军事或更具体地说是兵力，因此用"力量"则更加合理。

（三）灵活反应：实现力量节约与行动自由的方法

柔道战略"必须合理地节约力量，才能获得行动自由，然后才能达到决定点"，但是在实用时，又必须研究使用何种方法，才能达到力量节约和行动自由的目的。大卫·B.尤费教授首次系统地将柔道运动比喻为一种战略方式，来阐明小公司是如何以弱胜强，如何打败强大竞争对手的。他围绕柔道运动的核心原则——移动、平衡、杠杆借力——探讨了公司能够用来增加竞争优势的特殊技巧，其中，柔道战略的精髓是：移动——让自己处于最佳位置；平衡——梳理进攻思路，保持进攻姿态；杠杆借力——将竞争对手的力量转化为自己的竞争优势。如表4-1所示：

表4-1 柔道战略的三大原则与具体策略

行动	定义	目的	具体策略
移动	用速度和灵活性移动到相对有利的位置	1. 避开伤害；2. 寻找获胜的契机	1. 不要引发攻击（小狗策略）；2. 界定竞争领域；3. 全力追求快速发展
平衡	以适当的退让保持自身的平衡	1. 保持自身的平衡；2. 破坏对手的平衡	1. 抓住对手；2. 避免针锋相对；3. 推拉制衡
杠杆借力	找到借力点或可以掣肘对手的轴心	用最小努力发挥最大的效率的方式发起进攻	1. 利用对手的资产；2. 利用对手的合作伙伴；3. 利用对手的竞争者

① 安德烈·博福尔. 战略入门 [M]. 军事科学院外国军事研究部，译. 北京：军事科学出版社，1989：23.

　　柔道战略中，移动原则的技巧是：（1）不要引发攻击。既然弱小，就采用"小狗策略"悄然进入战场，以赢得扩充实力的宝贵时间。（2）界定竞争领域。画出自己的地盘，将竞争引到主战场。（3）全力追求快速发展。抢在对手适应新的地形之前迅速巩固自己的堡垒。平衡原则的技巧是：（1）抓住对手。给对手施以小惠，防止对手大举犯境。（2）避免针锋相对。避开注定失败的战斗，选择有利的反击战。（3）推拉制衡。学会将计就计，利用对手的攻势。杠杆借力原则的技巧是：（1）以对手的资产为杠杆，挟天子以令诸侯，资产可以是进攻的武器，也可以是前进的障碍。（2）以对手的合作伙伴为杠杆，离间对手的攻守同盟，或者让对手的伙伴成为鸡肋。（3）以对手的竞争者为杠杆，不是坐观其变，也不是螳螂捕蝉，而是火上浇油。

　　大卫·B. 尤费教授提出的柔道战略三原则，有着各自的内涵，移动可以使对手失去平衡并压制其最初优势；平衡可以帮你与对手交战并躲开攻击；杠杆借力可以将对手打倒。它们可以独立使用，也可以根据对手的具体情况而采用不同的技巧组合进行灵活运用。而这些行动的最终目标都是实现行动自由，不是自己想要获得和重新获得行动自由，就是想要敌人丧失行动自由，同时也可以清楚地看出，确保行动自由的必要条件是保持主动。

二、行动解放与力量自由

　　柔道战略在力量使用上的另一独特之处在于强调行动解放与力量自由，它所要达到的战略目标是"无为而无不为"，其所崇尚的理念是"自由是力量的天性，力量是自由的工具；失败的战略限制力量，成功的战略使力量自由"①。这种战略理念来源于老子"无为而治"的思想，由此也形成了柔道战略独特的强调最大限度发挥主动精神的战略统御模式和作战体系。

---

① 周晓光. 战略哲学论略［J］. 云南社会科学，2006（1）：25.

（一）无为而无不为：柔道战略的至高境界

柔道战略的至高境界是"无为而无不为"，即做到无为而治。老子《道德经》四十三章写道："天下之至柔，驰骋天下之至坚。无有入无间，吾是以知无为之有益。不言之教，无为之益，天下希及之。"① 即，天下最柔弱的东西，可以驱使天下最坚硬的东西。无有之形可以进入无间隙之中。因此我知道了无为的好处。不需要太多言语的教诲，不需要太多作为的益处，天下很少人能认识到，更少人能做到。柔弱之所以具有如此巨大的力量，之所以驾驭任何有形的强大力量，是因为"柔弱"以"无为"的方式来发挥其作用。

柔道战略"无为而无不为"的宗旨是因循道的规律，因为道本身就是"常无为而无不为"，所以人要遵守自然之理，不去人为地干扰自然的运行状态，同时也要遵循自然逻辑去做该做的事情。柔道战略"无为而无不为"的目标是改善人民的境遇，方法是通过"无为"的方式卸下所有人肩膀上不必要的重担，为实现长治久安而扫除阻碍力量得以顺利发挥作用的种种路障，让各种力量的发挥享有无拘束的起点和公平的环境。北宋文学家苏辙、南宋理学大师吕祖谦在老子"无为而治""以无事取天下"的思想基础上明确提出了"以柔治国""以柔御天下""以柔治天下"的主张。②

柔道治国也有其具体的时空环境限制，吕祖谦指出"天下之难初解，当以柔治天下，和缓安静，不须躁促急迫，欲民服我"，"大凡患难之极，必须解散"，"用广大平易之道，与民宽息。如是，则可以得民之心，而民归附矣"。即，柔道治国最显著的时空背景特征是"天下之难初解"，西汉初期、东汉开国的柔道治国都是在大难刚刚结束之后所采用的国策，所谓"与民宽息"，清静简政，不要多事扰民，让百姓有个喘息的机会，好安心

---

① 老子［M］. 饶尚宽，译注. 北京：中华书局，2016：120.
② 李仁群，程梅花，夏当英. 道家与中国哲学（宋代卷）［M］. 北京：人民出版社，2004：389.

本业，恢复生产。①"无为而治""柔道治国"的目的就是让民众行动得以解放，力量得以自由。

唐玄宗李隆基也是推行道家柔道政治的代表人物，其背景同样是在"天下之难初解"后，是在铲除韦后势力之后所采用的治国之术。"守雌柔"是李隆基所坚守的政治伦理原则，他在《老子》注疏中曾对帝王如何"理身"做过大量论述，概括起来就是"能守雌柔"，他认为：修德可以为君，为君需承历数……能守雌柔，可享元吉。在政治实践中，李隆基坚持"爱民者，使之不暴卒，役之不伤性；理国者，务农而重谷，事简而不繁，则人安其生，不言而化也。此无为也"，又说"清静则不扰，不扰则和平，和平则不争，不争则知耻。爱费而与休息，除繁而从简易，自当农者归陇亩，蚕者勤纺织。既富而教，乃克有成"②。

而这些都是柔道战略所要追求的最高境界：无为而无不为，是老子"处无为之事，行不言之教"，"为无为，则无不治"，"圣人无为，故无败"，"无为而无不为"，"上德无为而无以为，下德无为而有以为"，"不言之教，无为之益"，"我无为，而民自化"思想的集中体现。

（二）力量的解放和自由：柔道战略的统御模式

柔道战略在统御模式上的"无为而治"是针对君主如何统御各种力量而言，它最显著的特征是通过"无为"来顺应各种力量的本性，使之得以充分解放和自由发展。这种统御模式主要体现在以"无为"的方式对臣属的力量、人民的力量和自我的力量进行解放：

"无为"倡导的是"勿妄为"而非"不作为"。"勿妄为"就是不逆万物之情，不违背客观规律的作为，而非无所作为或消极无为，也正是因为依循了客观规律的作为所以才能实现无所不为。在战略上，这种"无为"还体现在力图避免"力量透支"的自控力上，即清晰认识愿望与能力之间

---

① 李仁群，程梅花，夏当英. 道家与中国哲学（宋代卷）[M]. 北京：人民出版社，2004：410.

② 张成权. 道家与中国哲学（隋唐五代卷）[M]. 北京：人民出版社，2004：317.

的差别，并将自己的热情严格控制在自己的能力范围之内，实现"有所为，有所不为"。

"无为"倡导的是"君无为"而"臣有为"。这是君主通过"无为"来统御臣属力量的方法。君主统御臣属力量的最高境界是垂拱而治，其职责是清心洞察、择人任势，"使鸡司夜，令狸执鼠，皆用其能，上乃无事"①，即君主不必事事躬亲，只需将事情分派给具有相关才能的人，使他们各司其职，充分发挥其主观能动性则可实现垂拱而天下治。罗马帝国的第一位元首屋大维在追求成功的过程中始终了解自身的局限，即使在少数情况下，他未能认清自身局限，也很快进行自我纠正，因为屋大维总是有意识地将自己的权力委与他人，而不是在明知自己能力不足的情况下还执意行使它，这也是他能够获得最终胜利的关键所在。

"无为"倡导的是"我无为"而"民自化"。这是君主通过"无为"来统御人民力量的方法。这种方法与严刑峻法、欺压强迫、威逼利诱的高压管制手段相反，倡导的是营造清静安定、宽缓平和的环境，清静简政，爱惜民力，不以多事扰民。对社会秩序不进行过度干预，为充分调动和释放万民的创造力而创造最佳环境，使人民能够自我实现，各得其所欲。老子认为天下多禁忌，百姓就越贫穷；人们多权谋，国家就越混乱；人们多技巧，奇事就多发生；法令繁多显明，盗贼就多出现，所以，应该做到"我无为，而民自化；我好静，而民自正；我无事，而民自富；我无欲，而民自朴"②，最后实现"以无事取天下"的治国理念。

"无为"倡导的是"为道日损"，损之又损"以至于无为"。这是君主通过"无为"来统御自我的力量。主张君主应该保持内心纯净，简约收敛，修行自然天道，使私欲私爱一天天减少，直到无为。苏辙还指出，以柔道治国，统治者先要修德，去其自私自利之心，无私无求。不争才能无忧，无忧才能宽缓无为，宽缓无为则物自附、人不去，天下得以长

---

① 韩非. 韩非子 [M]. 哈尔滨：北方文艺出版社，2014：31.
② 老子 [M]. 饶尚宽，译注. 北京：中华书局，2016：142.

治久安。①

（三）概略命令与行动自主：柔道战略的作战体系

柔道战略在作战系统上的"无为而治"是针对统帅而言，即君无为而各级将帅有为，其宗旨是解除战略指挥等级体制的束缚，赋予各级指挥官以足够的行动自由，使其主动性得以最大限度地发挥，让他们敢想敢干。这种独特的作战体系由统帅的"概略命令"和各级指挥官的"行动自主"构成。

在这一作战系统中，统帅只需向下级传达概略性命令，告诉他们"该做什么"，而除特殊情况外，不会干涉他们"怎么做"，这使得各级指挥官都尽量保有主动和自由的范围。一般而言，作战指挥系统通常是采用冗长详细的训令来进行，即最高统帅（部）下达详细的作战计划，下属只需严格执行即可。这种指挥体系可以确保每一步行动都体现统帅的意志，对于平庸的指挥官而言，也能够降低失败的风险；但是，盲目服从和刻板行动会让下级指挥官丧失在复杂环境下采取独立果敢行动的能力，从而失去决定性的时机。如著名战略家赫尔穆特·冯·毛奇在其著作《论战争准则》所言，在这种作战体系中，"统帅自己还要受到监督，每日每时要就其方案、计划和企图进行汇报。因为，在其大本营里要么有一个最高权力派驻的代表，要么背后总拖着一条电话线"，那么"任何自主性、任何快速决断、任何大胆的冒险都势必落空，而没有这些，战争将无法进行"②。

作战体系中过度的干预会导致悲剧的发生，如拿破仑在反思其失败的原因时写道："我失败的原因就在于我自己，而不在于别人……我想包揽的事情过多了。"③一国之君或一军之帅如果总是一人独揽各种事务，可以说这是他的过人之处，但是也是其致命的弱点。因为如果只有一个人了解

---

① 李仁群，程梅花，夏当英. 道家与中国哲学（宋代卷）[M]. 北京：人民出版社，2004：389.

② 瓦尔特·戈利茨. 德军总参谋部（1650—1945年）[M]. 戴耀先，译. 海口：海南出版社，2004：1.

③ 艾利·福尔. 拿破仑论 [M]. 萧乾，译. 北京：北京大学出版社，2016：201.

国家或军队运作的细节，那么当此人不在状态或失去理智时，整个运作系统势必混乱。柔道战略崇尚的"君无为而将有为"理念是否定对作战的过度干预，在指明战略或战术性基本原则的基础上，强调充分发挥下级指挥官的主观能动性，使他们的才智和能力得到最大程度的释放，而不是引诱或强迫下属毫无主动精神和冒险精神地循规蹈矩行事。可以说，这也真正体现了《孙子兵法》"将能而君不御者胜"的统帅理念。

三、创新性配置与有限力量的超常规爆发

柔道搏击中的"得意技"是指运动员最擅长且经常能够以此而得分的技术，它是运动员在自身特点的基础上对柔道基本技术进行有机搭配组合的产物，每位著名运动员都有属于自己独特的"得意技"，这让他们在比赛中得心应手，出招便使对手无还手之力。以武喻道，柔道战略同样具有自己的"得意技"，它是柔道战略家通过对所拥有的资源进行创新性配置而成，它能够让弱者有限的资源和力量得到超常规的爆发，从而击败强者。

（一）柔道中的"得意技"

柔道搏击中的基本技术动作简单且相对固定，由投技和固技构成。投技是指施术者本身不倒地，而将对方以站立姿势摔投出去的技法；固技是地面制敌法，又被称为"捉牢法"，与立技一道被喻为一部车的前后轮。立技根据施术者在摔投时，主要力量运用的部分又可分为手技、腰技及足技。固技可分为压制法（抑入技）、绞技及关节技三种技法。

但是，这些看似简单地运用力量的基本技法一旦经过不同方式进行组合就会产生成百上千种进攻技术，而就运动员来说，他们会根据自身的喜好、特点、特长经过专门训练而形成一两手技术全面并且能够克敌制胜的"绝招"，这些"绝招"也被称为是运动员的"得意技"。每位选手的"得意技"都是"量身裁定"的，因此也就都各有不同，如日本柔道名将山下泰裕的得意技是"大外划"，远藤春男的是"扫腰"，柏奇克彦的是"巴投"；我国柔道名将高凤莲的"得意技"是"大外接外刈卷入转后加袈

固"，庄晓岩的是"背负投、小内刈接抑压技"，孙福明的是"背负投接出足扫接抱压技"等。① 这些"得意技"的共同特征是由多个技术的不同搭配组合而成，通顺流畅，一出招便可制敌。

（二）柔道战略中的创新性配置

柔道战略中的"得意技"强调的是以有限资源的最优配置来实现行动的最高"效费比"，即通过对资源的创新性配置来实现力量的极限释放。在战略思想史上，每一位伟大的人物都有其绝招，而堪称拥有柔道战略"得意技"的当属普鲁士国王腓特烈大帝。

腓特烈大帝是世界公认的欧洲历史上最杰出的战略大师之一，根据其特征而将之归为柔道战略大师之列亦是妥帖：其一，与其父威廉一世的性格暴躁、果决杀伐、铁血好战的性格相反，腓特烈为人谦卑、开明、崇尚平等，常以文艺和柔弱示人。其二，腓特烈接手时的普鲁士是孱弱的，地处内陆、土地贫瘠、财富匮乏、强敌环伺让这一弱小方国在欧洲大地上毫不起眼，更严峻的是他所要面对的对手（法国、奥地利、俄国三国联军）极为强劲。如何以弱胜强成为腓特烈的头等难题。其三，腓特烈的战略手法符合柔道战略的各项特征。他最大的特点是避免硬碰硬的正面对抗，并总能在军队总兵力不占优势的情况下，在战场上创造出强大战斗力，并直接攻击敌人的薄弱环节。其四，腓特烈战略的价值归属点始终在于改善普鲁士人民的境遇，如黑格尔所说，腓特烈是一个"世界历史人物，可以将他称作将现实带入新时代的统治者，实际存在的国家利益在其中取得了普遍性及其最高授权"②，他总是自称为"国家的第一仆人"，尤其是在"七年战争"的鏖战中取得惨胜后，腓特烈决心从此"连只鸡都不会去伤害"，全心全意搞建设，积极推行农业、商业、教育、法律的改革，最终使普鲁士的国土扩大了 1.6 倍，人口由 220 万增至 543 万，岁入从 300 万塔勒增

---

① 张乔真，宋建凤. 柔道得意技的作用及训练 [J]. 中国体育教练员，2006（2）：59.

② 迈内克. 马基雅维利主义 [M]. 时殷弘，译. 北京：商务印书馆，2008：512.

至 1100 万塔勒①，人民生活水平得到提高，普鲁士也由此跻身欧洲大国行列。

在战略上，腓特烈大帝最负盛名的莫过于创造了能够在劣势情况下"以弱胜强"的新的战争模式：斜行战斗序列（oblique order）。

"你面对着敌人，把一翼缩回，并增强准备进攻的一翼。利用后者兵力，尽量地对于敌军的一翼作侧击。当十万人的大军，若在侧翼上只受到三万人的攻击时，也可能在极短的时间内被击溃。"

这其实是一种极为简单的战略观念，与其说是作战编队的变革，不如说是对战略资源的创新性配置。腓特烈大帝在古希腊楔形阵的基础上，结合军队武器尤其是滑膛枪和骑炮兵的威力，实现了高度机动、强大火力与严明军纪的完美结合。腓特烈在排兵布阵时抛弃平行序列那种"硬碰硬"的布阵法，不把军队摆成与敌军平行的撞线，而将其排成斜行序列：一端向前而一端向后缩回，并将守势一端的兵力减到最弱，而使进攻一翼的兵力达到空前的高度。两军对垒，则集中兵力于一翼攻击敌人最强的侧翼，同时避免让自己较弱的侧翼与敌人接触，如果敌人未被击垮，则己方仍有可能安然撤退，如果敌人的侧翼被攻破，己方的攻击部队便可转身和大部队会合，并以突破点为轴心对敌进行旋转包抄。腓特烈指出这种战斗序列有三大优点：（1）小型兵力可与原较强大的敌军抗衡；（2）假使攻击失败，那也只是一部分兵力受挫，你还有足够的兵力保证撤退；（3）能在决定点上攻击敌军。

这一战略的关键点在于：（1）要敢于将兵力集中到进攻一翼而不惜削弱守势一翼的力量，如果为了守势一翼的比较安全而不忍分兵，则会使整个计划全部丧失安全。要想取得成功，必须如查理大公所说：如果舰队能摧垮其对手，那么保持守势的一翼不论出现何种情况都无关紧要；只要我

---

① 李兰琴. 普鲁士国王弗雷德里希二世 [M]. 北京：商务印书馆，1985：41.

在此期间粉碎了儒尔当，即使莫罗打到维也纳也无关紧要。① （2）必须保持足够的机动能力，一支缺乏高度机动力的军队是无法完成这一战略动作的。正面进攻需要更多的力量，而迂回则需要更快的速度，尤其是对付一支同样具备机动能力的部队，斜行战斗序列必须在最短时间内完成兵力调配和部署，实现冲力和火力的统一。（3）严格的军纪和高效的军事组织。恩格斯曾指出，腓特烈的军事组织"是当时最好的，其余所有的欧洲政府都热心地仿效它"。这是执行资源调配任务的基本要求，一支组织松散、纪律松懈的军队是无法执行这样的兵力转移和打击的。（4）这一战略思想可以有多种表现形式：利用远较敌军优越的速度，几乎放空一翼，而将兵力全部打击在敌军的另一翼上，等敌军另一翼反应前，被攻击的一翼已被摧毁；或者是趋向于敌军的一个侧翼，使敌军来不及调换正面而被击垮。

但总体而言，斜行序列的基本表现形态可以约略表现为：加强一翼，削弱另一翼，较弱一翼利用撤退等方式拖延敌军，而较强一翼在击败敌军另一翼后，迂回夹击余下一翼。这一战略在腓特烈大帝的战争实践中多次上演，其中索尔战役、罗斯巴赫会战、洛伊滕会战都是这一战略的完美演绎，这些会战也都有一个共同特征，普军通过对其有限的军事资源进行创新性配置，能够在劣势情况下"以弱胜强"。例如：在罗斯巴赫会战，普军参战兵力 22000 人，火炮 72 门，法奥联军参战兵力 42000 人，火炮 109 门；结果普军大胜，普军 169 死 430 伤，法奥联军 4500 死伤，5000 被俘。在洛伊滕会战中，普军参战兵力 33000 人，火炮 167 门，奥军参战兵力 66000 人，火炮 250 门；结果亦是普军大胜，普军 1141 死 5118 伤 85 俘，奥军 3000 死 7000 伤 12000 俘，51 面团旗、116 门火炮被缴获。② 这种战斗序列之所以能够在劣势情况下"以弱胜强"，秘诀就在于擅长对其有限的军事资源进行创新性配置，从而使有限力量得以超常规爆发。

---

① 艾・塞・马汉. 海军战略 [M]. 蔡鸿幹，田常吉，译. 北京：商务印书馆，1994：57.
② 西洋世界军事史 2 [M]. 钮先钟，编译. 台北：军事译粹社，1976：160－180.

第二节　柔道战略之杠杆借力

　　"杠杆借力"是柔道运动中最具特色的一项技艺，"假设有恰当的杠杆和支点，任何人或任何物体，不管多大都能被移动"①，这也是柔道战略的力量来源以及能够取得成功的关键所在。相对弱者受自身力量和资源的局限，不能仅仅依靠自身力量，而需要借助外部的力量和资源来制胜对手。如我国战国时期大思想家荀子所说："登高而招，臂非加长也，而见者远；顺风而呼，声非加疾也，而闻者彰。假舆马者，非利足也，而致千里；假舟楫者，非能水也，而绝江河。君子生非异也，善假于物也。"② 同时，柔道之父嘉纳治五郎指出，"打破平衡"为摔倒对手的最重要基础，因为在正确地将对手从平衡引出之后，才可能以最小的体力消耗来战胜强劲的对手。③ 柔道战略家需要找到能够撬动对手平衡并将之掀倒在地的重要杠杆。这些杠杆或是物质的，或是心理的，或有着自身独特的属性和运作要求，但它们都是造成自身"力小势大"并让对方"重心失衡"的枢纽所在。

一、道义杠杆：让对手丧失"道德平衡"

　　英国著名战略家劳伦斯·弗里德曼将甘地摧毁大英帝国在印度殖民统治的方式称为是"道德柔术（道）"，他认为甘地很有才能，不仅占领了道德制高点，而且还找到了让英国人感到尴尬的问题，让对手只有招架之力，"非暴力抵抗就好比一种道德柔术（道），能让进攻者失去道德平衡"④。金

---

① 大卫·B. 尤费，玛丽·夸克. 柔道战略：小公司战胜大公司的秘密［M］. 傅燕凌，孙海龙，译. 北京：机械工业出版社，2003：94.

② 荀子［M］. 安小兰，译注. 北京：中华书局，2007：3.

③ 弗拉基米尔·普京，瓦西里·舍斯塔科夫，阿列克塞·列维茨基. 和普京一起学柔道［M］. 赵卫忠，于冬敏，葛志立，译. 北京：当代世界出版社，2011：3.

④ 劳伦斯·弗里德曼. 战略：一部历史［M］. 王坚，马娟娟，译. 北京：社会科学文献出版社，2016：460.

一南将军在其首部随笔集《心胜》中写道："再看看那个瘦骨嶙峋的圣雄甘地，没有一兵一卒，没有办事处，也没有权力。随身带一只山羊，以羊奶为食，周游贫困乡村和污秽城市，以自己蒙受苦难的方式唤起别人觉醒。就是这个看似弱不禁风、穿着单薄、终生主张非暴力的人，摧毁了大英帝国在印度的殖民体系。为核武器发明提供理论支撑的爱因斯坦也由衷赞叹：'我们的下一代子孙恐怕很难相信，世界上真的有过这样一个人。'"①

　　将圣雄甘地称为人类历史上一名杰出的柔道战略家是最恰当不过的。在与英国殖民者的斗争中，甘地是柔弱无力的，面对强大的敌人，甘地认为自己的斗争武器只有坚持真理和非暴力，其所倡导的以和平非暴力方式进行抗争的策略也是充满了柔性色彩。而正是这种看似柔软无力的抗争，一方面，以真理的名义唤醒了不同种族、不同教派、不同种姓的人们，让他们在真理的旗帜下团结起来；另一方面适应了政治现实的需要，以"非暴力"的方式为被剥夺了武装权利的人民找到了合法的道德外衣，让英国殖民者失去了武力镇压的理由和借口。同时，斗争的过程也充满了柔性，由刚开始的争取隶属于英国统治下的"自治"，到最后才提出完全的民族独立，因为"自治"要比"独立"现实、温和得多，也更容易被实力强大的英国所接受。印度的民族解放运动虽然历遭挫折，但在甘地的领导下，最终迫使英国殖民者撤出印度，可以说甘地的柔道战略发挥了重要作用。

　　甘地柔道战略取得成功的关键在于借助了道义的杠杆，为独立运动披上了道德外衣，让对手丧失了"道德平衡"，如安德烈·博福尔指出的：为了发挥这种威慑的效力，使用的手段从最文雅巧妙的，到最粗暴残忍的，各不相同。有时应根据国内法及国际法提出合法的要求；有时应强调道义和人道的原则，试图使敌人怀疑自己的主张的正当性，从而感到理屈。利用这些方法，可以激起敌方一部分内部舆论反对其当局，同时能发动一部分国际舆论来支持我们。这样就能形成一个真正的道义上的联合，

---

①　金一南. 心胜［M］. 武汉：长江文艺出版社，2013：6.

有可能以那些比较纯朴的同情者自己的见解为基础展开辩论，把他们完全争取过来。方法是不胜枚举的，读者可以从最近的历史中找出许多著名的例证。① 当然，也有反对者如克劳塞维茨声称："道德力量除了在国家和法律中得以体现之外没有存在的余地。"② 但是更应该记住伯兰特·罗素的告诫："皇帝之所以失败，主要是因为它没有能给他的意图披上一件崇敬上帝的或道德的外衣。"③

二、对手杠杆：借力打力的"巧抵抗"

"借力打力"是柔道搏击中最独特的一项技术，它是柔道运动中力量的真正来源，其精髓在于：将对手的体能和力量为己所用，转化为自身的优势。一位军事著作家曾将之比喻成一扇旋转门：一个人越是用力推门的一面，门就会越厉害地转过来从背后撞击。美国著名战略管理学家盖瑞·哈默尔和普瑞·哈拉德则将此原理引入战略领域，指出："竞争性创新就像柔道一样：利用对手的实力对抗他们，最终打倒他们。"④

至于如何有效地在战略上运用这一原则，约瑟夫·奈曾举出了一个经典的反面案例："恐怖主义就像是柔术（道），在比赛中，弱势一方可以借助强势一方的力量形成反作用力。传统的军事力量指标没有考虑到这种相互作用。"⑤ 他指出，就军事实力而言，基地组织的力量和美国相比可以用天壤之别来形容，但是恐怖主义的影响力并不是依赖于武装力量的规模，而是依赖于行动的巨大冲击力以及由此引发的过度反应。恐怖分子并不愿意和强大的国家政权进行正面对抗，他们遵循柔术（道）的策略，借助强大政府的力量形成反作用。恐怖行动的目的就是要激怒强势行为体，使对

---

① 安德烈·博福尔. 战略入门［M］. 军事科学院外国军事研究部，译. 北京：军事科学出版社，1989：110.
② 卡尔·冯·克劳塞维茨. 战争论［M］. 张蕾芳，译. 南京：译林出版社，2012：3.
③ 伯特兰·罗素. 权力论［M］. 吴友三，译. 北京：商务印书馆，2016：50.
④ HAMEL G，PRAHALAD C K. Strategic Intent［J］. Harvard Business Review，1989（3）：63 – 76.
⑤ 约瑟夫·奈. 权力大未来［M］. 王吉美，译. 北京：中信出版社，2012：6.

方做出过激反应。本·拉登的战略就是激起美国的反应，使其失去国际社会的信任，动摇其在伊斯兰世界的盟友，并最终耗尽美国的力量。美国入侵伊拉克，没能延续其早期在阿富汗战场上的成功，正落入了拉登的圈套。基地组织采用的是"最高煽动者"而非"最高统帅"的策略，地方团体的自愿加入使其组织网络具有极大的灵活性。[1]

人类历来具有同情弱者、钦佩思想者的传统，而对于强者则大都持有"畏而不敬"的态度，但这一"善心"有时却成为被利用的心理弱点。恐怖主义以及一些利用"弱者"身份作为掩护而进行的破坏活动就是典型范例，他们在力量上属于"弱者"，无法与国家、政府实力相抗衡，但是他们遵循柔道战略，借助强大政府的力量形成反作用力，其目的就是要激怒强势行为体，使对方做出过激反应，从而使其失去国际社会的信任，动摇其在地区或世界的盟友，并最终耗尽其力量。"弱者"取得任性的能力，其最重要的原因是找到了能将有限力量无限放大的杠杆源或支点。这些支点可能是国家或政府某项政策的"失误"，也可能是国际外部势力的鼓动，或是某种宗教教义的规范、谣言的传播和煽动等，这都会成为"弱者"借题发挥并博得"同情"的杠杆源。

在反恐斗争中，如果"强者"未能做他们应该做的，那么柔道战略将会让"弱者"获得任意妄为的能力；如果没有识破恐怖分子的真实意图和策略手腕，用军事等刚硬的传统手段对其打击得越是猛烈则遭受的反噬作用就越强，也就越容易陷入其圈套而无法自拔。

三、形势杠杆：潮流本是一大力量

如导论部分所述，"柔道之父"嘉纳治五郎基于对道家元典《老子》以及《三略》中"以柔克刚"的理解，总结出了柔道搏击中巧妙实现"以弱胜强"的三大原理："不相撞性对抗""顺势化力""借力打力"。这三大原理也成了柔道战略的重要原则，其中"不相撞性对抗"是在战略上

---

[1] 约瑟夫·奈. 权力大未来 [M]. 王吉美, 译. 北京: 中信出版社, 2012: 50.

尽量避免硬碰硬的正面冲突；"顺势化力"是借助形势的力量化解危机，"借力打力"是借助对手的力量实施反击。在这里，"形势"本身就成了一种有效的战略杠杆，要学会"顺势和趁势"，即当面对进攻时，顺应对手的势能而不是去抵挡无法抗拒的力量。

形势又如潮流，有"逆流"和"顺流"之分。柔道战略在应对这两股力量时，呈现出了不同的顺应方式。尤其是对"逆流""逆境"的应对上而独具柔道特色。在《伊索寓言》中有一段有助于理解柔道战略"顺势化力"原理的故事：

一棵伸向河面的橡树被一阵暴风连根拔起，顺流漂下。在沿河漂流的时候，它注意到岸边生长着一些芦苇。橡树就冲着他们大喊："像你们这样微小、脆弱的生命是怎样设法在一场将我都连根拔起的暴风中安全存活下来的呢？"芦苇回答说："这很容易，我们不是像你一样顽固、呆板地站在那里和暴风对抗，我们在每阵风吹来之前就顺势屈服、弯腰，所以暴风刮过之后我们可以毫发无伤。"这个故事的寓意就是："顺势而为，宁弯毋折。"——《伊索寓言》

当面临来自对手占据绝对优势的猛烈正面进攻时，大卫·B. 尤费的告诫是："要牢记橡树的命运，避免'顽固呆板地站在原地对抗暴风'的做法。如果面对一股无法抵抗的力量，首先退让，然后将这股力量引向对自己有利的方向。寻找机会克制住对手的动力，然后将它引向你希望的方向。"① 这就是柔道战略"顺势化力"的秘诀所在。而柔道战略顺势趁势原理的运用，则以光武帝刘秀的案例最具代表性：

光武帝刘秀是中国历史上具有举足轻重作用的人物，他是中国历代帝王中唯一一位同时拥有"中兴之君"和"定鼎帝王"两项桂冠的皇帝。地皇三年（22年），刘秀在舂陵艰难起兵，"初骑牛，杀新野尉乃得马"，随后在昆阳之战中"以数千屠百万"，击败王莽，威震天下，明代思想家顾

---

① 大卫·B. 尤费，玛丽·夸克. 柔道战略：小公司战胜大公司的秘密［M］. 傅燕凌，孙海龙，译. 北京：机械工业出版社，2003：64.

炎武称之为：“一战摧大敌，顿使何宇平。”更始元年（23 年），刘秀出抚河北，破邯郸，杀王郎，迫降数十万铜马军；更始三年（25 年），已是“跨州据土，带甲百万”的刘秀在河北鄗城千秋亭即皇帝位，建元建武，同年十月定都洛阳。建武元年（25 年）至建武十二年（36 年），刘秀用十二年时间东征西讨，击赤眉，平关东，灭陇右，收西蜀，翦灭群雄，终于克定天下，使新莽末年以来陷入军阀混战与割据的中国再次归于一统。从新朝末年大乱到天下回归统一的近二十年里，国家伤亡惨重、民生凋敝，天下人口“十有二存”，为了尽快恢复和发展，刘秀勤于政事，在政治、军事、经济、文化、社会上采取多项改革措施，至其统治末期，国家人口已高达两千多万，经济、文化事业也得到了空前的发展，史称“光武中兴”“建武盛世”。

因功绩卓著，刘秀得到了历代豪杰雅士的赞誉。李世民在《贞观政要》中评论：朕观古先拨乱反正之主，皆年逾四十，惟光武年三十三。[1]宋朝武学博士何去非在《何博士备论》中称：英雄若世祖者，为难及也。[2]苏辙在《栾城集》中称：东汉光武，才备文武，破寻邑，取赵、魏，鞭笞群盗，算无遗策，计其武功若优于高帝。[3]南宋思想家陈亮称：自古中兴之盛，无出于光武矣。奋寡而击众，众弱而复强，起身徒步之中甫十余年，大业以济，算计见效，光乎周宣。[4]南宋政治家、永嘉学派集大成者叶适称：光武匹夫徒手而得天下，其难有甚于高祖。[5]明末大思想家王船山在《读通鉴论》中点评：光武之得天下，较高帝而尤难矣！三代而下，取天下者，唯光武独焉，而宋太祖其次也。自三代而下，唯光武允冠百王矣。[6]毛泽东在点评《东汉观记》时评价刘秀为“最有学问、最会打仗、最会用人的皇帝”。著名历史学家、大历史观的倡导者黄仁宇也把

① 吴兢. 贞观政要［M］. 腾帅，李明，译. 长沙：岳麓书社，2014：421.

② 何去非. 何博士备论［M］. 上海：上海古籍出版社，1990：22.

③ 苏辙. 摛藻堂景印四库全书·栾城后集（卷八）［M］. 台北：台湾世界书局，1987：7.

④ 陈亮. 陈亮集（卷五）［M］. 北京：中华书局，1987：51.

⑤ 叶适. 习学记言序目（卷二十四）［M］. 北京：中华书局，1977：335.

⑥ 王夫子. 读通鉴论（卷六）［M］. 长沙：岳麓书社，1996：222.

刘秀称为是"超级政客，军事天才"，"是中国历史上典型的成功人物"①。

刘秀之所以能够取得如此高的成就并非出于偶然，卓越功勋的背后有着深厚的成功秘诀。刘秀何以得天下，又何以治天下，在建武十七年，他与"宗室诸母"之"置酒作乐"中透露了自己的成功之道："时宗室诸母因酣悦，相与语曰：'文叔少时谨信，与人不款曲，唯直柔耳。今乃能如此！'帝闻之，大笑曰：'吾理天下，亦欲以柔道行之。'"② 即，成功的奥秘就在于"柔道"二字。

光武帝刘秀的柔道开国战略是围绕着东汉统一战争来展开，这场战争可划分为四个阶段：从地皇三年七月到更始元年九月，为更始政权建立及新莽政权覆灭阶段；从更始元年十月到建武元年六月，为刘秀集团形成和略定河北阶段；从建武元年七月到建武六年二月，为刘秀集团进取关洛，扫平关东阶段；从建武六年三月到建武十二年十一月，为刘秀集团经略西北，攻取巴蜀阶段。这四个阶段形势各异，刘秀能够顺势、趁势并成功地运用四种不同的柔道战略：

（1）柔道的保全战略：以柔保身，委曲求全。在更始政权建立和新莽政权覆灭这一阶段中，刘縯与刘秀两兄弟不可不谓是劳苦而功高。他们是舂陵反莽大军的首倡者、领导者，舂陵起兵后，因军事形势严峻，经过考量不久则加盟绿林军，他们先后攻克唐子乡，杀死湖阳都尉，然后全军合力北进，攻克棘阳。更始元年正月，刘縯先是夺取新莽军队的后勤基地，"尽获其辎重"，随后刘縯兄弟对甄阜军发起攻击，消灭了王莽在南阳的精锐之师并且获得了大量军器粮秣。之后，刘縯又率军在淯阳城下与官军激战，勇夺宛城，义取新野。刘秀则在随后的昆阳城下歼灭号称百万大军的新朝主力，三辅震动，新莽政权瞬间土崩瓦解。然而，功高震主，战功威名日盛的刘縯与刘秀两兄弟被更始帝刘玄所猜忌，最终刘縯在地皇四年被刘玄设计杀害。刚刚取得昆阳大捷的刘秀还在南下攻城略地，大哥无故被

---

① 黄仁宇. 赫逊河畔谈中国历史［M］. 北京：九州出版社，2015：42.
② 范晔. 后汉书［M］. 北京：中华书局，1999：47.

害的噩耗传来让他悲痛欲绝。在此关口，"光武自父城驰诣宛谢。司徒官属迎吊光武，光武难交私语，深引过而已。未尝自伐昆阳之功，又不敢为伯升服丧，饮食言笑如平常"（《后汉书·光武帝纪》），表面上虽若无其事，但实际上，"自伯升之败，光武不敢显其悲戚，每独居，辄不御酒肉，枕席有涕泣处"（《后汉书·冯岑贾列传》）。刘秀强忍悲伤，引咎自责，既不谈己之功也不为家兄服丧鸣冤，而是对更始帝刘玄益发谦逊，刘玄见此感到内心惭愧，"更始以是惭，拜光武为破虏大将军，封武信侯"（《后汉书·光武帝纪》）。刘秀在这一次政治较量中以柔保身，委曲求全，彰显出了一位战略家韬光养晦、忍辱负重的优秀品格。

（2）柔道的移动战略：以弱自处，进道若退。刘秀明白委曲求全只是权宜之计，只能让更始帝暂时不生嫌隙，但自己声名远播、功高震主，更始帝日后也会向他再次举起屠刀。因此，如何脱离虎口，重新获取主动则成了当务之急。新莽政权覆灭，更始帝势力由湖北经过河南进入关中，而此时山东的赤眉军也从青州、徐州等地向关中靠拢，关中是四战之地，各方势力必定会在此核心地域进行直接交锋。随更始帝入关的刘秀在与多方艰苦地周旋和争取下，终于被更始帝委任为"破虏将军"，命他以刘氏宗室的身份前往河北进行招降安抚，此举看似失去了随更始帝入关共同分享胜利成果的机会，但实际上却成功避免了过早成为矛盾的焦点，进道若退，刘秀获得了独立发展的契机。刘秀略定河北的过程也并非轻而易举，初入河北刘秀臣属也就数十人，由于地方豪强王郎的一度逼迫，刘秀等人曾狼狈不堪，甚至打算撤回长安。随后刘秀确立了"延揽英雄，务悦民心，立高祖之业，救万民之命"（《后汉书·邓禹传》）的略定策略，通过争取和利用幽州突骑；联络各地豪族地主武装；依靠地方政府招募兵役；收编降附的农民起义军等措施，刘秀集团从无到有，逐渐发展成为当时全国各地割据势力中间的一派较有实力者。① 在扩充实力的同时，刘秀也对

---

① 赵国华. 东汉统一战争的战略考察 [J]. 华中师范大学学报（哲学社会科学版），1995（3）：99.

河北的敌对势力进行了肃清，通过邯郸之战消灭了王郎，同时对河北地区的农民起义军进行了镇压并借机清除了更始政权渗入河北的苗曾、韦顺、蔡充、谢躬等势力，至更始三年六月，刘秀基本剿灭了河北境内的各种敌对势力，控制了整个河北地区，为日后争权于天下奠定了坚实基础。刘秀"延揽英雄，略定河北"这一阶段正如著名学者黄朴民先生所总结的：力避过早成为矛盾焦点，广泛招揽人才，积极争取民心，致力于河北这一根据地的经营，利用处于各种势力边缘的机会，发展壮大实力，待各方势力自相削弱后再出面收拾残局，以弱胜强，争取事半功倍之效。这是典型的以弱自处，以柔胜刚之术。①

（3）柔道的平衡战略：远交近攻，柔而曲成。邯郸之战使刘秀清除了统御河北的最大障碍，实力大增的同时与更始政权的矛盾也日渐凸显，更始帝刘玄施展羁縻手段，"遣侍御史持节立光武为萧王，悉令罢兵诣行在所"（《后汉书·光武帝纪》）。并在邺城、幽州、上谷、渔阳屯兵直接威胁刘秀集团。刘秀的诸将领则要求独树一帜，经利害权衡，"光武辞以河北未平，不就征。自是始贰于更始"（《后汉书·光武帝纪》）。随后又将更始政权在河北的势力全部肃清并于更始三年在鄗城称皇帝，至此与更始政权彻底决裂。与此同时，刘秀开启了"进取关洛，扫平关东"的战略。赤眉与更始政权在关中直接对垒，最终赤眉攻入长安，更始帝战败投降，赤眉实力也遭到削弱。更始三年十月刘秀定都洛阳，赤眉军因在关中无以立足而折转东还，与刘秀政权发生直接冲突，刘秀做出了截敌归路的战略部署："贼若东走，可引宜阳兵会新安；贼若南走，可引新安兵会宜阳。"（《后汉书·刘盆子传》），后二十万赤眉大军在崤底初战失利，未与刘秀主力交锋便弃戈投降，赤眉军东归覆灭，刘秀获得了开国以来最大的胜利。关洛已在手，则开始扫平关东。此时全国已处于群雄割据的混乱状态，"刘永擅命睢阳，公孙述称王巴蜀，李宪自立为淮南王，秦丰自号楚黎王，

---

① 黄朴民. 东汉开国第一人——邓禹与他的"图天下策"［N］. 光明日报，2009 - 05 - 26（12）.

张步起琅邪，董宪起东海，延岑起汉中，田戎起夷凌，并置将帅，侵略郡县"（《后汉书·光武纪》）。后又有隗嚣据陇右，窦融据河西，卢芳起安定，彭宠叛渔阳，邓奉反南阳。刘秀针对这一极其复杂的战略形势采用柔道的平衡战略，对实力最强，地处陇右、巴蜀的隗嚣、公孙述集团施行怀柔政治，通过承认其政权合法性以获得相应的支持，腾出手来对关东群雄进行征讨，最终形成了"先东后西，远交近攻"的略定方针。刘秀亲征海西王董宪；派盖沿、耿弇东征睢阳的刘永，青州的张步；派岑彭、王常率军南征邓奉，朱祜、祭遵领兵北讨彭宠；岑彭平定邓奉后乘胜南下，进击秦丰、田戎，再获全胜，江南各郡望风而从，荆、交两州由是平定。

（4）柔道的进取战略：得陇望蜀，有志者强行。随着关东战事的结束，刘秀已平定了大半个中国。从建武六年三月到建武十二年十一月，刘秀开始了"经略西北，攻取巴蜀"进而统一全国的阶段。刘秀对隗嚣集团是军事与政治双管齐下，通过笼络河西窦融集团以瓦解隗嚣内部势力，通过承认公孙述的"皇帝地位"以断绝隗嚣外援；最后以优势兵力翻越陇山诸隘道向隗嚣发起进攻，在窦融的支持下对隗嚣形成两面夹击，终于击垮隗嚣集团。建武十年十一月至建武十二年十一月，刘秀以成都为作战目标，北路军从陇右南下，东路军沿长江西进，对巴蜀形成钳形攻势，最终消灭了公孙述集团。在这一个过程中，刘秀政权付出巨大的代价，北路军主帅来歙、东路军主帅岑彭皆被刺杀，以身殉国。刘秀面对这场战争也曾感叹道："人苦不知足，既平陇，复望蜀，每一发兵，头须为白。"（《汉书·岑彭传》）但万事皆有代价，这又何尝不是应验了之前刘秀在《临淄劳耿弇》中所激励的："将军前在南阳，建此大策，常以为落落难合，有志者事竟成也。"（《后汉书·耿弇传》）

刘秀"柔道"开国，成功运用了保全、移动、平衡、进取的柔道战略，通过君臣上下一心，艰苦创业，终于克定天下。这一过程既展现出了一代战略家的雄才伟略，又显露了一代君王的悲悯人生，也为接下来更为艰难的守业期奠定了理政基础。

四、弱点杠杆：寻找阿喀琉斯之踵

"阿喀琉斯之踵"源于《荷马史诗》，其所要阐明的道理是：即便是最强大的人也会有弱点，这个弱点一旦被人发现，就可能受到致命一击。在战略家眼里，弱点就是一个国家或军队经受不起对方以任何手段，采取任何行动打击的薄弱点。这一打击可能削弱这个国家或军队的战争潜力或战斗力，挫伤其斗志。弱点必须是具体明确的，而且最好是要害处。柔道战略就是强调利用敌人本身的弱点来达到目的，这些弱点不一而足，但基本上会具有以下特征：（1）弱点必须是致命的，或接近致命的，必须有适当的资源可供利用；（2）弱点必须是无防御的，而且是足够敏感的；（3）弱点必须是防护不周的，而且对敌人有极大的重要性。①

柔道战略的博弈是围绕弱点的攻防来展开，我方的任何弱点都可以使敌人获得一个攻击目标，同样，敌方的任何弱点也都可以使我们获得一个对报复进行威胁的机会。尤其是大国间的博弈，只有利用它本身的弱点和内部的分裂才能使它屈服。围绕弱点架设的杠杆，也形成了相应的战术特点：（1）不顾敌人反抗而对敌人的弱点发动直接的正面进攻；（2）对一个敌方未加防御的弱点发动奇袭；（3）发动佯攻，威胁一个选定的弱点，使敌人在挡开攻击时暴露真正的攻击目标；（4）迫使敌人消耗其精力和资源去防御弱点；（5）变换部署以引诱敌人去攻击我方已设防的弱点；（6）打击敌方的一个弱点以迫使敌人放弃其攻击；（7）采取部署使之有可能攻击敌方弱点等。

总而言之，围绕弱点的杠杆架设就是要尽量隐藏自己的弱点，而使对手的弱点得以暴露，再根据我方所能动用的资源选定最好的手段，并从敌方的弱点发起进攻，当敌方内部的内聚力抗拒不了进攻所受到的重力拉引时，就会引发大规模的"雪崩"，直至全部崩溃。如《孙子兵法》所言：

---

① 安德烈·博福尔. 战略入门［M］. 军事科学院外国军事研究部，译. 北京：军事科学出版社，1989：25.

"昔之善战者，先为不可胜，以待敌之可胜。不可胜在己，可胜在敌。"①
即，善战者要首先立于不败之地，其次等待战胜敌人的时机，要善于隐藏
自己的弱点，并发掘敌人的弱点而给其以致命一击。

五、盟友杠杆：力量的团结与孤立

大卫·B.尤费教授将杠杆借力视为是利用对手的资源、合作伙伴和竞
争对手作为杠杆而将竞争对手的力量转化为自己的竞争优势。以对手的资
源为杠杆，就是将对手的资源作为筹码，让他投鼠忌器，难以反击；以对
手的合作伙伴为杠杆是以分化拉拢的手段制造矛盾，将对手的同盟转变为
他反击能力的掣肘；以对手的竞争对手为杠杆，能让对手更加举步维艰。

这些杠杆，其实就是围绕敌我的盟友来展开，从本质上讲就是力量的
团结与孤立。统一战线，武装斗争，党的建设，是中国共产党在中国革命
中战胜敌人的三个法宝，其中统一战线就是力量团结与孤立的典范，也是
弱者之所以能由弱小转为强大的重要法宝。中国共产党的统一战线实践主
要经历了大革命时期，内战时期，抗战时期三个阶段，总结了"一切联
合，否认斗争"，"一切打倒，否认联合"的错误从而走向成熟。建立统一
战线的关键点有：（1）建立统一战线的首要前提是分清敌友，如此才能团
结真正的朋友，以攻击真正的敌人；（2）统一战线的建立需要围绕主要矛
盾来展开，在此基础上，统一战线应得以增强和扩大，而不是使其削弱和
缩小；（3）要正确处理统一战线中联合和斗争的关系，统一战线既不是一
切联合否认斗争，也不是一切斗争否认联合，而是综合联合和斗争两方面
的政策。因为有不同，所以有摩擦，面对统一战线里的摩擦，要既联合又
斗争，既亲密团结又反摩擦。以斗争求团结则团结存，以退让求团结则团
结亡，统一战线只有综合联合和斗争政策才能得以巩固与扩大；（4）坚持
统一战线中的独立自主，要克服投降主义或迁就主义，做到既统一，又独
立，加紧争取同盟军又不失自己立场。"统一战线中的独立自主"这个原

---

① 孙子兵法［M］. 陈曦，译注. 北京：中华书局，2011：61.

则的说明、实践和坚持，是走向胜利的中心一环；（5）统一战线的具体实施路径是利用矛盾，争取多数，反对少数，各个击破；是有理，有利，有节。对于国内各阶级相互关系的基本政策，是发展进步势力，争取中间势力，孤立顽固势力；（6）统一战线中在如何争取中间势力上应该具备相应条件：有充足的力量；尊重他们的利益；对顽固派作坚决的斗争，并能一步一步地取得胜利。没有这些条件，中间势力就会动摇起来，或竟变为顽固派向我进攻的同盟军；因为顽固派也正在极力争取中间派，以使我们陷于孤立。

总而言之，建立统一战线的目的是团结一切可以团结的人，而把敌人缩小到最少，如毛泽东所言："如果发现火星或者金星上有人，那个时候我们再来交涉关于团结他们，建立统一战线的问题。现在我们是讲党内、国内和全世界的团结问题。我们的原则，就是不管你什么人，外国的党，外国的非党人士，只要是对世界和平和人类进步事业有一点用处的，我们就应该团结……对我们来说，朋友越多越好，敌人越少越好。"① 在团结力量的同时还要学会分化瓦解，如列宁指出的："只要我们在经济和军事上弱于资本主义世界的其他国家，我们就必须知道如何利用帝国主义者之间的矛盾和对立。如果不是因为我们一直在谨守这个规则，我们早就被吊死在灯柱上了。"② 力量的团结与孤立也正是权力弱势方能够由弱转强的法宝所在。

当然，统一战线并非弱者的专属，强者同样可以使用，而且手法更加老到。其中美国在二战后实施的马歇尔计划是最为典型的案例。马歇尔计划又被称为欧洲复兴计划，是第二次世界大战结束以后，美国用其国内生产总值的2%帮助西欧各国恢复在战争中被摧毁的经济的计划。这一扶助计划，恢复了西欧的经济增长和繁荣，美国以欧洲为杠杆进行借力，加强了对共产主义和苏联的抵制，实现了其对外政策的一个重要目标；同时，

---

① 毛泽东. 毛泽东选集（第五卷）[M]. 北京：人民出版社，1977：293 - 304.
② 约翰·刘易斯·加迪斯. 论大战略 [M]. 臧博，崔传刚，译. 北京：中信出版社，2019：298.

这一援助计划使欧洲各国对美国怀以感恩之心，加强了美国在受援国中的软实力。马歇尔计划还在军事领域上得以延伸和发展，于 1949 年，美国、西欧、北美发达国家以防卫协作为目标成立了北大西洋公约组织，组织成员国唯美国马首是瞻，这也标志着美国作为世界超级大国领导地位的正式确立。

六、心理杠杆：作战意志的瓦解与混乱

从战略哲学的视角上看，战略博弈总是在两个层面上进行：一个是物质层面，一个是精神层面，前者解决的是物质问题，后者解决的是心理问题；对于弱者而言，如果"物质力量的对比不能保证胜利，那么就必须从精神层面找到制胜的关键要素"①。本书将之称为心理杠杆，整个战略博弈是离不开人的心理弱点的，也是针对着这种弱点的，因为对手的心理平衡一旦被撬动，即便他们仍有很大的取胜希望，却因受到心理的诱骗而匆匆地放下武器。

早在《孙子兵法》中，就有了专门撬动敌方将领的心理平衡而展开的攻势，"故将有五危：必死，可杀也；必生，可虏也；忿速，可侮也；廉洁，可辱也；爱民，可烦也。凡此五者，将之过也，用兵之灾也。覆军杀将，必以五危，不可不察也"②。即，将帅在性格上有五种心理缺陷，对一味拼死蛮干的敌将，可施计杀之；对贪生怕死、见利畏怯的敌将，可设法俘之；对急躁易怒、性不厚重的将领可侮辱激怒而擒之；对廉洁惜名、狷狭自饰的将领可垢辱以挠之；对爱护民众的将领，可不断烦扰之，使他疲于救援，劳碌不堪。这五类心理缺陷是"将之过"，是"覆军杀将""用兵之灾"的心理根源，需要谨慎待之。良将则不然，他们是"不必死，不必生，随事而用；不忿速，不耻辱，见可如虎，否则闭户；动静以计，不

---

① 劳伦斯·弗里德曼. 战略：一部历史 [M]. 王坚，马娟娟，译. 北京：社会科学文献出版社，2016：147.

② 孙子兵法 [M]. 陈曦，译注. 北京：中华书局，2011：150.

可喜怒也"①。除了针对敌军将领的心理进行扰乱，还有通过散布谣言，蛊惑人心的方式造成敌军心理的混乱和作战意志的瓦解，如楚汉相争中的垓下之战，汉军围而不打，"四面皆楚歌"使"项王泣数行下，左右皆泣，莫能仰视"②，这直接导致了楚军上下全员心理的崩溃，最终覆灭。历史上还有专门通过离间计以挑拨君臣关系，煽动将帅矛盾、让军民离心离德等诸多扰乱作战意志和能力的案例。

但真正值得一提的是西汉王朝克服外敌的大战略思想。匈奴是西汉王朝外部的最大劲敌，起初军事实力要远超过西汉，在数次军事交锋中西汉均拜下风，"匈奴大攻围马邑，韩王信降匈奴"③，后高祖亲自出征，被冒顿单于率四十万大军"围困白登七日，汉兵中外不得相救饷"，最后只能通过贿赂的方式才能脱险。其后西汉对匈奴也是束手无策，只能通过贿赂、通商、和亲的方式以求安稳。到了汉武帝这个局面才真正得到扭转。钮先钟先生将对匈奴的反击划分了三大阶段：战前阶段，战争阶段，战后阶段。④ 战前阶段采用的战略是：贫化战略、愚化战略、腐化战略；战争阶段采用的是：远交近攻、分化敌人、以夷制夷；战后阶段采用的是：移民实边、设置郡县。其中当属战前阶段所采用的战略最具心理性：其目的就是要以各种手段破坏对方的经济，断绝对方的知识，减弱对方的斗志，为后续的战争做准备。贫化战略是用各种手段阻止对方经济成长，减弱其生产能力；愚化战略是以长制短，通过阻止先进知识技术向外传输，以保持中原的智力优势；腐化战略是引诱对方追求生活上的享受，放弃其刻苦耐劳的优点，使其内部自动腐化，最具代表性的就是贾谊所提出的以"德战"（以厚德怀服四夷）为主，辅以"三表、五饵"之术以软化匈奴："爱人之状，好人之技，仁道也；信为大操，常义也；爱好有实，已诺可期，十死一生，彼将必至：此三表也。赐之盛服车乘以坏其目；赐之盛食

---

① 孙子兵法［M］. 陈曦，译注. 北京：中华书局，2011：151.
② 司马迁. 史记［M］. 北京：军事谊文出版社，2005：48.
③ 司马迁. 史记［M］. 北京：军事谊文出版社，2005：418.
④ 钮先钟. 中国战略思想史［M］. 台北：黎明文化事业股份有限公司，1992：308.

珍味以坏其口；赐之音乐妇人以坏其耳；赐之高堂邃宇府库奴婢以坏其腹；于来降者，以上召幸之，相娱乐，亲酌而手食之，以坏其心：此五饵也。"① 贾谊这一儒法结合的战略思想，是采取和平手段瓦解敌人的策略，为西汉赢得了 30 多年国内建设的和平环境，并为武帝最终战胜匈奴奠定了实力基础。

七、舆论杠杆：信息化时代的战场在新闻编辑室里

舆论本应属于心理杠杆的范畴，因为操纵舆论的最终指向还是人心。信息化时代里，舆论议题太重要了，一条看似漫不经心的"新闻讯息"就能引发极具破坏力和摧毁性的连锁反应，因此需要单独列出予以说明。

在传统智慧中，谁拥有了最强的军事力量，谁就可以主导一切；但是在信息时代里，谁最擅长新闻报道，谁就越有可能胜出。如美国前国防部长拉姆斯菲尔德在谈及全球反恐战争时说："在这场战争中，一些最关键的较量可能既不在阿富汗的深山里，也不在伊拉克的街道上，而是在纽约、伦敦、开罗和其他地方的新闻编辑室里。"② 新闻媒体的作用在于信息沟通，但在战略博弈中，新闻媒体和报道则是争夺舆论高地，对敌实施说服性攻势，以及通过塑造偏好打动主流公众以赢得人心的重要手段。新闻议题的制定和塑造是构架舆论杠杆的关键所在，同一真实信息，选择和塑造的议题不同，对具有不同偏好的人群产生的效果也将截然不同。舆论杠杆的构建可以是突发的，借题发挥的；也可以是长期的，潜移默化的，前者的威力和可持续性较小，后者的威力和影响则深远得多。

同时，互联网信息技术在一定程度上使权力发生了由上往下的扩散和转移，各种社交软件和自媒体让弱者也拥有了一定的话语权。网络舆情如果不能及时加以引导和梳理，则很可能给社会带来严重的危害；一个微小的机制，只要正确指引，经过一段时间的努力和发酵，将有可能产生"革

---

① 班固. 汉书 [M]. 颜师古，注. 北京：中华书局，1960：2221.
② 约瑟夫·奈. 权力大未来 [M]. 王吉美，译. 北京：中信出版社，2012：27.

命"性的轰动效应。因此，国家（或非国家实体）间的战略博弈已经在引导舆论领域上大规模展开。

信息时代的战场早已不仅仅局限于实际场地了，它在人心里。当前时代背景下，重要的不是战场上的兵力多寡，而是人心的向背。关键是国民的意志。敌人早已发现了这一点，并不断施加压力。因此，对舆论的控制与反控制已经成为当今重要的战略议题。

第三节 柔道战略之后发制人

后发制人是柔道战略的总基调、总原则、总方法，是老子柔弱胜刚强中"不为天下先""进道若退"等原理的战略哲学性表述，老子还指出了后发制人的若干具体斗争策略和方法："将欲歙之，必固张之；将欲弱之，必固强之；将欲废之，必固兴之；将欲取之，必固予之。是谓微明。柔弱胜刚强。鱼不可脱于渊，国之利器不可以示人。"（《老子》三十六章）

《淮南子》对此做过详尽的解释，认为："所谓后者，非谓其底滞而不发，凝（结）［竭］而不流，贵其周于数而合于时也。"① 即所谓的"后"并不是指完全停滞不动，凝固不流，而是看重居后者的言行切合道术，适合时宜。《淮南子》对"先"与"后"的利弊进行了分析，指出"先唱者，穷之路也；后动者，达之原也……先者难为知，而后者易为攻也；先者上高，则后者攀之；先者逾下，则后者蹴之；先者颓陷，则后者以谋；先者败绩，则后者违之。由此观之，先者，则后者之弓矢质的也。犹錞之与刃，刃犯难而錞无患者，何也？以其托于后位也"②，因此"圣人守清道而抱雌节，因循应变，常后而不先；柔弱以静，舒安以定；攻大磔坚，莫能与之争"③。所以圣人常常固守着清纯之道和柔弱之节，因循应变，处

---

① 刘安. 淮南子全译（上）［M］. 许匡一，译注. 贵阳：贵州人民出版社，1993：24.
② 刘安. 淮南子全译（上）［M］. 许匡一，译注. 贵阳：贵州人民出版社，1993：24.
③ 刘安. 淮南子全译（上）［M］. 许匡一，译注. 贵阳：贵州人民出版社，1993：25.

后而不争先，柔弱恬静，安定舒逸，然后能攻克巨大的难关，没有人能够同他抗争。

除此之外，《三略》中"因敌转化，不为先，动而辄随"，《荀子·议兵》中"后之发，先之至，此用兵之要术也"等都是后发制人思想的具体表述。《淮南子》则指出"夫执道理以耦变，先亦制后，后亦制先。是何则？不失其所以制人，人不能制也"①，即如果能符合事物变化的道理和形势，那么先行者可以制驭后继者，后继者亦可以制驭先行者，因为这样的人掌握着驾驭人的东西，所以别人就无法驾驭他。因此，所谓的先发制人或后发制人"非争其先也，而争其得时也"②，即所谓的先发制人或者后发制人并不是争先或争后，而是争取最佳的时机。

总体而言，弱者对阵强者，弱者发起反击的最佳时机相对滞后，这是由强弱双方的客观实力差距所决定的，因此后发制人也通常成为弱者优先采用的战略。弱者先让一步而实现后发制人的胜利案例很多，如中国历史上的晋楚城濮之战，楚汉成皋之战，东汉昆阳之战，三国官渡之战、赤壁之战、彝陵之战，秦晋淝水之战等。起初的战略让步之所以有必要，是因为"处在强敌的进攻面前，若不退让一步，则必危及军力的保存"③，同时"两个拳师放对，聪明的拳师往往退让一步，而蠢人则其势汹汹，劈头就使出全副本领，结果却往往被退让者打倒"④，采用柔道战略"后发制人"原则的目的在于：1. 避开锋芒，保存实力；2. 判明敌人的意图和策略，选择或创造有利于我而不利于敌的客观条件；3. 发现、等待或主动造成敌人的过失，以乘敌之隙。

柔道战略的后发制人原则是在时间、空间、力量三个维度上对内外力量的综合统筹和实际运用。

---

① 刘安. 淮南子全译（上）[M]. 许匡一，译注. 贵阳：贵州人民出版社，1993：24.
② 刘安. 淮南子全译（上）[M]. 许匡一，译注. 贵阳：贵州人民出版社，1993：25.
③ 毛泽东. 毛泽东选集（第一卷）[M]. 北京：人民出版社，2009：206.
④ 毛泽东. 毛泽东选集（第一卷）[M]. 北京：人民出版社，2009：203.

一、空间竞争：以退为进的力量储蓄

柔道战略在空间竞争上可分为三个主要的连贯阶段：首先，通过空间的位移来避开对手的优势进攻，以避免被毁灭；其次，寻找最佳的"生态位"，这一位置应最有利于自身的生存和发展，并能为反攻提供必备的条件；再则，等待对手超越了"胜利顶点"后发起猛烈的反击。

上述三个相互连贯的阶段可以运用生态位理论进行解释。"生态位"原是生物学概念，指的是在自然生态系统中，一个种群在时间、空间上的位置及其与相关种群之间的功能关系，即生态位是对环境条件的联合描述。世间生物均有属于自己的"生态位"，这一独特的时空位置能为生物提供生存和发展的条件。由于生态位现象对所有生命体（动物、植物、微生物以及由人组成的集团、社会、国家）都具有普适性，因此，对战略领域也有着重要的启示意义，定位也成为战略的核心。

（一）位移以避免被毁灭

生态位重叠，即两个或两个以上物种生活于同一空间时分享或竞争共同资源的现象。如果不同物种的生态位出现完全重叠，将会引发剧烈的竞争，这种现象主要表现为：一个物种为了享受更好的生存资源而对另一物种的生态位发动入侵，如果两个物种的实力相当将会出现两败俱伤的局面，如果是强势物种与弱势物种发生竞争，弱势物种很可能会被毁灭。因此，弱势物种为了避免被毁灭，则可采取两种基本的方法：（1）采用错位竞争的法则，通过对原有生态位在时间、空间、功能上重新予以划分从而避开强者的攻击，如：狮子白天显威，老虎傍晚横行，狼深夜觅食的时间错位；鹰击长空，鱼翔浅底的空间错位；（2）进行生态位的迁移，即弱势物种退出原有的生态位，而去寻找新的家园。这种现象主要发生在两个相同物种间的竞争上，即出现了"一山不容二虎"的现象，这种形势下，如果弱势方不进行生态位的迁移，很有可能将会被毁灭。

生态位上的生物必须在一个充满敌意、动荡和共生关系的世界里求生。同理，在柔道战略博弈中，权力弱势方面对权力强势方咄咄逼人的进攻，必须面对、避免或消除竞争而找到自身的定位并实现自我保护，在判定在一定区域或领域中处于明显劣势的情况下，应该主动而非被动地实施生态位迁移，通过位移来避开权力强势方的先发优势以保存有生力量，毕竟"人如果无法保全自己就无法在任何意义上承担正义"①，但应该明确，退出战场并不意味着放弃意图，甚至经过一场顽强而持久的战斗后退出战场也是如此。

"位移"绝不仅仅是空间意义上的移动，从政治意义上讲，"位移"是一种为了实现更高目的而进行的暂时性妥协，是一种政治性让步的具体表述。第一次世界大战期间，列宁的苏维埃俄国与德国签订《布列斯特和约》就是一个典型的案例。

（1）"我们不能用战争回答敌人，那是因为我们没有力量。"1917年11月7日俄国十月革命的胜利标志着世界第一个无产阶级专政的国家的诞生，但是刚刚建立的苏维埃政权力量十分弱小，首要解决的问题就是如何在资本主义世界中生存下去。在军事上，当时的苏俄还没有一支正规的具有战斗力的武装力量，直到1918年1月成立的苏俄红军也仅仅10万余人，并且采用的是志愿兵役制；在经济上，长期残酷的战争摧毁了这片土地的农业和工业基础，粮食产量仅相当于战前的72%，工业必需品极度缺乏；在政治上，被推翻的资产阶级、地主、富农不甘心失去往日的权力，而在多地发动叛乱，同时孟什维克、社会革命党人也利用立宪议会进行夺权斗争，国内政局动荡诡谲；在国际上，同盟国和协约国两大军事集团都视苏俄为洪水猛兽，都想除之而后快。种种的客观现实决定了苏俄政权无法采用刚烈的军事或政治手段予以反击且必须另谋他法。

（2）"接受合约是为了不让事情变得更坏，媾和是积蓄力量的手段。"② 新生的苏维埃政权面临着内忧外患：境外是强大的德国军队已兵临城下，境内则是效忠于沙皇的白军及遍布各地的各路诸侯发起叛乱。要想

---

① MANSFIELD H. C, in his introduction, ibid., P. xi. Italics added.

② 中国人民解放军军事科学院. 列宁军事文集［M］. 北京：中国人民解放军战士出版社，1981：441.

摆脱这种困局，则必须尽快退出帝国主义战争以获得和平的机会。然而就围绕与德国签订和约的问题（由于德国提出的条件过于苛刻），布尔什维克党和苏维埃政府内部发生了激烈的分歧和斗争。这种分歧可以分为三派：第一派是以列宁为代表的"求和派"，认为当前既没有进行战争的物质力量，也没有拖延谈判的可能，因此主张接受德国的条件、签订和约，为新生政权争取喘息机会，主要成员包括中央委员季维诺也夫、索柯里尼柯夫、斯大林、阿尔乔姆、斯塔索娃、斯维尔德洛夫等。第二派是以布哈林为代表的"主战派"，这些"左派共产主义者"反对签订和约，主张对帝国主义继续进行世界大战，主要成员包括中央委员布勃诺夫、乌里茨基、洛莫夫。第三派是以托洛茨基为代表的"不战不和"派，他们主张停战，复员军队，但不与德国签约（即不战不和），主要成员包括中央委员克列斯廷斯基、捷尔任斯基、越飞等。后来的事实证明，面对德国的入侵，要么立刻进行战争要么立刻割地赔款、签订和约，根本不存在不战不和的中间路线。

1918 年 1 月 2 日，苏俄政府召开中央和地方负责人会议。会议共 63 人出席，支持"主战"的 32 票，支持"不战不和"的 16 票，支持"主和"的仅 15 票。最终，列宁主和的主张因为支持人数最少而被否决。

1918 年 1 月 24 日，苏俄政府召开中央会议，重新表决对德和谈问题。列宁重申了立即签订和约的主张，认为军队疲倦了，军备枯竭了，如果德国人开始进攻，他们不费吹灰之力就能空手拿下彼得格勒，"和约反正是要缔结的，但那时的和约将是最苛刻的，此时被迫缔结的和约是一种可耻的和约，但是如果开始战争的话，我们的政府就将被推翻，因为缔结和约的就将是另一个政府"。此次中央会议代表共 16 人，支持"不战不和"的有 9 票，支持"主战"的 2 票，列宁在表决前不得不改变自己的主张，提案为"千方百计地拖延缔结和约"，获得 12 票赞成。1 月 25 日，布尔什维克党中央和左派社会革命党中央召开联席会议会上，以多数票通过"既不进行战争，也不签订条约"（即托洛茨基的"不战不和"主张），列宁的主和主张再次被否定。

1月30日，苏俄与德国恢复谈判。托洛茨基作为谈判代表团团长与德国代表屈尔曼进行谈判，但最终谈判破裂，托洛茨基于2月11日率领代表团离开布列斯特—里托夫斯克。

德皇威廉二世随后立即对苏俄发起最后通牒，德国最高统帅部决定要给予俄国以短促而猛烈的打击，2月16日晚，德国照会苏俄政府将于2月18日12时恢复军事行动。2月17日晚，布尔什维克党中央委员会开会，列宁要求重开谈判、签订和约的主张被否决。2月18日上午，苏俄中央举行紧急会议，但列宁的主张仍被6：7的票数否决。2月18日中午，德军向苏维埃俄国发动全线进攻。2月18日晚上，经过激烈争论，"是否应当马上向德国政府建议立即缔结和约？"提案在7票赞成、5票反对和1票弃权的结果下得以通过。2月19日清晨，列宁主持召开人民委员会紧急会议，同意并向德国发出同意签订和约电文。但是，德国进攻的脚步并未停歇，并于2月23日提出了更加苛刻的要求，苏共中央再次召开紧急会议，大多数委员仍表示不支持列宁立刻签约的主张，列宁只得提出，如果这种空谈继续下去，他就要辞职，退出政府和中央委员会，托洛茨基虽然不同意列宁的主张，但是为了防止列宁辞职和党的分裂，他施加影响造成4张弃权票，最后列宁的主张以7票赞成、4票弃权、4票反对获得通过。2月24日凌晨，全俄中央执行委员会举行会议，以116票赞成、85票反对、26票弃权通过了接受德国提出新条件的决定并派代表团进行签约。

3月3日，苏俄与德国在布列斯特—里托夫斯克签订和约。和约规定：波罗的海沿岸地区和白俄罗斯的一部分从俄国分割出去；高加索的卡尔斯、阿尔达汉和巴统地区划归土耳其。承认芬兰和乌克兰为独立国家，红军部队应从那里撤出，这就是说，苏维埃俄国（包括乌克兰在内）总共丧失约100万平方公里的领土，被占领区约有5000万人口，约占俄国人口的三分之一。该地区开采的煤占全国的90%，铁矿石占全国的73%。那里还有占全国的54%的工业和33%的铁路。和约规定，俄国必须全面复员军队，包括刚刚组建的红军部队。海军的军舰应该驶回俄国的海港，并在那里停泊到缔结普遍和约或者立即解除武装。最苛刻的同时也是最屈辱的一条是，苏维埃俄国必须立即同反革命的乌克兰中央拉达缔结条约，并承认拉达在 2 月 9 日同德国及其盟国签订的和约。在经济上，和约规定俄国应缴付巨额赔款，德国在贸易上和运输上享有特权，等等。①

（3）"我决心并认为有义务签订屈辱二十倍以至一百倍的条约。"②《布列斯特－里托夫斯克和约》对于苏俄来说不可不谓严苛与耻辱，在签约的过程中也遭受到了"左派共产主义者"以及左派社会革命党人的强烈抵制。但是在列宁看来，这一条约即使比现有的更加屈辱，他也会毫不犹疑地去签署，因为在当时的情境下，对德妥协虽是有害的但却是必要的，"任何拖延确实等于'死亡'，汉尼拔已经闯到门前"③。这实质上也是列宁"退一步，进两步"柔道政治智慧的体现，他强调必须要抛弃空洞的幻想，必须忍受历史转折中的痛苦，必须甘愿在污泥中爬行，必须懂得退却而且善于退却，必须学会在妥协中求生存，当主客观条件皆不具备时，宁可暂时后退以保存力量也不要莽撞地冒进，待时机成熟后再向目标发起迅猛反击。

列宁对"妥协"的智慧进行了透彻的解释，他认为，有各种各样的妥协。应当善于分析每个妥协或每个变相的妥协的环境和具体条件。应当学习区分这样的两种人：一种人把钱和武器交给强盗，为的是要减少强盗所能加于的祸害，以便后来容易捕获和枪毙强盗；另一种人把钱和武器交给强盗，为的是要入伙分赃。显然，签订《布列斯特－里托夫斯克和约》属于前者。这个合约的签订最直接的效果就是为苏俄顺利退出战争，赢得并充分地利用了这个喘息的机会，为巩固新生政权聚集了革命力量，并彻底粉碎了国内地主、资产阶级、自卫军等反动势力想用战争扼杀苏俄的阴谋，保卫了苏维埃共和国。同时，列宁指出，"《布列斯特－里托夫斯克和

---

① 曹廷清. 列宁与布列斯特和约［J］. 西北第二民族学院学报（哲学社会科学版），1991，4（9）：64.

② 中国人民解放军军事科学院. 列宁军事文集［M］. 北京：中国人民解放军战士出版社，1981：442.

③ 中国人民解放军军事科学院. 列宁军事文集［M］. 北京：中国人民解放军战士出版社，1981：433.

约》的重大意义，在于我们能够在极端困难的情况下第一次大规模地利用帝国主义者之间的矛盾，使社会主义终于占了便宜"。通过和约的签订，苏俄能够最大限度地摆脱两个彼此敌对的帝国主义集团，二者的矛盾和战争能有效阻止其勾结起来共同对付红色政权，从而为苏俄赢得一定的行动时间与自由来巩固社会主义的革命。

对待《布列斯特–里托夫斯克和约》，列宁并没有遵照执行，而是违反并加快在大后方组建新式军队，整顿铁路秩序，教育群众并推进工人革命，还向芬兰积极运送武器，他甚至理直气壮地说："我们是在违反合约，我们已经违反了三四十次。只有小孩才不了解：在苏维埃政权刚刚建立并且有了初步发展的痛苦而漫长的解放斗争时期，必须进行长期的谨慎的斗争。"① 他还引用了德国人通过缔结《提尔西特和约》来从拿破仑的压迫下获得解放的案例，并指出拿破仑曾抓住过德国违反和约的事，当前的德国也会在同样的问题上抓苏俄，而正确的办法是"我们要竭力设法不让他马上抓住"②。最终，这个条约在事实上也并未得到有效执行，条约签订 8 个月后，即 1918 年 11 月，第一次世界大战在以德国为首的同盟国宣告失败下结束，苏俄于 11 月 13 日便将这个条约废除掉，因此这个条约并未对苏俄造成实质性的巨大伤害。

以上所举的例子，从政治、外交视角阐释了柔道战略中"进道若退"——为了胜利而退让的行动原则，列宁为此承受了巨大压力，将之称为"受国之垢"，"受国不祥"并不为过。他为签署该条约承受了全国的屈辱，但是他为刚刚建立的苏维埃政权赢得了转弱为强的宝贵契机。

（二）寻找最佳"生态位"

同时，生态位迁移并不是盲目的无条件的，而应具有明确的方向性和目的性，或者说生态位的迁移必须由被动转向主动，需要在独特的定位中

---

① 中国人民解放军军事科学院. 列宁军事文集［M］. 北京：中国人民解放军战士出版社，1981：440.

② 中国人民解放军军事科学院. 列宁军事文集［M］. 北京：中国人民解放军战士出版社，1981：441.

获得独特的收益。弱势物种失去了原有生态位也就意味着失去了原有的生存和发展条件，因此，必须有目的地去寻找利于自己生存的新的生态位。而这一新的生态位应该具备三个基本条件：首先，应具有较大的生态位宽度，即拥有能够让物种得以存活下去的最小环境和资源量；其次，保证物种能够在新环境中具有较高的位置，即新的生态位缺乏强烈的竞争或其他敌害；再则，新的生态位必须有利于我而不利于敌，需要承载起战略反攻的跳板功能。

毛泽东曾经将中国抗日战争的前途总结为"先败后胜，转弱为强"①的八字箴言，实质上，这也是对中国共产党领导的新民主主义革命斗争经验的总结。在中国民主革命历史上，中国共产党先后进行了两次重大战略转移即战略生态位的迁移：

第一次是 1927 年大革命失败后，共产党的战略重心开始由敌人统治力量较强的城市转向敌人统治力量较薄弱的农村，并在井冈山地区建立起了中国第一个农村革命根据地，拉开了"农村包围城市，武装夺取政权"这一适应敌强我弱客观现实的斗争序幕。井冈山地区之所以能够成为"最佳生态位"，诚如毛泽东在《井冈山的斗争》中指出的，这是一个"地利人和之边界"。

就"地利"而言，井冈山地区一是山势险要，易守难攻。井冈山地处湘赣边界，自古就有"军重控扼""三路襟喉"之称，并且进入井冈山地区（永新、酃县、宁冈、遂川四县交界的大小五井山区）只有几条陡峭的山间小道，稍做设防便可形成居高临下，一夫当关、万夫莫开的堡垒。二是腹地广阔，便于周旋。连绵不断的崇山峻岭，为红军提供了广阔的回旋余地。三是物产丰富，可供给养。根据"井冈山写真"记述："四，田野——山上有肥沃广漠田垄（田千余担）及肥美的田野，丰富的矿物，巍峨的峰岭，时刻呜咽的瀑布，奇禽猛兽一齐俱全。"② 这为红军的补给和生

---

① 毛泽东. 毛泽东选集（第二卷）[M]. 北京：人民出版社，2009：207.
② 邱明. 从天时地利人和看毛泽东为什么选择井冈山 [J]. 四川民族学院学报，2018，27（5）：33.

存提供了充分的条件。四是敌人力量薄弱，且矛盾重重。井冈山地区远离中心城市，没有敌人的重兵驻守，只有少股战斗力较弱的地方武装，"天高皇帝远"的地利优势让敌人鞭长莫及，无法在短时间内集结大量武装进行远程进攻。湘赣两省的地方军阀虽然都有消灭红军的共同意愿，但又有不可调和的矛盾，他们各自都想保存实力，坐山观虎斗；同时，两省军阀与国民党中央军又是各怀心事，造成面和心不合的局面。这些因素都为井冈山革命根据地的存在和发展提供了良好的条件。

就"人和"而言，井冈山地区：一是有良好的群众基础。井冈山地区的人民素有刚强的性格和反抗强暴的传统，同时，毛泽东经过调查研究发现，湘赣两地的农民阶级和地主阶级之间的矛盾相当尖锐，大体上讲，60%以上的土地掌控在地主手里，江西地区更为严重，如永新、遂川地区将近70%－80%的土地被地主占有。同时，豪绅地主仗恃"挨户团""靖卫团"等地方武装对当地百姓进行横征暴敛，苛捐杂税名目繁多，百姓怨声载道。因此，红军顺应了百姓的需求，消灭地方豪强的盘剥，取消苛捐杂税，进行土地改革，迅速获得了农民和中小商人的接纳和拥护。二是有良好的党组织基础。井冈山地区虽然地处偏隅，但是却存在着很好的党组织基础，在大革命期间，张世熙、曾天宇、欧阳洛、陈正人等青年党员返回江西进行革命宣传，发动群众加入农会并组织了工农武装，在宁冈、永新、莲花三县还建立了革命政权，大革命失败后，这些组织并未屈服而是转入了地下斗争，为后来井冈山革命根据地建设奠定了组织基础。三是有相当力量的红军存在。湘赣边界原来存在着两支绿林武装，一支由袁文才带领，驻扎在山下的宁冈茅坪，另一支由王佐带领，驻扎在山上的井冈山茨坪，两支队伍互为犄角，呼啸山林。大革命时期受到共产党人龙超清、刘辉霄等人的启发和帮助，两支绿林武装分别改编为宁冈县农民自卫军、遂川县农民自卫军，成了井冈山地区实力强劲的农民武装。后来毛泽东率领红军上山，将这两支农民武装编入中国工农革命军，成了井冈山斗争早期一支主力部队。也正是因为有相当力量的红军存在，为后来打土豪、分田地、开展土地革命，解救劳苦大众，进而大量扩充红军队伍奠定了重要基础。

在井冈山革命根据地的基础上,毛泽东决定采取"攻势防御"的方针,由彭德怀、滕代远留守井冈山,毛泽东、朱德则率领红军主力出击赣南,通过艰苦斗争逐步开辟了以瑞金为中心的赣南、闽西根据地,并于1931年11月在江西瑞金建立中华苏维埃共和国临时中央政府,拥有21座县城、250万人口、5万平方公里土地。除此之外,还相继建立了湘鄂西、鄂豫皖、湘赣、广西左右江、广东东江和琼崖等大大小小十几块农村根据地。据毛泽东回忆,红军的军事力量在长征前(1934年10月)达到了三十万人,与大革命失败时(党员由中共五大时的57900多人锐减至10000多人,革命工会、农民协会悉数被查禁、解散)的局势形成了鲜明反差。农村革命根据地成了共产党人积蓄力量、准备反击的最重要的战略基地,井冈山也由此享有"中国革命摇篮"的盛誉。也正是农村革命根据地和红军力量在短时间内的大规模扩张,引起了国民党当局的震惊和恐慌,于是从1930年起便调集重兵对红军发起了五次"围剿"战争。在1930—1932年间,红军先后赢得了四次"反围剿"胜利,但是战略上的"左"倾错误,导致了红军在1934年第五次"反围剿"斗争中出现了重大失误,红军和革命根据地损失了90%。

在这一背景下,中国共产党进行了第二次战略生态位的迁移,中共中央和中央红军8.6万人开始向西突围,离开了苦心经营多年的根据地,踏上了两万五千里漫漫长征路。如何选择新的落脚点、建立新的根据地成了红军当时最重要、最紧迫的任务,而这种选择也并不是后来一些人所声称的"是高明的指挥者预先规划好的",而是在敌我激烈互动的辩证关系下进行的,是根据敌情变化不断调整原有设想的结果。当把陕北作为进军目标时,红军已经先后进行了7次方向性选择:第一次是红军撤出根据地后,计划到湘西与红二、六军团会师创建新根据地,但是前往湘西的路已经被堵死,原计划已无法实现,红军只能向敌军防御薄弱的贵州进军;第二次是红军穿越湘南进入贵州,召开黎平会议,计划以遵义为中心建立川黔边根据地,但是蒋介石的两个中央军纵队和地方军阀150个团对川黔边地区形成新的包围圈，红军再次陷入危机，原计划未能实现；第三次是红军强渡乌江，轻取遵义后召开遵义会议，认为以遵义为中心建立川黔边根据地的可能已不复存在，于是决定北渡长江在西南或西北建立革命根据地；第四次是部署于长江北岸的川军40多个团让红军北渡长江计划再次被打断，于是红军暂停渡江计划向云南扎西地区转移整编，扎西会议提出渡江计划已不能实现，应在云南、贵州、四川边境建立云贵川边根据地；第五次是扎西会议后，毛泽东指挥中央红军四渡赤水，成功跳出敌人包围圈，乘虚进入云南后，北渡长江的时机已经成熟，于是在四川会理召开政治局扩大会议，决定立即北上与红四方面军会合，在川西或川西北建立根据地；第六次是中央红军成功与红四方面军胜利会师后，召开两河口会议，决定继续北上建立川陕甘根据地，以争取西北各省以致全中国的胜利，但是张国焘欲图另立中央、分裂红军的行动让这一计划最终未能实现；第七次是中央红军认定说服张国焘继续北上的可能基本不再存在，而且继续等待必定会招致严重后果，因此，毛泽东率领中央红军（8000人）迅速北上，在甘南迭部县俄界境内召开俄界会议，决定计划在靠近苏联的地方创造一个根据地。以上这些计划由于客观现实的重重阻力（外有国民党几十万大军围追堵截；内有张国焘的节外生枝），最终都一一搁浅，无法实现。在"山重水复疑无路"之时，毛泽东得知刘志丹的红26军和红25军已会合组成了红15军团，并控制了陕北五六个县大小的苏区根据地，于是确定将长征的落脚点放在陕北，在陕北保卫和扩大苏区的战略决策。

　　可见，寻找最佳"生态位"是很不容易的，由于客观阻力的存在，进行生态位迁移的时机选择、路线选择、终点选择都存在着很大的变数，"天不遂人愿""有心栽花花不开，无心插柳柳成荫"的现象常常发生。虽然上述七次方向性的选择并未成功实现，但是这些"失败"都成了后来成功的养分。毛泽东在《中国革命战争的战略问题》中总结了战略退却，或可称为生态位迁移的目的和基本条件以及各种条件的重要性。他认为战略退却的目的是保存军力，准备反攻。退却并非无条件，应该具有以下条件：（1）积极援助红军的人民；（2）有利作战的阵地；（3）红军主力的全部集中；（4）发现敌人的薄弱部分；（5）使敌人疲劳沮丧；（6）使敌人发生过失。① 其中，人民的援助是最重要的，也是根据地的条件；选择有利作战阵地也是弱军要战胜强军不得不讲求的条件等。同时，毛泽东还指出："决定退却终点究在何处，须以整个形势作出发点。在局部形势看来有利于我转入反攻，如果不是同时在全体形势看来也对我有利时，则据此决定退却终点，就是不正确的。"② 这为后来中国共产党人"先败后胜，转弱为强"提供了战略思想的指引。

（三）超越"胜利顶点"后的反击

"位移以避免被毁灭"以及"寻找最佳生态位"的全部作用在于保全自我、积蓄力量并且转入反攻，前两个阶段仅是战略退却和战略防御，而柔道战略的决胜关键在于随之而来的反击取得成功。

反击的时机最终是由博弈双方力量的对比决定的，柔道战略中移动的目的是在后退过程中汲取反击的力量并创造反击的时机。在强弱对抗中，胜利通常属于在物质和精神力量上占有优势的一方，但是强者的胜利并不是无止境的，而是存在着一个"胜利顶点"，即对抗双方的力量达到了某种均势，强者一旦越过了这个"胜利顶点"就会陷入失败和损失的境地，因为其最初的力量和优势已被其他多种因素给抵消掉，胜利已无法再向前推进。强者最初的力量和优势之所以遭到削弱主要原因有：（1）战略行动本身就削弱自身力量的重要因素。每一次进攻、包围、封锁都需要大量的耗费，这种耗费往往抵消掉战略行动所获得的利益。（2）敌军持续增长的抵抗力。起初被打得猝不及防、惊慌失措的敌人，有一部分会四处逃窜、缴械投降，但是另一部分可能会振作精神并组成比战败前更加强大且精干的抵抗力量，这与一个国家的民族性格和统帅的意志有着重要关系。（3）政治同盟的变化。强者的战略行动很可能损害现存的政治关系、利益格局，这会导致现有政治结盟的变化，弱者很有可能会得到与强者在利益

① 毛泽东. 毛泽东选集（第一卷）[M]. 北京：人民出版社，2009：207.
② 毛泽东. 毛泽东选集（第一卷）[M]. 北京：人民出版社，2009：209.

上有冲突或怜悯弱者的外部力量的援助，如二战时期美国的加入直接壮大了原本不占优势的"协约国"的力量，并导致"同盟国"的失败。(4) 其他力量的削弱作用。如本集团内部力量的政治斗争与分裂、在战略行动中出现的失误、战略物资的补给困难、对手采用新的斗争策略等，都会让强者如同"一盏灯的亮光，灯油越薄，越远离灯芯，亮光就越弱，直到最后完全熄灭为止"①。

因此，强者明智的做法应该是学会节制而不要轻易越过"胜利顶点"，要在保持力量优势的前提下达成协议。而弱者明智的做法正好相反，要在敌人接近或越过"胜利顶点"后取消等待，一跃而起，进行反攻。历史上的诸多战役，如城濮之战中晋军所采用的"退避三舍"策略；楚汉相争中刘邦先采纳张良"烧绝所过栈道，示天下无还心，以固项王意"策，而后采纳韩信"决策东乡，争权天下"策，最后"明修栈道，暗度陈仓"，完成了"以退为进"战略部署；1812 年的法俄战争以及 1941 年的德苏战争，俄国采用的应敌战略可谓如出一辙：利用广阔的腹地进行大规模的力量转移，避敌锋芒从而实现后发制人。

1812 年 6 月 24 日，拿破仑率领 60 余万大军越过涅曼河，向俄国发起进攻，以实现其"攻俄制英"的战略。英国是拿破仑夺取欧洲乃至世界霸权的主要障碍，但由于缺乏制海权，拿破仑只能对进攻英国本土的计划望洋兴叹，但他认识到英国虽然控制着海洋，但是法国却控制着大陆，并坚信物产丰饶的大陆一定可以战胜空荡无物的大海，于是从 1806 年开始，拿破仑开始推行封锁英国战略，即通过封锁来断绝英国与外界（欧洲大陆）的政治、商贸、交通等一切联系，借此来逼迫英国屈服求和，执行这一战略的关键在于使欧洲大陆的所有港口对英国关闭，因此也被称为是"大陆封锁政策"。但是，与英国商贸密切的俄国却违抗这一有损于本国利益的封锁体系，并与法国处于战争状态，因此，拿破仑必须对俄国进行军事打

① 卡尔·冯·克劳塞维茨．战争论［M］．张蕾芳，译．南京：译林出版社，2012：219.

击以确保封锁体系的完成。

（1）歼灭的战略。拿破仑最擅长的莫过于"运动战"和"歼灭战"，因此，他对俄国的攻击同样采取了屡试不爽的歼灭战，即希望在短时间内经过一两次大规模的决战将俄军主力歼灭并迅速攻占俄国首都莫斯科，进而迫使俄国投降。1812 年 6 月法军分兵三路向俄国纵深急速挺进，连下数城后攻占明斯克，俄军抵挡不住法军猛烈的攻势而一直败退，俄国沙皇遂将指挥权交于陆军大臣巴克莱，自己则前往彼得堡。巴克莱上任后力主继续后撤以收缩兵力，通过拉长法军的战线来创造有利战机，但是这一计划被部分具有高度"荣誉感"和"羞耻感"的俄军高级将领极力反对，于是俄军在斯摩棱斯克城组织防御战，但 2 天后即被击溃，巴克莱于是下令焚毁斯摩棱斯克城，并在后撤的路途中实行坚壁清野，不给法军留下任何给养。至开战以来，法军的长驱直入和俄军的 600 公里节节败退引起了俄国社会和军队的普遍不满，归咎并要求撤换巴克莱的呼声高涨，沙皇不得不启用 67 岁高龄的老将库图佐夫担任总司令。库图佐夫于 1812 年 8 月 29 日抵达前线，理性清醒的头脑让他摒弃了那些虚伪的自尊和虚荣，他顶住舆论的压力，放弃死打硬拼，步步抵抗的战略，带领军队继续后撤并在大后方组织战略预备队。尽管法军一路狂飙、兵不血刃，但是拿破仑所希望的"以一次总决战来消灭俄军主力"的契机仍未到来，而这个盼望已久的大决战将在距离莫斯科 125 公里的博罗季诺村悄然而至。

（2）胜利的顶点。正如毛泽东在 1942 年 10 月 12 日为延安《解放日报》写的社论中所说："拿破仑的政治生命，终结于滑铁卢战役，而其决定点则在莫斯科的失败。"在法军的穷追猛打下，库图佐夫有计划地退至具有地利优势的博罗季诺并积极设防，企图凭借完备的工事与法军开展一场防御战以消耗法军的有生力量并阻挡其向莫斯科进军。而这亦正中拿破仑下怀，他迫切希望利用自身力量与速度的优势一举歼灭俄军主力。于是，9 月 7 日两军在博罗季诺展开了一次最大规模的会战，双方投入兵力近 30 万人，激烈的攻防让双方损失惨重，据学界统计，一般认为法军伤亡 2.8 万人，俄军伤亡 4.4 万人，俄军被迫撤出阵地，再次向莫斯科撤退。

从战略和战术（役）层面上讲，法军赢得了战役却输掉了战略，因为它没有实现将俄军主力一举歼灭的意图；俄军输掉了战役却赢得了战略，因为它成功地挫伤了法军的锐气，拉长了法军的战线，消耗了法军的有生力量，为赢得战略主动权奠定了基础。拿破仑后来回忆道："在我一生的作战中，最令我胆战心惊的莫过于莫斯科城下之战（博罗季诺战役）。作战中，法军本应取胜，但俄军却博得了不可战胜的权力。"在俄军向莫斯科撤退的过程中，法军尾随其后，库图佐夫不战而放弃莫斯科，并突然转向塔鲁季诺地区进行补给。9 月 14 日，法军开始涌进莫斯科，但发现已是空城一座。9 月 16 日夜，莫斯科城燃起熊熊大火，将古城及俄军大部辎重焚毁殆尽。莫斯科成了拿破仑胜利的顶点，接下来将是毁灭的境地。

（3）俄国的反击。拿破仑进驻莫斯科时，寒冷严酷的冬季已经来临，过长的补给线被俄国民兵游击队反复袭扰，补给匮乏、部队大量减员以及求战不得，求和不成，困守空城的处境让拿破仑坐立难安，于是决定撤出莫斯科挥军南下，但在卡卢加地区遭到了俄军重兵的狙击，数次交战失利后，法军被迫从已被战争毁坏殆尽的斯摩棱斯克大道撤退。此时，库图佐夫之前在后方组织的战略预备队已经到位，可直接投入战斗的兵力达到 12 万人，而拿破仑指挥的法军仅剩下 9 万，于是俄军趁机发起了反击。法军一路溃败，在渡过别列津纳河前几乎被围歼，之后拿破仑在维尔诺将指挥权交给缪拉元帅，自己带领几个随从乘坐雪橇悄然返回巴黎。当法军从涅曼河逃离俄国时只剩下了 3 万人，这场远征 60 余万人，除了 10 万被俘外，几乎全部战死、病死、冻死、饿死。

总体而言，俄军的反击战略具备了柔道战略的典型特征，避敌锋芒—向腹地退却—积蓄力量—消耗敌军—抓住机遇—奋力反击。整个过程顺畅流利，犹如一位优秀的柔道大师通过娴熟的技艺瞬间将对手摔倒在地。当然，在战场上的退却和力量积蓄要比一场柔道比赛艰难和痛苦得多，尤其是"不战而放弃莫斯科"的撤退挑动着一个国家和民族的敏感神经，"宁愿战死在莫斯科，也决不把它交给敌人"的怒火让俄军主帅承受着各方的压力，但诚如《孙子兵法》所揭示的："不可以怒而兴师，不可以愠而攻战", 必须 "合于利而动, 不合于利而止", 库图佐夫等人必须将凡人的喜怒哀乐置于静默状态, 将一时的、个人的荣辱抛却九霄云外, 不再计较一城一池之得失, 要用一个莫斯科换来整个俄国的转危为安。事实证明, 1812 年俄法战争的转折点正是从放弃莫斯科开始的。

二、时间竞争: 养其全锋而待其弊

(一) 时间是更青睐于弱者的要素

强弱双方在战略博弈中都会把赢得时间看作是一种重大利益, 因为时间上的任何损失都必然要以某种方式来削弱受到时间损失的一方。因此, 强者总是希望以迅雷不及掩耳之势将对手彻底击垮, 而弱者则希望借助时间的力量 "把肥的拖瘦, 把瘦的拖死"。强弱双方都需要时间, 问题是哪一方可以根据自身条件从时间里获取特殊利益, 如克劳塞维茨指出, 仔细想一下双方的处境, 答案是明显的, 较弱的一方受益——这归功于心理法则而不是力学法则。羡慕、嫉妒、焦虑, 有时甚至慷慨都会自然偏向失败者。这些情感会为他赢得新朋友, 也会削弱和分裂他的敌人。时间更青睐于失败者而不是胜利者。[1]

但是, 克劳塞维茨只是从心理法则来阐释时间更青睐于弱者的原因。实际上, 强者的进攻如果带有以下特征, 那么时间就会站在征服者一边: (1) 强者击中了弱者的战略要害, 而弱者却无法做出正确的反应; (2) 面对强者的进攻, 弱者无法得到任何外部援助; (3) 弱者的有生力量遭到毁灭性打击, 已无任何还手能力; (4) 弱者已失去了广阔的生存空间, 战略局势已无法逆转。在这种条件下, 时间对于弱者而言已无任何价值, 因为征服者的目的已经达到, 隐藏的最大危机已经过去, 衰败就像癌细胞一样迅速在弱者体内扩散, 直至彻底枯竭。

那么, 时间是如何更青睐于弱者呢? 除了克劳塞维茨所提的心理法

---

[1] 卡尔·冯·克劳塞维茨. 战争论 [M]. 张蕾芳, 译. 南京: 译林出版社, 2012: 252.

则，还有以下因素：（1）强者对弱者的征服需要付出持续的努力和代价，如果征服行动和过程是得不偿失的，即耗费要远高出征服所能带来的财富，那么仅仅时间这一因素就能让情况发生逆转；（2）强者的征服行动超过了绝对必要时间，强者的部署和行动所花费的时间越长，则对于弱者而言更有利；（3）强者在进攻中急于保住所占有的利益，而失去了消灭敌人有生力量的进攻勇气，虽然再往前走就有失掉刚到手利益的危险，然而，弱者的有生力量将会在攻击暂停的时间中得以复燃；（4）外部局势的变化，外在力量对弱者的援助等，都会让时间更青睐于弱者。

综合上述，要让时间更青睐于弱者，弱者应该在以下方面有所作为：（1）保持有生力量的存在，避免被消灭；（2）花费时间，积聚力量；（3）避免与强者进行硬碰硬的对抗，以灵活方式推迟决战时间；（4）争取外部力量的援助，并等待局势的有利变化。

（二）柔忍是弱者由弱转强的基因

汉代河上公用"韬光"作为《老子道德经河上公章句》中第七章的标题，后常以"韬光养晦"一词出现，"韬"在许慎《说文解字》中的解释是"韬，剑衣也"①，即刀剑的皮套；在陆德明《经典释文》中的解释为"韬，弓衣也"②，即装弓的袋子。刀剑、弯弓本是锋利之器，可伤人亦可自伤，因此需要用皮套和袋子保护起来，所以就有了掩藏之义，"韬光"合用则表示收敛光芒，不使外露。"晦"指的是农历每月的最后一天，这一天的月亮被阴云笼罩而隐没了光芒，因此，"晦"表示隐而不露之意。"养晦"最早出现于《诗经》："於铄王师，遵养时晦。"③ 关于这两句诗，朱熹在《诗集传》解释道："言其初有於铄之师而不用、退自循养、与时皆晦。"④ 即按照朱熹的解释，《诗经》中"於铄王师，遵养时晦"两句的

---

① 许慎．说文解字注［M］．段玉裁，注．上海：上海古籍出版社，1988：235．
② 陆德明．经典释文［M］．北京：中华书局，1983：77．
③ 方玉润．诗经原始［M］．李先耕，校．北京：中华书局，1986：623．
④ 朱熹集注．诗集传［M］．中华书局上海编辑所，编辑．北京：中华书局，1958：235．

意思是：我大周天子的威武之师，在形势不利之时积蓄力量。因此，"遵养时晦"的含义是指在特定时机内应该有所收敛，不要锋芒毕露。

"韬光养晦"在战略上所表示的就是在不利形势下，收敛锋芒，隐忍避仇，积蓄力量，待时而发的生存之道，这也就是柔道战略中的柔忍之道。收敛锋芒是放低姿态，隐忍避仇是避免攻击，积蓄力量是反攻准备，待时而发是等待时机。这也是《六韬》中所描绘的状态："鸷鸟将击，卑飞敛翼；猛兽将搏，弭耳俯伏；圣人将动，必有愚色。"① 与被他人过分高估而沉浸在虚幻的强大中相反，柔道战略家寻求的是被低估，"被低估"是柔道战略家最好的保护色。

柔道战略之所以能够成为弱者由弱转强的基因是因为它不是消极忍耐，而是在实力弱时，花费时间积聚力量，"积于柔则刚，积于弱则强，观其所积，以知福祸之乡"②，因此，累积战略成为这个阶段最重要的表现形态，它意味着"各种细小因素以不易觉察的方式叠加累积到某个未知的节点，当这些行为累积到足够大的规模时，就会发挥至关重要的作用"③。这些细小因素并不是相互依赖的，因此，即便某一个因素产生了负面作用，也不会使整个过程发生逆转。与累积战略相对应的是线性战略，它需要谨慎展开各项步骤，每一步都取决于上一步，它们组合在一起决定战争结果。这种战略提供一种逼迫敌人就范的可能性，但要求实施者具备未雨绸缪的规划能力以及冲突结果的预判能力。但其风险在于，一旦某一个环节与预先设想的不一致，那么余下的步骤就必须遵循另一种方式，并最终导致一个比最初寻求的目标稍为逊色的结果。

相比而言，线性战略更具有攻击性和侵略性，一般是权力强势方所优先采用的战略形式，而累积战略更具有防御性，它需要依赖较长时间的积

---

① 姜太公，王诩. 六韬·鬼谷子［M］. 曹胜高，安娜，译注. 北京：中华书局，2007：52.

② 刘安. 淮南子全译（上）［M］. 许匡一，译注. 贵阳：贵州人民出版社，1993：24.

③ 劳伦斯·弗里德曼. 战略：一部历史［M］. 王坚，马娟娟，译. 北京：社会科学文献出版社，2016：257.

累，一般为弱者所采用，它可以用来应对线性战略，摆脱敌人的控制，但其弱点是无法迅速产生决定性的结果。在实践中，二者相辅相成而不是相互排斥，只不过对于权力弱势方而言更需要时间去积蓄力量，因此，累积战略也成为柔道战略在这一阶段的重要表现形态，这也是"由弱转强"的基因所在。

（三）反击是"等待利益"告罄后的行动

柔道战略和柔道搏击一样，从来就不能是一味地消极忍让，而是通过退让、忍耐的方式来等待最佳的反攻时机。从时间维度上说，柔道战略是由等待和行动两种状态交错构成，因此，等待、忍耐也不能是绝对的，而只能是相对的。如前文所言，在强弱双方的博弈中，强者常以进攻者、侵略者的姿态出现，而弱者通常处于防御地位，只要是强敌日益遭到削弱而弱者的实力日益增加时，不决战对弱者最有利。但是，只要弱者不得不面对的、持续不断的整体损失开始对他产生不良影响，而这种影响达到顶点时，弱者就必须下定决心采取行动，因为此时等待的利益已经告罄。当然，这一顶点何时到来、以何种方式到来我们无法确切得知，这需要依赖战略家的慧眼来判断。但可以确定的是，这个顶点应该是敌人最虚弱的时刻，当它出现时，等待的利益就不存在了，积极的行动就必定出现。越王勾践十年卧薪尝胆后的一击，司马懿"忍不可忍"后的高平陵之变，等等都是这一战略思想的经典演绎。

而在这里，需要专门列举柔道战略的另一代表人物：日本战国时期的德川家康。织田信长、丰臣秀吉、德川家康被称为日本战国三杰，他们性格迥异，战略手腕也各有特色。日本有一则著名的"杜鹃不鸣当如何？"的逸闻，织田信长对此的回答是"杀之不足惜"；丰臣秀吉的回答是"诱之自然啼"；德川家康的回答是"待之莫须急"。这则故事的真伪虽无从考证，但故事本身对三位叱咤风云人物的刻画却是入木三分，如果说织田信长雷厉风行、暴风骤雨，丰臣秀吉辛辣老练、精明务实，那么德川家康最大的特征就是以"柔忍"平天下，他被称为是日本第一忍者。值得一提的是，日本搏击术在三百多年的德川幕府统治下处于繁荣时期，柔术学校的数量有将近 700 所①。

德川家康年仅 6 岁便为人质，而且一当就是 13 年，其祖父、父亲、母亲、妻子、儿子全被战乱夺去生命，也正是早年的不幸养成了德川家康柔忍的性格，使他在日后更加残酷的政治斗争中能够依靠柔忍之道熬过了几十年的屈居人下，找到了属于自己的柔道哲学："在等待与忍耐中创造实力。"这种哲学理念贯彻于他的行动中，德川家康将其总结为："人生有如负重致远，不可急躁"；"视不自由为常事，则不觉不足"；"心生欲望时，应回顾贫困之时"；"心怀宽容，则能无事长久"；"视怒为敌"；"只知胜而不知败，必害其身"；"责人不如责己"；"不及胜于过之"②。他将其一生视为是忍耐的较量，恐惧时告诫自己不惧，疼痛时也要对人展颜欢笑，认为要是对人发牢骚，在人前流泪，不会招怜，只会招恨，乱世的男儿，都是这般硬撑过来的。③ 然而德川家康在羽翼丰满之后，就凭借关原合战一举歼灭石田三成、小西行长、安国寺惠琼等政敌，创立了德川幕府，开始了德川家族长达 260 多年的统治。德川家康的"柔忍"可以分为三个阶段：

（1）一忍今川义元。德川家康的父亲松平广忠是冈崎城的城主，控制着三河地区。为了获得今川义元的援助，他计划将儿子送到今川氏家作为人质，但因泄密，德川家康中途被织田氏劫掠到尾张，成了织田家的人质，也是在此期间德川家康与织田信长相识并建立了深厚友谊。松平广忠死后，今川义元畏惧松平家臣效忠织田氏而翻身，于是派兵攻打安祥城，俘获了织田信秀的庶长子信广，并以此为条件要求交换德川家康，双方达成协议后，家康成了今川氏的人质，今川义元也开始统治三河地区。为了笼络家臣关口氏并进一步控制三河武士，今川义元让年仅 14 岁的家康和

---

① 弗拉基米尔·普京，瓦西里·舍斯塔科夫，阿列克塞·列维茨基. 和普京一起学柔道 [M]. 赵卫忠，于冬敏，葛志立，译. 北京：当代世界出版社，2011：1.

② 山冈庄八. 德川家康（幕府将军）[M]. 岳远坤，译. 海口：南海出版社，2008：184.

③ 山冈庄八. 德川家康（幕府将军）[M]. 岳远坤，译. 海口：南海出版社，2008：149.

24 岁相貌丑陋、骄横跋扈的关口筑山结婚，家康对此不但毫无怨言，反而对今川义元感恩戴德，对妻子俯首帖耳，表现出的忠心和顺从赢得了今川氏的欢心和信任，这为其日后统领三河武士为今川义元战斗奠定了基础。直到 1560 年，织田氏与今川氏爆发战争，在桶狭间之战中，织田信长率军奇袭了今川军本队，今川义元战死，而德川家康趁机和他的三河武士独立出来。在三河地区重新独立，三河的家臣们历经三代重新复兴松平家，史称"三河魂"。

（2）二忍织田信长。德川家康获得独立后，惹怒了今川义元的继承者今川氏真，并发誓要将其剿灭。除了今川氏外，德川家康领地附近还有实力强劲的武田氏、北条氏，可谓豪强林立。为了能够在夹缝中求生存，德川家康采用了"附强"战略，即向领地西边的织田信长请求主动为其抵御东面之敌，双方在利益互换的基础上在清洲城结盟，史称"清洲同盟"。这种同盟关系，名义上是对等同盟，实质上是德川家康对织田信长的臣属同盟，自同盟开始，德川家康就始终以副手身份自居，而且这一同盟关系持续了 20 年之久。德川家康积极派兵参与织田信长的讨伐行动，在危难时刻拒绝加入足利义昭发起的"信长包围网"，使织田信长在重重包围下渡过了危机；德川家康亦在织田信长的支持下步步蚕食了周边强敌的领土。天正七年（1579 年），织田信长以德川家康夫人、长子私通政敌为由，令其处死二人以表忠心，德川家康感慨道："吾不认为吾儿谋反，然则，今若失织田大人之庇护，吾等恐怕一日也难以维系！"在经过痛苦的思想斗争后，德川家康下令处死母子二人。这种忠诚让织田信长感动万分，随后与德川联军灭掉了武田氏，将骏河一国分封给德川家康，德川家康于是拥有了三河、远江、骏河三国，实力比当年的今川义元还要强大。可以说，对织田信长的柔忍为德川家康换来了生存和发展。

（3）三忍丰臣秀吉。1582 年，日本发生了历史上最大也最有名的政变——"本能寺之变"。在织田信长重新统一日本的伟业即将实现时，他的心腹重臣明智光秀在京都的本能寺发起兵变，只因信长被迫自杀，日本的历史由此改写。得到兵变消息后，织田信长众臣陷入混乱，德川家康赶忙从大阪府逃回三河地区准备起兵。然而，一代枭雄丰臣秀吉抢占先机，带兵从战场赶回京都，迅速平定了明智光秀，并拥立还在襁褓中的织田信忠嫡子（织田秀信）为继任者，从而赢得了多数织田族人与家臣的支持，成了织田政权的实质掌权人。然而，织田信长的次子织田信雄对此产生了极大不满，向各方告发丰臣秀吉篡权的野心，并于1583年联合德川家康等势力组成"秀吉包围网"，1584年德川家康和丰臣秀吉两大势力爆发了小牧·长久手合战，经过一年的鏖战，德川家康在小牧山一役大败丰臣秀吉。丰臣秀吉见军事手段无法取胜，便采用外交手段，向织田信雄示弱求和，双方达成谅解，这使德川军顿时处于师出无名的境地，几经权衡后决定鸣金收兵。德川家康见丰臣秀吉一统天下的大势已成，于是接受丰臣秀吉的招抚，因此，德川家康虽然在军事上取得了胜利，却选择向丰臣秀吉俯首称臣、忍让屈服，再次体现了德川家康的柔忍之道。随后，丰臣秀吉发动了一系列战争，先后灭掉北条氏，平定奥羽地方，完成了日本统一大业。在此期间，德川家康再次施展其柔道的艺术，表面上对丰臣秀吉马首是瞻，暗地里却不断扩充力量，在等待与忍耐中创造实力。

（4）建立德川幕府。德川家康长久等待的机会终于在丰臣秀吉、前田利家的去世后到来。丰臣秀吉在临终前为了防止大权旁落，于是建立了"五大老"制度，即由德川家康、前田利家、宇喜多秀家、毛利辉元、小早川隆景、上杉景胜遵照合议制度来辅佐遗孤丰臣秀赖，并让丰臣秀赖与德川家康的孙女联姻，希望以此使德川家康为丰臣氏尽忠，同时也借助这个制度对德川家康进行分权和压制。1598年丰臣秀吉去世，1599年最有实力制约德川家康的前田利家也突然去世，原有的政治均势立即被打破，德川家康认为等待的时机已经到来，于是违背丰臣秀吉的遗命，挑起丰臣政权的矛盾，文攻武吓肃清政敌，通过关原合战消灭了敌对诸侯，1603年他在江户开幕，创立江户幕府，也称为德川幕府。随后，为了保证德川政权的稳定，防止丰臣氏的再次崛起，德川家康借口"方铭钟事件"对盘踞于大阪的丰臣氏残余开战，经过大坂冬之阵、大坂夏之阵彻底消灭丰臣势力，丰臣秀赖和其母淀殿自尽，遗孤丰臣国松被处死，丰臣氏灭亡，此后日本再无大的战事。

德川家康一生当中经历大小战斗一百多次，但大多数都处于下风，尤其是在与武田信玄的三方原合战中，德川军的惨败竟让家康吓得大小便失禁，慌忙逃窜犹如丧家之犬，逃回滨松城后，德川家康立即请来画师当场画下自己愁苦的模样——双眼突出、颧骨高耸、面容扭曲、紧张恐惧，后世将之称为"颦像"，他要以此来时时警诫自己，犹如勾践"卧薪尝胆"。德川家康非常注重"养生"，他经常狩猎、保证睡眠、节制性欲、注重饮食、保持爽朗的心态，他还热衷于照方炼药并随时携带，按时服用，在人均寿命40岁的年代，德川家康竟活到了73岁，超长的寿命其实也体现了德川家康的修为：在漫长的人生道路上，不计较一时之成败得失，而视人生如负重行远，从容前行。因此，他给世人留下的既不是气吞山河的豪迈，也不是力压群雄的威武，而是令人慑服的柔忍。他凭借柔道渡过重重难关，最终登峰造极，他的柔忍绝不是软弱、被动、死等以及毫无目标的忍耐，而是在"消极表面"的掩护下积极创造条件、争取事态向好发展的忍耐，是缩回拳头、储蓄力量、等待时机的忍耐。当时机来临，等待的利益已经告罄时，德川家康猛然一跃而起，最后的胜局或许足以宽慰其一生无数的割舍和委屈。

三、力量竞争：放弃硬碰硬的决斗模式

柔道是一个"技术战胜蛮力"的概念。俄罗斯总统普京阐释了这一理念：

假定人的力量以设定单位来评估。对手的力量为10个单位，您的力量较小，为7个单位。如果对手用全力推动您，那么即使您使出所有力量进行抵抗，也是无法站住的，您或者跌倒，或者闪开。这是因为力与力在相对抗。但是，如果在推动时，您保持平衡的同时进行退让，运动到他推动您的程度，那么对手将向前晃动并且本身失去平衡。在这时，由于姿势不稳定，他的位置极易受到攻击，他因不舒适的站姿而变弱。您在保持平衡的同时，可动用自己所有的7个单位的力量，而这一力量将使您获得胜利。

退让是为了获得胜利，柔道的最高级水平是善于为了胜利而退让……亦即用最小的力量获得最大的效果。①

而柔道战略是"避其锋芒，放弃硬碰硬的思维模式"，其核心精髓是"避免正面冲突，将对手的力量为己所用，转化为自身的优势"，柔道战略"并不提倡使用蛮力，它更重视速度、灵活和创新这样的素质"②。因此，柔道战略在力量的竞争上强调的不是以力制胜，而是以巧（谋）制胜。对于强者而言，其能力足以实现其愿望，因为手头尽是好牌，自然可以予求予取，几乎不需要权谋；而对于弱者而言，其能力远不足以实现其愿望，由于手头好牌不足，则不得不诉诸权谋。因此，在力量竞争中，柔道战略最显著的特征就是放弃了硬碰硬的决斗模式，取而代之的是以巧制胜的智慧斗争模式，如前文所言，明代大思想家王夫子在《读通鉴论》中认为柔道战略在力量的使用上是"以静制动，以道制权，以谋制力，以缓制猝，以宽制猛"③，这五大特征可以说是对柔道战略力量竞争模式的一个非常完整的总结。

（一）以静制动

动静、轻重关系是老子辩证法思想的又一体现，老子认为"重为轻根，静为躁君"，河上公注曰："人君不静则失危，治身不静则身危。龙静故能变化，虎躁故夭亏"；王弼注曰："不行者使行，不动者制动，是以重必为轻根，静必为躁君也"。④ 即，老子认为在动静这一矛盾关系中，静是根本，动是其次，只有以静制动才不会失去根本。在柔道战略中，雌柔常以安静守定而胜过雄强，在行为措施上主要体现在以下几个方面：

在战略研判上要虚极静笃。老庄将虚静视为人类的一种至高境界，认

① 弗拉基米尔·普京，瓦西里·舍斯塔科夫，阿列克塞·列维茨基. 和普京一起学柔道 [M]. 赵卫忠，于冬敏，葛志立，译. 北京：当代世界出版社，2011：36.
② 大卫·B. 尤费，玛丽·夸克. 柔道战略：小公司战胜大公司的秘密 [M]. 傅燕凌，孙海龙，译. 北京：机械工业出版社，2003：8.
③ 王夫子. 读通鉴论（卷六）[M]. 长沙：岳麓书社，1996：223.
④ 河上公，严遵，王弼. 老子注 [M]. 上海：上海古籍出版社，2013：55.

为只有摒弃外物的干扰，去除杂念的束缚，进入到心境澄明的虚静境界才能使心灵通达于宇宙万物，才能摆脱外在假象的蒙蔽而客观正确地反映现实。因此，虚静是战略研判中最基本也是最重要的心理状态和要求，它是将人类高度清醒和冷静态度发挥到极致的前提。

在战略行动上要静待时机。以静制动，首先是要以冷静来制止自身的妄动。错误时机下的作为会导致灭顶之灾，尤其是在强弱间的博弈中，需要始终以冷静的态度应对纷乱的局面。如邓小平所提出的国际战略方针："对于国际局势，概括起来就是三句话：第一句话，冷静观察；第二句话，稳住阵脚；第三句话，沉着应付。不要急，也急不得。要冷静、冷静、再冷静，埋头实干，做好一件事，我们自己的事"①，即要善于在"黑云压城城欲摧"的形势下，改变计谋，卧薪尝胆，隐居待时。

在战略博弈上要以静待哗。以静制动，要以不变应万变的定力应对敌人的扰乱。在《说文解字》中，"静"，从青争声；青，初生物之颜色；争，上下两手双向持引，坚持。静，不受外在滋扰而坚守初生本色、秉持初心，即面对敌人的骚扰和诱惑，要秉持初心，不随敌起舞，而始终保持主动。

王翦是秦国杰出的军事战略家，是秦始皇统一六国中的最大功臣，他与白起、李牧、廉颇并称"战国四大名将"。其中，由王翦亲自指挥的"灭楚之战"是军事史上以静制动、疲敌制胜的经典战例。

王翦率领六十万大军征讨楚国，楚国名将项燕则率军四十万御敌。项燕曾经阻断秦国的第一次伐楚攻势，击败了拥兵二十万的猛将李信，见秦军此次卷土重来，项燕自负地说道："上次李信败北，王翦将何为？"而王翦则一改秦军先前"长驱直入"的战法，到达秦楚交界的天中山时，命令全军将士停止前进，就地筑垒设防，避免与楚军交战。在这期间，王翦每日与将士们同吃同住，休养生息，整训军马，增强体力，进行一些跳高、跳远、投掷一类的体育活动，还把军中有一技之长的士兵组成特种部队，做好一切充分准备。

---

① 邓小平. 邓小平文选（第三卷）［M］. 北京：人民出版社，1993：321.

　　长期的按兵不动让诸将疑惑不解，王翦于是解释道："楚国幅员辽阔，兵多将广，如果贸然引军深入，楚军将分散御敌，那样的仗打起来将异常困难，并且还有可能重蹈李信的覆辙。如果我们坚守于此，以静制动，就能把楚军的主力部队大量地吸引到我军正面，等到楚军松懈时，再乘势出击，即可一举将之歼灭。"王翦的战略就是通过"以静制动"的方式将楚军四处分散的力量团聚于一处，待时机成熟时即展开大决战，力图歼灭楚军主力，一战定乾坤。因此，秦军的战略可以总结为：坚壁自守、避免决战、养精蓄锐、伺机出击。当然，兴师十万，日费千金，这样长久的对峙给作战双方都带来了极大的消耗，灭楚之战也成为秦国付出代价最大、耗费国力最多、花费时间最长的一场战役。

　　楚军主帅项燕看到秦军按兵不动，大为迷惑，多次挑战，秦军也不肯出战，由于无法判别秦军的战略意图和主攻方向，因此只能率军坚守于秦军正面，与之相持。这种对峙持续了一年之久，项燕于是认为秦军只是屯兵于此，实际上没有进攻之意，加上劳师日久又求战不得，导致士气松懈，于是决定引军而去，正当楚军放松戒备，准备东归的时候，王翦率领大军突然发起猛攻，楚军仓皇应战，经过数日激战，楚军主力几乎被全歼灭，项燕率残部退往江浙。王翦于是下令兵分两路，一路由李信率领，过汉水、下长沙、平岭南；一路由自己带领，顺长江而下，对项燕残部穷追猛打。公元前 223 年，王翦攻下椒越，项燕被杀，之后又俘虏楚王负刍，平定楚国。王翦又南征百越，取得胜利，因功晋封武成侯。

　　此战为秦王嬴政统一中国扫平了最后一个障碍。王翦在灭楚之后，马上交出兵权，并不再过问政事，过着隐居生活，最后不知所终。王翦隐居后，坚决反对自己的后代从军，他告诫孙子王离："道家忌三代为将，杀戮过重之故。我家已有三人为大将，杀戮过多，现天下已平，投军已非上策"，这种急流勇退、适可而止的人生态度以及事了拂衣去，深藏功与名的人生智慧也充满了道家风范。

　　（二）以道制权

　　王夫之在《读通鉴论》言道："帝之言曰，吾治天下，以柔道行之。

非徒治天下也，其取天下也，亦是而已"，即认为光武帝不仅是柔道治天下，也是柔道取天下，在言及何为柔道时则明确提出："柔道非弱之谓也，反本自治，顺人心以不犯阴阳之忌也"①，"阴阳之忌"即客观规律所忌讳且不容许违背的准则；"顺人心"即顺乎人的情感、需要、愿望、特征；"反本自治"即根据客观的规律（"道"）来自我调整、自我约束、行动作为。综上而言就是，柔道不是软弱无能的代名词，而是顺应客观规律的战略选择。

以道制权是柔道战略的一种使用力量的方法，道乃是不以人类意志为转移的客观规律，即因循客观规律的发展趋势来应对强权，这实质上已从哲学的高度来把握战略。以道制权，需要从哲学本体论层面把握道的本质、道的特征以及道的运动规律；从认识论层面分析战略产生的背景、原因以及生成过程；从价值论层面把握主体的需要和客体能否满足主体的需要以及如何满足主体需要间的关系；从方法论层面把握如何以柔胜刚、以弱胜强的具体方法和措施。因此，以道制权可以说是对柔道战略运用的哲学概括，是基于对强弱、刚柔发展趋势和矛盾转化关系透彻理解下的总结。

老子提出的欲歙必张、欲弱必固、欲取先予、欲废必举的斗争策略和方法，其本质就是以道制权。老子从本体论和方法论的层面深刻地剖析了"反者道之动，弱者道之用"这一主宰自然一切事物的对立统一，相辅相成，相互转化的发展规律。它告诉人们，弱小者要战胜强大者，不能与其正面对抗，应该运用"物极必反"手段原则，促使强大者走向极端而衰亡；或采取迂回曲折的途径创造条件，推动强大者向极端方向发展。这样，强大者一方势必会走向自己的反面，由原来的强大变成后来的衰弱而败亡。② 老子所阐发的这些柔弱胜刚强的斗争策略，正是柔道战略以道制权的具体表现，是以因循客观规律的发展趋势来应对强权，体现了高超的

---

① 王夫子. 读通鉴论（卷六）［M］. 长沙：岳麓书社，1996：223.
② 刘庭华. 老子的战争观和军事战略（下篇）——"不为天下先"的后发制人军事战略［J］. 军事思想史研究，2009（4）：41.

辩证法艺术。

陈平是西汉王朝的开国功臣之一，为人长相俊美，喜欢黄老之学。曾六出奇计，协助刘邦统一天下。到吕后时期，国家多艰，时局不靖，陈平也能自免于祸，出长策，扶汉室，保持名位，荣耀终生，被称一代贤相。尤其是与吕氏外戚集团的博弈，堪称"以道制权"的典范。

高祖刘邦在位时，吕后即开始弄权，她利用皇后之权，戮死韩信，俎醢彭越，狠毒残忍，天下闻名。高祖皇帝去世后，刘盈即帝位，但没几年就抑郁而终，此后吕后开始独掌大权，大肆分封吕氏族人为王侯将相，又削弱迫害刘氏皇族，掌控了全国军政大权。在整个过程中，陈平以"柔道"行"欲废必举"的斗争手法：（1）劝谏吕氏族人掌握兵权，入主朝廷。当惠帝刘盈病逝时，吕后干哭而不落泪，作为丞相的陈平深知这是由于吕后对老臣们的忌惮，于是向上进谏，请求拜吕台、吕产、吕禄为将军，统领南北二军，并让吕家族人入宫，在朝廷执掌大权，这深得吕后欢心，也使陈平等老臣免于祸患。（2）支持吕后封诸吕为王的政策。为了强化统治，吕后在打击诸侯王以及政治对手的同时，开始布置党羽，大肆分封诸吕及所爱后宫美人之子为王侯。对此，右丞相王陵坚决反对，坚持高祖刘邦与大臣"非刘氏而王，天下共击之"的盟约，这使吕后相当恼怒，而陈平、周勃却支持吕后的做法，认为："高帝平定天下，封刘氏子弟为王；如今太后代行天子之职，封吕氏诸兄弟为王，那没有什么不可以的呀！"这让吕后更加信任陈平等人，并剥夺了王陵的丞相职权。王陵义愤填膺，对陈平说："你们违背与高帝立下的誓约，我看将来你们还有什么脸面见高帝于黄泉之下！"陈平却平静地回答道："在朝廷上当面反驳，据理净谏，我们比不上您；而要保全大汉天下，安定刘氏后代，您又比不上我们。"这让耿直的王陵顿时哑口无言。（3）纵情酒色，不理政事。王陵被罢黜后，吕后调陈平为右丞相，任家臣审食其为左丞相。陈平在名义上虽说是一把手，却故意纵情酒色，不理政事，将丞相实权均交由审食其管理。吕后听说后非常高兴，于是对陈平感到非常放心。此后，吕后常与审食其决断大事，公卿大臣处理事务也都要通过审食其才能决定。这也引发了刘氏宗室和大臣的强烈不满。经过这番操作，吕氏外戚的权势达到了巅峰，吕后立太子刘恭为帝，自己临朝称制，行使皇帝职权，朝廷号令一概出自太后，为中国太后专政的第一人。大臣们也都"尽畏之，人人自危"。（4）趁吕后病亡，起兵诛杀诸吕。吕后病死前为了防止大臣发难，便提前留下遗命，封吕产为相国，掌管朝政，兼领南军；又封吕禄为上将军，统领北军。但是陈平判定，反击的时机已经到来，于是设计让吕禄交出兵权，并派刘章利用护卫皇宫的便利带兵进入未央宫诛杀吕产，最后由周勃发兵"悉捕诸吕男女，无少长皆斩之"，并迎立代王刘恒做皇帝，实现了当初"定刘氏之后"的诺言。

面对心狠手辣且大权在握的吕后，陈平并没有以"刚道"予以直接反击，而是以"柔道"间接地将吕后家族的权力推向极端，利用"盛极必衰，物极必反"的天道来赢得斗争的最后胜利，在保全自己的基础上保全了大汉天下，足可见"以道制权"的高明。陈平一生，洞察时势，通彻人性，会做人，善谋身，避危险，免灾祸，既不像韩信、彭越，窝囊悲惨，兔死狗烹；又不像英布、卢绾，愤然而起，一搏拼死；也不像萧何、张良，委曲求全，扭曲人生，却仍能高居庙堂，荣耀终生，而寿终正寝。历史上能够像陈平这样以高位善终者寥寥无几，他也由此得到了历代大家的高度赞赏。

（三）以谋制力

在所有战略思想中，荷马最早提及的力量之神和智慧之神代表了对比鲜明的分野。前者渴望肉体上的成功，后者追求精神上的胜利；前者相信强悍，后者看重智谋；前者勇气过人，后者想象力丰富；前者直接面对敌人，后者迂回接近对手；前者时刻准备为荣誉而死，后者总是想靠欺骗偷生。[1]

对于强者而言，他们更加信奉力量之神，更习惯于以力制胜，究其本

---

① 劳伦斯·弗里德曼. 战略：一部历史［M］. 王坚，马娟娟，译. 北京：社会科学文献出版社，2016：54.

质是由其手上所拥有的庞大资源和权力所决定的，他们喜欢采用"相扑战略"，用强大的实力直接碾压对手，或者仅仅给对手传递一种无法抗拒的力量气势，就足以使对手胆怯、恐惧、放弃、投降。对于弱者而言，他们必须依靠智慧之神，需要用智慧来弥补他们在实力上的缺陷和不足，他们信奉的是"计谋比勇气更实惠"，因此更愿意（这种意愿常常是由不以人类意志为转移的现实所决定的）选择以技巧、以智谋制胜的柔道战略，精力善用，杠杆借力，后发制人，变有序为无序，迷惑敌人，隐勇示怯，隐强示弱，做到"能而示之不能，用而示之不用，近而示之远，远而示之近。利而诱之，乱而取之，实而备之，强而避之，怒而挠之，卑而骄之，佚而劳之，亲而离之，攻其无备，出其不意"①。

王阳明是明朝杰出的思想家、政治家、哲学家，同时还是一位运筹帷幄、决胜千里的军事战略家。由于卓越的功勋，王阳明被公认为"明第一流人物"，"立德、立功、立言，皆居绝顶"。王阳明用兵"诡异"、独断，素有"狡诈专兵"之名，在平定宁王朱宸濠叛乱一役中充分彰显了"以谋制力"的智慧。

正德十四年（1519年），宁王朱宸濠在南昌纠集十万大军突然发起叛乱，此时的王阳明正受命准备赶往福建平定叛乱，得到消息后他立即赶往江西吉安，准备募集义兵，出兵征讨。面对兵强马壮的朱宸濠，手上既无兵符又无兵员的王阳明展现了其"狡诈"的一面：（1）疑兵惑敌，争取时间。王阳明对敌情进行了研判，认为朱宸濠的战略有三，上策是趁朝廷无备，北上直取北京；中策是先取南京再图北京或割据南方；下策是留在江西，死守南昌。敌人下策即为我之上策，因此王阳明最紧迫的任务就是要将叛军尽可能长时间地留滞在江西境内，于是大造声势，假装传檄各地至江西勤王，在南昌到处张贴假檄迷惑朱宸濠，声称朝廷派了边兵和京兵共八万人，会同自己在南赣的部队以及湖广、两广的部队，号称十六万，准备进攻宁王的老巢南昌。一时之间，叛军顿感黑云压城，气氛极度紧张。

---

①　孙子. 孙子兵法［M］. 陈曦，译注. 北京：中华书局，2011：10.

这种宣传攻势让朱宸濠停滞江西十余天，在探知各地并无兵马调动后方知中计，这才决定出兵攻取南京。而正是这十余天为王阳明赢得了筹集兵力的宝贵时间。（2）离间敌人，瓦解人心。王阳明还刻意写蜡书给朱宸濠的谋士李士实、刘养正等人，劝其发兵攻打南京，并刻意让这些信件被叛军截获，朱宸濠看后内心疑虑重重，当谋士李士实、刘养正果真劝谏朱宸濠进攻南京时，朱宸濠惊恐不已，敌军将帅之间开始产生了隔阂。同时，王阳明还给叛军的将士们写公开信，写标语，说朱宸濠造反不得人心，必将失败，劝他们不要助纣为虐等。这种离间计让叛军上下离心离德，造成了人心的极大混乱。（3）攻其必救，攻打南昌。朱宸濠沿江东下，先后攻下了九江、南康，最后围困安庆，准备攻打南京。驻守安庆的是都指挥史杨锐，其所率军队不过数千，面对六万人的围攻却毫无惧色。此时，王阳明在江西已集结了一支三万人的军队，有人提议应立即前往安庆解围，但王阳明分析：如果救安庆，和叛军主力相持江上，则南康、九江守敌将会乘虚攻我后背，我军将陷入腹背受敌的险境；如果能够避实击虚，直捣守备空虚的南昌，则可一举而下；由于南昌是朱宸濠的根据地，此地受到攻击，敌军必定回救，到时我军再以逸待劳、半道截击，必定能够取胜。于是王阳明"围魏救赵"，打下南昌，迫使朱宸濠回师救援，然后在半道上打败并活捉了朱宸濠。王阳明仅仅用了35天，就平定了这场叛乱。

然而，真正的挑战是在平叛结束之后。王阳明成功平叛本是大功一件，但是不仅没有得到明武宗朱厚照的认同，反而接收到了释放朱宸濠，然后再让已经南巡的武宗亲自"擒获"朱宸濠的荒唐命令。那些与朱宸濠私交甚密的佞幸之臣更想借此除掉王阳明，于是到处散播谣言，说王阳明和朱宸濠私下勾结，见事情败露了才擒拿了宁王等。同时，还挑唆京师士兵每日谩骂王阳明。面对这样棘手的局势，王阳明施展了他的"柔道"，轻而易举地将困境化于无形。

首先，面对京师士兵的谩骂和刻意挑衅，王阳明非但没有恼怒，反而待之以礼，见面就嘘寒问暖，关怀备至。还亲自前往驻地犒劳士兵，遍贴告示，让当地居民要多多体谅和招待。这种赤诚之心让士兵们敬佩不已，久而久之，再没人肯去骂他了。

其次，王阳明秉持功成而不居的态度，主动求见并将朱宸濠等囚徒交付给了尚属正直的太监张勇。将平叛之功拱手相让后，王阳明便对外宣称病重而住进了寺庙，以此避免卷入更多的政治旋涡中。张勇由于得到了功劳，于是在外拼命斡旋，为王阳明化解了一场弥天大祸。武宗时期，王阳明的平叛之功一直没有得到朝廷的封赏，虽然有很多人为之鸣不平，但王阳明却不以为意，直到世宗即位以后，王阳明才得以加官晋爵。

（四）以缓制猝

"缓"，慢也、舒也、延迟、拖延是也；"猝"，突然、猛然、出其不意是也，柔道战略在力量的使用上强调的是以缓制猝，即通过缓慢、拖延的方式来对抗突然而迅速的袭击。在强弱对抗中，强势方一定会对速战速决的歼灭战感兴趣，而弱者注定要借助拖延和消耗战来达到目的。费边战略、游击战、持久战都是践行这一理念的重要代表，它们都是弱者战略，其核心精髓都是凭借天时、地利与人和而采取的一种消耗战略，即采用故意拖延时间的手段来拖垮敌人，或者等待事态发生突然转变。

费边战略是古罗马战略家费边在对抗北非古国迦太基统帅汉尼拔时所采用的战略，主要特征是拒绝与汉尼拔的精锐部队做硬碰硬的正面对抗，而是利用汉尼拔孤军深入，补给困难的弱点，采用"坚壁清野""尾随但避免接触"的方式对其后勤进行牵制和威胁，消耗汉尼拔有限的兵力并拖延其行动。起初，在汉尼拔的威猛攻势下费边显得怯懦无能，因此被人嘲讽为"拖延者"，并于公元前216年被免职，而同年8月罗马军队就在坎尼战役中惨败，此后，费边的战略智慧才得到肯定。坎尼战役后的13年里，费边战略得到重新采用，"罗马人始终不与敌人正面交锋，而是不断袭扰汉尼拔的补给线，直到他最终认输并撤出意大利"①。

游击战同样是一种弱者采用的拖延和消耗战略，它没有固定的斗争前

---

① 劳伦斯·弗里德曼. 战略：一部历史 [M]. 王坚，马娟娟，译. 北京：社会科学文献出版社，2016：61.

沿，哪里有敌人哪里就是前线，敌人在哪里暴露出弱点，哪里就是当地部队的前线，在"进攻和退却中"，采用了"主动、灵活、快速、出其不意、突然袭击等手法"，"这些小小的军事胜利会一点一点将敌人拖垮"，同时，一定要避免损失，即使以撤退为代价。因为游击战灵活多变，易于集中又易于分散，并且不会凝聚成一个明确的抵抗核心，其力量可以迅速集中，又可以迅速地消失在人海中，会使强者陷入"大炮打蚊子"的境地，就像《伊索寓言》中，蚊子利用自身的优势能够把强大的狮子折磨得死去活来。

持久战是毛泽东在抗日战争时期，在分析中日两国内部、外部、优势、劣势、机遇、威胁的基础上提出来的。毛泽东分析指出了中日战争中日双方存在着相互矛盾的基本特点："日本的军力、经济力和政治组织力是强的，但其战争是退步的、野蛮的，人力、物力又不充足，国际形势又处于不利。中国反是，军力、经济力和政治组织力是比较弱的，然而正处于进步的时代，其战争是进步的和正义的，又有大国这个条件足以支持持久战，世界的多数国家是会要援助中国的。"[①] 这些特点决定了双方所采用的战略战术，强弱对比决定了中国只能用持久战来对付日本的速决战。日本虽然能够在中国有一定时期和一定程度的横行，中国不可避免地要走一段艰难的路程，但是小国、退步、寡助和大国、进步、多助的对比，又决定了日本不能横行到底，最后必然要遭到失败。毛泽东还把抗日战争分为三个阶段，战略防御阶段、战略相持阶段、战略反攻阶段，其中战略相持阶段是最为关键的较量，是最困难的时期，然而它是转变的枢纽，中国将在此阶段中获得转弱为强的力量。

（五）以宽制猛

"宽"，裕也，缓也，不严厉，不苛求也；"猛"，严厉、严苛、凶恶、猛烈是也。"以宽制猛"这一运用力量的柔道方式其实已经超越了战略范畴，而上升到大战略和治国战略的层次。最为突出的便是汉光武帝刘秀的"柔道治国"实践。

---

① 毛泽东.毛泽东选集（第二卷）[M].北京：人民出版社，2009：450.

马上得天下，不能马上治天下。历朝历代，在开国战争平定后总会面临战略转换的问题，有些朝代在战略转换上并不顺畅，不是引发了严重的社会动荡就是苟延残喘数十年便草草收场，令人唏嘘。总体而言，刘秀领导的由开国战略向治国战略的转换是平稳顺畅的，而始终贯穿于刘秀战略思想的"柔道"也呈现出了与战时不一样的色彩，主要体现为"以宽制猛"的力量运用方式。

1. 柔道政治：以柔制御，保全功臣

"狡兔死，走狗烹"是中国历代帝王为维护"家天下"而对付功臣的常用手段，这种做法常常导致血流成河，哀鸿遍野，使稍微平稳的社会再复动荡。就拿西汉开国皇帝刘邦对功臣的屠戮而言，频频发动的内战产生了巨大耗费，使人民肩上的负担更加繁重，使"轻徭薄赋、与民休息"的政策沦为空谈，这给西汉初年经济社会造成了极大的破坏。与刘邦的"刚道"相反，刘秀对待功臣则是"柔道"。刘秀政权的君臣关系可谓是中国历史上君臣相得的典范，范晔曾评论道："荣悴交而下无二色，进退用而上无猜情，使君臣之美，后世莫窥其间，不亦君子之致为乎！"（《后汉书·邓寇列传》）这种"上无猜情，下无二色"的精诚关系不仅体现在艰苦创业、患难与共的时期，在国家平定后亦是如此。随着国家战事结束，"退功臣而进文吏，戢弓矢而散马牛"的偃武修文方针成为国家战略，与血腥屠戮功臣相反，刘秀是以"柔道"保全功臣：一是"高秩厚礼，允答元功"（《通典·职官·司隶校尉》），给予了功臣极高的物质奖赏；二是"开心见诚，无所隐伏"（《后汉书·马援传》），刘秀对臣属总是推心置腹、寄予信任，从不猜忌怀疑；三是"阔达大度，宥其小失"，如马武生性爱酒，阔达敢言，"时醉在御前面折同列，言其短长，无所避忌。帝故纵之，以为笑乐"（《后汉书·马武列传》）；四是"高情厚爱，关怀备至"，远方贡珍甘，必先偏赐列侯；功臣病重则亲往探望，赐以重茵，覆以御盖，功臣去世则诏百官吊祭，自己素服临吊、哭痛尽哀；五是"循循善诱，谆谆教诲"，如邓禹、贾复"知帝偃干戈，修文德，不欲功臣拥众京师，乃去甲兵，敦儒学"（《后汉书·贾复传》），刘秀在还常勉励鞭策功臣们要"在上不骄，高而不危；制节谨度，满而不溢，敬之戒之。传尔子孙，长为汉藩"（《后汉书·光武帝纪》）。这也是对功臣不要干政的严肃警告。刘秀能够善待功臣，"故皆保其福禄，终无诛谴者"（《后汉书·马武传》）。唐卫国公李靖称刘秀："能推赤心用柔治保全功臣，贤于高祖远矣！以此论将将之道，臣谓光武得之。"① 善待功臣对东汉初期之政治影响很大，"开国"与"治国"两个阶段的平稳过渡使人民能够休养生息，安心生产，"不十年而天下晏然"。

2. 柔道经济：无为而治，与民宽息

从新莽时期到东汉初年，社会经济遭受了空前破坏，"农商失业，食货俱废"，人口锐减，土地荒芜。面对这样的形势，对人民行宽仁之政，"解王莽之繁密，还汉世之轻法"成为刘秀恢复发展的战略方针。为了增加劳动力，刘秀通过复原军队，释放奴婢、囚徒等措施使农业生产得以恢复，对回原籍定居的流民也进行了妥善安置，贷给他们农具、种子、粮食，让他们劳有所得，有以生计。东汉初年，"郡国百三，县邑道侯国千五百八十七"，刘秀认为"官多役烦，乃命合并"，一方面将全国分为十三个州，九十个郡，另一方面"务从节约，并官省职，费减亿计。"省减郡县以后，百姓负担得到了明显减轻。建武六年，刘秀下诏：废十一之重税，田租恢复三十税一。到了建武十三年，"兵革既息，天下少事"，文书调役，减少了十分之九。为使百姓赋役负担合理，杜绝豪强地主逃避赋税，建武十五年，刘秀颁布屯田令，对各州郡垦田数目和土地占有者的户口、年龄进行了丈量核实。此外刘秀还通过兴修水利，劝课农桑，赈济贫民等措施来恢复生产。与民宽息的政策使经济得到很快恢复，刘秀即位时，国家已沦落到了"暴兵累年，祸孥未解，兵连不息……庐落丘墟，田畴荒秽"的境况，到建武五年国内已是"野谷渐少，田亩益广"，到了建武十六年，已经有了"牛马放牧，邑门不闭"的安定局面。这也为后来明帝时期"天下安平，人无徭役，岁比登稔，百姓殷富，粟斗三十，牛羊被

---

① 唐太宗李卫公问对今注今译 [M]. 曾振，注译. 台北：商务印书馆，1975：222.

野"（《东观汉记·明帝纪》）的太平盛世奠定了重要基础。

3. 柔道外交：量时度力，柔远以德

在处理与周边国家和民族的关系上，刘秀也采用了"柔"的办法，"非儌急未尝复言军旅"，尽量避免对外使用武力。王莽时期推行民族歧视政策，激起了周边国家和民族的反抗，使西汉中期以来为建立友好民族关系所付出的努力付诸东流。新莽政权覆灭后，匈奴趁中原之乱控制了西域和东北，并唆使卢芳与东汉为敌。建武初年，匈奴派兵迎卢芳，"立芳为汉帝"，之后的十多年里，"匈奴与卢芳为寇不息"。面对匈奴的挑衅，刘秀派使臣前往匈奴"赂遗金币，以通旧好"，另一方面"治飞狐道，筑亭障，修烽隧，"并"徙雁门、代郡、上谷吏民六万余口置居庸、常山关以东，以避胡寇"，进行积极防御。建武二十二年，"匈奴中连年旱蝗，赤地数千里，人畜饥疫，死耗大半"；建武二十三年，匈奴内乱；建武二十四年，匈奴分裂为南北两部，南匈奴向汉称臣，北匈奴"惶恐，颇还所掠汉民，以示善意"；之后几年，北匈奴一再遣使入汉请求和亲。建武二十七年，臧宫、马武提议大规模出兵彻底消灭北匈奴，刘秀下达诏书："《黄石公记》曰：'柔能制刚，弱能制强。'柔者德也，刚者贼也，弱者仁之助也，强者怨之归也。故曰有德之君，以所乐乐身。乐人者其乐长，乐身者不久而亡。舍近谋远者，劳而无功，舍远谋近者，逸而有终。逸政多忠臣，劳政多乱人。故曰务广地者荒，务广德者强，有其有者安，贪人有者残，残灭之政，虽成必败。今国无善政，灾害不息，百姓惊惶，人不自保，而复欲远事边？孔子曰：'吾恐季孙之忧，不在撷臾。'且北狄尚强，而屯田警备传闻之事，恒多失实，诚能举天下之半以灭大寇，岂非至愿；苟非其实，不如息人。"（《后汉书·吴盖陈臧列传》）刘秀否定了臧宫、马武等人的建议，倡导柔远以德，正确处理了与北方匈奴的关系。这道诏书可谓是刘秀对"柔道"的一次总结，从柔弱说到刚强，从逸政、劳政、残灭之政说到德政、善政，把"柔道"发挥得淋漓尽致。"柔道外交"使匈奴与其他各族先后与东汉通好：建武中，西域各国，"皆遣使求内属，愿请都护"；建武二十五年，辽西乌桓大人郝旦等率众内属；建武三十年，鲜卑"慕义内属"，西羌亦归附。刘秀并没有通过武力征伐而是依靠民族和睦政策来恢复与各民族友好关系；而这却实现了汉武帝以"海内虚耗，人口减半"为代价方才换来的边境和平，不能不说这是"柔道外交"的高明之处。

4. 柔道的人才战略：柔道善下，广聚英才

如清代著名思想家龚自珍所言："一代之治，必有一代之人才任之。"冲锋陷阵、开疆辟土乃武将之天职，安富恤穷、治国安民则为文官之职责。退功臣进文吏、进柔良退残酷是安定时期的选材标准，刘秀敬贤尊才，礼贤下士，对知识分子相当尊重，达到了"求之若不及，相望于岩中"的地步。"察举"与"征辟"相结合是东汉选拔各级官吏的主要方式，同时，刘秀为了延揽贤才，即位之初便侧席幽人，多方搜求，重礼征聘。刘秀能劳心下士，屈节待贤。严光是刘秀少时的同学，刘秀即位后思慕其贤，图画其像命人四处寻访，使者"三反而后至"，刘秀亲自登门，但严光闭目假寐，睡着不起，刘秀不仅不怒还抚摸着严光的腹部说："咄咄（骄傲状）子陵，不可相助为理邪！"严光又眠不应，很久才睁开眼睛审视刘秀说："士固有志，何至相迫乎？"刘秀很无奈说道："子陵，我竟不能下汝邪？"于是升舆叹息而去。后来，刘秀又请严光到宫中与他论道旧故，一起相处了很多天。有一天刘秀从容地问严光："我和过去相比怎么样？"对曰："陛下比过去稍微有点变化"，随后"因共偃卧，光以足加帝腹上。明日，太史奏客星犯御坐甚急。帝笑曰：'朕故人严子陵共卧耳。'"（《后汉书·严光传》）即使如此，严光还是不肯屈意入朝，最后归隐富春山。建武十七年，朝廷再次征召，严光仍不就。八十岁时，严光在家去世。刘秀倍感哀伤，诏郡县赐钱百万、谷千斛安葬。其他一些知识分子，如薛方、逢萌聘而不至；周党、王霸虽至却又轻狂傲慢，坚辞不仕。对于这些知识分子刘秀都能以惊人的雅量宽待他们，并以礼相待，予以重赐。还为他们辩解道："自古明王圣主必有不宾（不可宾服）之士"，"不受肤禄，亦各有志焉。"（《后汉书·周党传》）刘秀对不仕之人尚且如此，对那些甘为其用的人则更是恩礼有加，鉴于刘秀"来者不拒，去者不究"

这一优雅包容姿态，当时十分著名的宿学大儒，如宣秉、杜林、张湛、王良等都认为刘秀求贤若渴、尊儒真诚，是完全可以信赖的"中兴之君"，于是纷纷归附，成了复兴东汉文化事业的重要角色。而这又何尝不是刘秀"以其善下之，故能为百谷王"的"柔道"所造就的呢。

5. 柔道的教化战略：大兴儒学，推崇气节

东汉被后世史家赞誉为中国历史上"风化最美、儒学最盛"的朝代。梁启超在《新民说》中将东汉排为《历代民德升降表》中的第一名，给出的原因是：（1）东汉的中央集权专制甚强；（2）光武明章，奖励名节；（3）儒学最盛时代，收孔教之良果；（4）生计得以复苏；（5）尚气节崇廉耻，风俗称最美。梁启超认为"东汉节义之盛，光武、明、章之功虽十之三，而儒学之效实十之七也"①。刘秀"尊崇节义，敦厉名实，所举用者莫非经明行修之士，而风俗为之一变"②。然而，刘秀的功绩仅占了十分之三，真正的原因是儒学得以推崇，并得到很大发展。刘秀崇尚儒学，在宫中形成了"崇儒重教"的风气，地方官员也通过多种措施促进儒学发展，如桂阳太守卫飒"修庠序之教，设婚姻之礼，期年间，邦俗从化"（《后汉书·循吏传第六十六》）。武威太守任延"自掾史子孙，皆令诣学受业，复其徭役"（《后汉书·和帝纪》）。丹阳太守李忠"乃起学校，司礼容，春秋乡饮，选用明经，郡中向慕之"（《后汉书·循吏传》）。会稽太守张霸专章向朝廷举荐学行兼优的士子，并将有学行者全部擢用，以致"郡中争厉志节，习经者以千数，道路但闻诵声"（《后汉书·张霸传》）。除此之外，东汉支持聚众讲学，儒学大师、民间儒士的讲授活动也对社会的重儒风气产生了极大影响。《后汉书·儒林传序》记载："自光武中年以后，干戈稍戢，专事经学，自是其风世笃焉。其服儒衣，称先王，游庠序，聚横塾者，盖布之于邦域矣。若乃经生所处，不远万里之路，精庐暂建，赢粮动有千百，其著名高义开门受徒者，编牒不下万人。……所读者

① 梁启超. 新民说 [M]. 沈阳：辽宁人民出版社，1994：171.
② 顾炎武. 日知录校注·卷十三 [M]. 陈垣，校注. 合肥：安徽大学出版社，2007：718.

仁义，所传者圣法也。故人识君臣父子之纲，家知违邪归正之路。"刘秀
以身作则，以上率下，偃干戈而修文德，尊儒教而轻刑罚，推动了东汉社
会风气的好转，梁启超称之为"东汉民德之美，冠绝万代。崇尚义烈，视
名利如粪土。烈士逸民，举不胜举"。这无疑也是刘秀推行"柔道"战略
所取得的又一项重大成就。

第五章　柔道战略的争议与当代启示探讨

　　我们还不致那样迂腐，因为语言习惯上有些不妥就争论不休，我们的说明只是想消除一些无理的非难罢了。

——克劳塞维茨

第一节　柔道战略的争议

一、积极或消极：柔道战略的指导思想争议

　　柔道战略是道家哲学运用于战略领域的成功典范。然而对于道家思想，有诸多学者将之视为消极避世、退守无为、柔顺无力的思想代表，以这种"消极"思想去指导具有"刚健、有力、勇猛、进取"属性的战略显然牛头不对马嘴，这在思想逻辑上就已经失去了合理性。然而事实并非如此。

　　诸子百家的思想各具特色、各有所长，其中以战略权谋见长者当属道家。集道家思想之精华者是老子，如史学大家钱穆所言："孔、墨均浅近，而老独深远。孔、墨均质实，而老独玄妙"①，又如国学大师章太炎所论

---

① 钱穆. 关于《老子》成书年代之一种考察 [M]. 上海：上海古籍出版社，1982：385.

的："老子之术，平时和易，遇大事则一发而不可当……历来承平之世，儒家之术，足以守成；戡乱之时，即须道家，以儒家权谋不足也……盖拨乱反正非用权谋不可，老子之真实本领在此。"① 黄老道家，始于周末，盛行于汉初，凭借老子之道戡乱治平者，如：兴越灭吴的勾践，功成身退的范蠡；运筹帷幄之中，决胜千里之外之张良、陈平；"以柔御天下，刚强者皆乘风而靡"② 之汉文帝；历事三朝，再造唐室之李泌；以柔道开国并以柔道治国之光武帝刘秀；开创"文景之治""贞观之治""开元盛世""仁宗盛治""洪武之治"之汉文帝及汉景帝、唐太宗、唐玄宗、宋仁宗、明太祖。又如英国著名战略思想家劳伦斯·弗里德曼所断言的，"受到了道家思想的影响，《孙子兵法》同时涵盖了治国方略和战争艺术"③。这其实也间接论证了道家思想是涵盖了治国方略和战争艺术的，"道家确实在修身上有着非常理想主义的一面，在《庄子》中表现得最明显，而在治国方略上却有着非常现实主义的一面，有着三大特点：动静小，成本低，见效快"④，也正如李约瑟博士所说的："中国如果没有道家，就像大树没有根一样。"⑤ 可见道家思想的博大精深以及在中国思想史中无可替代的地位。

然而，有学者将之视为避世消极之说，大致有两个原因：

其一，将道家思想中消极出世的部分视为道家思想的全部内涵。无可否认，道家思想中确实存在不少消极避世的思想，但是道家思想中最为核心和精华的部分是对客观规律的阐释，而如果忽视了这部分主要内容去夸大消极思想的地位，无疑是舍本而逐末。

其二，混淆了道家思想的发展阶段，误将原始道家和黄老学说等同于

---

① 章太炎. 章太炎国学讲谈录·诸子略说 [M]. 北京：中华书局，2013：258.
② 苏辙. 摛藻堂景印四库全书·栾城后集（卷七）. 台北：台湾世界书局，1987：11.
③ 劳伦斯·弗里德曼. 战略：一部历史 [M]. 王坚，马娟娟，译. 北京：社会科学文献出版社，2016：57.
④ 熊逸. 中国思想地图——老子 [M]. 太原：山西人民出版社，2010：59.
⑤ 李约瑟. 中国古代科学思想史 [M]. 陈立夫，译. 南昌：江西人民出版社，1990：198.

玄学、道教以及金丹道哲学。道家形成的第一阶段为"原始道家"。老子、关尹是道家学派的理论奠基者和创始人。道家形成的第二阶段为"哲学体系建构的完成与黄老学的形成"。杨朱、列子、庄子等完成了道家在本体论、认识论、人生论的理论建构。文子则着重发展老子学说中救世治弊的一面。他注重总结历史经验，从自然无为的天道中推引治国救世之道，应物变化，"立俗施事"。《文子》中可以窥见道家的这一更加务实的理论转向。范蠡则着重运用老子的辩证法，在政治和军事上有极卓越的实践，他最后又实践了老子的"功成身退"。《黄老帛书》是黄老学的标志性作品，突出了道生法的思想。法，是圣法，它体现的是人类社会的根本规律和普遍原则而不是某一政治力量的意志。稷下学宫的"黄老学派"主要著作有，鹖冠子、《吕氏春秋》《淮南子》。道家发展的第三阶段为"黄老学的分化"：与士林儒学的结合——走向玄学，与纬学及方仙道结合——走向道教。例如：严遵、杨雄、桓谭、王充为玄学的代表。张道陵为道教的代表。道家发展的第四阶段为魏晋时期"玄学"，道家发展的第五阶段为"重玄学与金丹道哲学"①。而柔道战略是以"原始道家"与"黄老之学"为指导思想的，与玄学、道教、金丹道哲学的关联度并不大。而且道家人物的先驱多为史官，他们熟悉历史，总结历史成败存亡教训，"执古之道以御今之有"为治世服务，与后来的玄学、道教、金丹道派人物有着本质的区别。

二、万能或无能：柔道战略的功用效能争议

关于柔道战略在功效效能上也存在两种争议，一种将之视为万能的灵丹妙药，另一种则视之为徒有一身肌肉却毫无战斗能力的"花瓶肌肉男"。实际上，柔道战略既不是万能的，也不是无能的，而是在具体环境下才能发挥威力的。战略如同制度一般，"是一种随时地而适应的，不能推之四

① 孙以楷，陆建华，刘慕方. 道家与中国哲学（先秦卷）［M］. 北京：人民出版社，2004：6.

海而皆准，正如其不能行之百世而无弊"①，因此应该重视柔道战略的特殊性。

（一）什么人应该采用柔道战略

如定义所描述的，柔道战略的使用者应为竞争中的"相对弱者"。相对弱者大致可以分为以下三类：（1）你是一个对抗强大竞争对手的弱小者；（2）你是一个很有实力的竞争者，正要进入一个可能已被强大对手占据的领域；（3）不论实力差异如何，你有能力（速度、灵活性和创造力）去打败对手。②

相对弱者不是绝对弱者，他们具备扳倒对手的一定能力，这种反制能力可以来自物质世界，也可以来自精神世界，他们往往不是最强的，却很有可能是最聪明的。但是就规模实力而言，他们处于下风，没有和强者正面对抗的资格和能力；或者他们自身实力很强，但是不利的作战条件在一定程度上将这种实力抵消掉了。例如：客场作战，即要进入一个可能已被强大对手占据的领域，虽然就整体实力而言双方相差无几，但是要盲目地去进攻一个已占得先机并深耕多年的对手显然是不明智且有可能遭遇失败的。所以，对于相对弱者而言，对技巧的重视要胜过规模与实力。借助柔道战略能在阻止对手充分利用其实力的同时将自身的力量发挥到极限，这一特性也因此最符合相对弱者的需要。当然，强者如果将柔道战略的高超技巧和自身得天独厚的规模和实力优势相结合，将成为人人侧目的危险的竞争对手。③

（二）什么时候应该采用柔道战略

在指出柔道战略的使用者应为竞争中的"相对弱者"后，又需要明确什么时候应该采用柔道战略。如大卫·B.尤费教授所认为的，运用柔道战

---

① 钱穆. 中国历代政治得失 [M]. 北京：九州出版社，2012：4.
② 大卫·B.尤费，玛丽·夸克. 柔道战略：小公司战胜大公司的秘密 [M]. 傅燕凌，孙海龙，译. 北京：机械工业出版社，2003：7.
③ 大卫·B.尤费，玛丽·夸克. 柔道战略：小公司战胜大公司的秘密 [M]. 傅燕凌，孙海龙，译. 北京：机械工业出版社，2003：7.

略的时机应为：（1）应付竞争是你首要的战略重点时；（2）竞争对手具有力量和规模优势时；（3）面对面的直接竞争不可能获胜时。① 并且，他还指出柔道战略的价值不仅局限于某一技术转型期，在快速变革期同样奏效。

实际上，柔道战略的使用范围所涵盖的领域很是广泛，它在政治、经济、军事、外交方面都有不俗的表现，虽然它所应用的场景千变万化、不一而足，但是它们有一个共同特征，即在竞争中处于劣势地位且无法与对手正面交锋。柔道战略家所面临的战略客体大致如下：（1）缺乏广阔的生存空间；（2）处于恶劣的竞争环境；（3）不具备丰富的可支配资源；（4）存在强劲有力的竞争对手；（5）缺少有力的外部援助；（6）丧失了最佳战略机遇期；（7）对手已占据了最佳位置；（8）被排除在协议框架或游戏规则之外；（9）势力范围已被瓜分完毕；（10）在冲突中被击败，权力遭到剥夺和限制等。而想要在这样情境下存活下来，"关键不是取决于蛮力，而是取决于能否运用其智力使自己较好地适应环境的需要"②。柔道战略强调的速度、灵活和创新也就符合了弱者在激烈竞争环境中的需要。

（三）应该如何使用柔道战略

柔道战略只是人类战略武备库中诸多工具中的一件，而工具的好坏要以使用性能而不是新颖程度作为评价的标准。工具的存在是为了让人们受益而不是损害人们的利益，诀窍在于我们应该知道什么时候由什么人来如何使用那种工具。同时，应以史为鉴，道家思想在哲学脉络上既发展出以"原始道家"和"黄老之学"所构成的积极用世学派，也发展出玄学、道教、金丹道等消极避世的学派；柔道战略在具体运用中也曾出现过正反两方面的教益："以退为进、以屈求伸的汉唐雄强政治和一味退守、而不知

---

① 大卫·B. 尤费，玛丽·夸克. 柔道战略：小公司战胜大公司的秘密［M］. 傅燕凌，孙海龙，译. 北京：机械工业出版社，2003：8.
② 大卫·B. 尤费，玛丽·夸克. 柔道战略：小公司战胜大公司的秘密［M］. 傅燕凌，孙海龙，译. 北京：机械工业出版社，2003：5.

反戈一击的北宋文弱政治。"①

因此，人们在使用柔道战略时，应正确领悟战略原理的精髓，熟悉和精通柔道战略在具体历史环境下的运作规律，并对柔道战略进行批判性继承和创设式吸收。如克劳塞维茨所言："理论真理总是通过批判性分析而不是通过教条来发挥其对现实生活的影响力。"② 所谓批判就是将理论置于真实情境中进行考察，并通过经常反复的运用来领会和熟悉这些真理。由于在一定环境下生成的战略理论很容易过时，因此既要通过合理的批判来防止理论与实际相脱节，又要通过创设性的方式对原有理论进行创新性改造以引领现实。但是应该警惕：切勿受到某种绝对观念或知识的束缚而要追随现实本身。相互作用是战略产生的终极原因，而战略行动则必须适应相互作用而导致的经常变动的环境。

三、融通或对峙：柔道战略与其他战略形态的关系之争议

（一）大战略的定义、结构、特征

约翰·柯林斯站在"国家安全"的高度上将大战略定义为："在各种情况下运用国家力量的一门艺术和科学，以便通过威胁、武力、间接压力、外交、诡计以及其他可以想到的手段，对敌方实施所需要的各种程度和各种样式的控制，以实现国家安全的利益和目标。"③

约翰·柯林斯对大战略所下的含义和李德·哈特的结论是完全一致的，他们都认为：大战略所寻求的目标不仅是战争的胜利，而是持久的和平。大战略的手段不仅包括传统的军事战争，还包括威胁、谈判、经济诈骗和心理战等内容。大战略的应用不仅在战时，也可以运用于平时；不仅涵盖了应付国际和国内问题的全面政治战略，也包括了对外和对内的经济

---

① 朱中博，周云亨. 老子的大战略思想研究［J］. 国际政治研究（季刊），2010（2）：167.

② 卡尔·冯·克劳塞维茨. 战争论［M］. 张蕾芳，译. 南京：译林出版社，2012：100.

③ 约翰·柯林斯. 大战略［M］. 北京：中国人民解放军军事科学院，1978：43.

战略以及国家军事战略等，而这些战略都直接或间接地关系着大战略的目标：国家的安全。大战略在结构上支配着军事战略，经济战略、社会发展战略、心理战等，是处于整个战略结构的顶端位置。如图 5-1 所示：

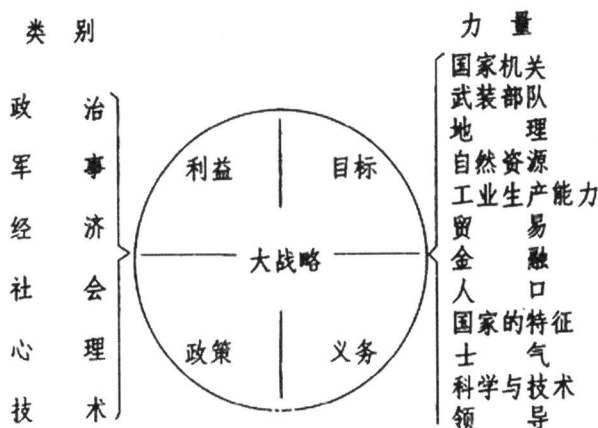

图 5-1　大战略的结构

大战略真正的目的不是寻求战斗，而是寻求一种有利的战略态势，"这种战略形势是如此有利，以至于即便它本身不能收到决定性的效果，那么在这个形势的基础上再打一仗，就肯定可以收到这种决定性的效果"①。大战略的力量来源也超出了传统的军事力量，而拓展到了地理、自然资源、工业生产能力、贸易、金融、人口、科学技术、领导、士气等方面。

(二) 大战略的基本方法形态

根据强制性的目标、现有的手段和威胁程度等条件，战略家们能够从许多不同的角度来研究理论和实际问题。安德烈·博福尔以大战略视角，在海军少将怀利、博弗尔等人的基础上，提出了大战略的四组相互对立又相辅相成的基本方法，如图 5-2 所示：

---

① 约翰·柯林斯. 大战略 [M]. 北京：中国人民解放军军事科学院，1978：43.

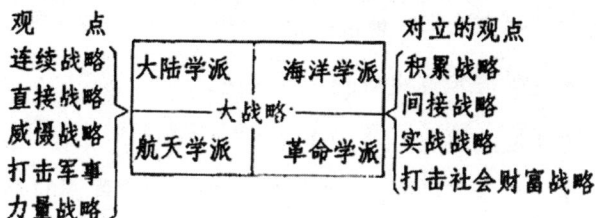

图 5－2　大战略的几种基本方法和流派

（1）连续战略和累积战略。连续战略是为达成最终目标而采取的一系列密切相关的连续步骤。累积战略由许多单独的、偶然的、最终产生决定性效果的行动所组成。

（2）直接战略和间接战略。直接战略是以武力为主要因素，被博福尔将军称为战略中的"大调"；间接战略是以心理战和计谋而不是以武力为主要因素，被称为战略中的"小调"。

（3）威慑战略和实战战略。威慑战略是以防止战争或限制战争的规模为目的；实战战略是一旦战争爆发就投入战争的战略形态。

（4）打击军事力量战略和打击社会财富战略。这两种战略形态主要针对全面核战争而展开探讨，打击军事力量战略旨在解除敌人武装，通常表现是为了掌握主动权而实施的预防性行动和先发制人的行动；打击社会财富战略旨在对敌人的居民和生产基地造成一种无法承受的威胁，目的是建立一种稳定的"恐怖均势"，从而避免打一场核战争。

上述四组相互对立又相辅相成的观点构成了大战略的基本方法形态，这些战略方法并不是绝对对立的，正好相反，它们是通过相互配合而起作用，如博福尔将军所言：战略如同音乐一样，可以按两种不同的调式演奏……任何战略都可以使用这两种不同的调式，而在音阶上加以变化，结果就形成了许多战略的"样式"①。从方法层面上讲，可以对大战略的定义予以新的界定，即战略是综合运用各种资源实现目标的能力，而大战略

---

① 安德烈·博福尔. 战略入门［M］. 军事科学院外国军事研究部，译. 北京：军事科学出版社，1989：137.

是综合运用各种战略方法来实现最终目标的能力。

(三)柔道战略与其他战略形态的关系

与柔道战略相反的观点是"刚道战略"或称之为"相扑战略",它的原理与柔道战略"以智制胜""以技制胜"相反,它强调的是强者的"以力制胜"。"相扑战略"的特征是充分发挥实力优势,运用力量和速度的结合迅速、坚决地将对手锁定、折磨、压垮,使之身心俱疲、力量衰竭,使用"相扑战略"最重要的窍门是:将对手围入圈中,迫使其进行面对面的力量对抗。柔道战略和相扑战略构成了一组矛盾,但矛盾不是绝对的,而往往是相辅相成的,关键是如何运用的问题。

当然,与上述四对基本战略形态一样,无论是柔道战略还是相扑战略,都是在大战略统御下的具体战略方法。这些相互矛盾、相互对峙的战略形态或方法并不是绝对对立而是通过相互融通、相互配合而起作用的。它们的基本出发点都是争取行动自由……每种战略都是经过选择的一系列行动的(特别)组合。之所以选择这些行动,或者是因为最适合自己现有的能力,或者是因为最适合利用所要打击之敌的弱点。选择最理想的行动也许是战略的最重要的职能;这种选择的范围非常广泛:从提出建议到实际摧毁目标。只有战略才有可能对付各种不同的情况,而且只有战略才往往能使弱者获胜①。

因此,柔道战略的地位和价值只有置于大战略的结构中才能得以清晰地定位。它与其他战略方法和战略形态并不是决然对立的关系,其原理具有相通性和互补性。当前形势下"混合性"已经成为战略博弈的特色,任何"纯而又纯"或"单一"的战略形态已与现实相脱节并很难再取得辉煌成就了,战略家需要像钢琴家一样,综合考虑各种战略方法的具体适用性,通过不同情境下各种"调式"的相互配合来演奏大战略的乐章,柔道战略的真正价值正是体现在大战略方法的"大协调"实践理性中。

---

① 安德烈·博福尔. 战略入门 [M]. 军事科学院外国军事研究部,译. 北京:军事科学出版社,1989:138.

四、强者或弱者：柔道战略中强者和弱者的区分之争议

强者和弱者是柔道战略得以立论的基础，柔道战略所要解答的就是强弱之间的博弈互动规律，所要揭露的就是弱者如何能够战胜强者的秘密。然而强者和弱者是一对相对的概念，对强弱的区分标准也出现了很大的争议。

其中，最迷惑人心的莫过于"无强弱之分"的诡辩论和相对主义。这种观点认为：强弱只是相对而言的，强者有弱点，弱者有强点，但凡"以弱胜强"，都是"弱者"抓住了"强者"的某些弱点（甚至是致命的），而强者却没有击中弱者的要害。所以，并不存在所谓的"以弱胜强"，胜利，究其本质还是"以强胜弱"，不过是"弱者"以自己的"强点"战胜了强者的"弱点"而已。由此，也无所谓强弱之分。

这种观点由于含有一定的真理成分，所以更具迷惑性。而这更是需要予以厘清的：首先，强弱对比不是以双方的"强点"或"弱点"为评价标准，而是以博弈双方现有资源和权力的占有情况为基准。强者要比弱者占有更庞大、更丰富的资源，其控制权力和支配权力要远超过资源贫乏的弱者，如果以"强点"或"弱点"来作为评价标准则会陷入无谓的相对主义泥潭中而无法自拔，这一点也是绝对的。其次，强弱对比在时间维度上是相对的，但在一定时限范围内则是绝对的。在时间发展的维度上，强弱是一个相对的动态概念，一定条件下强可以变弱，弱可以变强，但是在具体时限范围内，强弱是绝对的，是有强弱之分的，是以实力的"存量"而非"增量"为划分前提。再则，强弱对比在空间维度上也是相对的，但是在同一空间范围内则是绝对的。强者由于占据了庞大的资源，其权力投射范围要比弱者广阔得多，但是权力投射范围也有边界，一旦超越了这一边界，强者的实力就会遭到大程度的削弱，弱者在边界之外也就有了极大的生存自由，但是在同一空间范围内，强弱对比则是绝对的。

因此，柔道战略理论中"强者"与"弱者"之分是建立在权力资源的占有情况基础上的，虽然不能将权力资源和权力画上等号，战略主体在权

力资源上占优势也未必能够产生预期的战果，"权力资源的拥有能否真正产生有利的行为取决于情境及行为将资源转化为结果的能力"①，同时如何全面理解权力资源以及如何有效结合各种权力资源也是个问题。但是，可以十分明确的是，权力资源是权力得以产生的基础，权力资源的不均衡分布既是强弱之分的原因，也是强弱之分的结果。

五、主动或被动：柔道战略的主动权争议

任何一种战略方法都是立足于"行动自由"的争夺，不是扩大自身的"行动自由"，便是限制对手的"行动自由"，而更多的情况则是二者同时进行。这里所说的"行动自由"用战略学术语表达就是战略的主动权。

柔道战略也不例外，其目标同样聚焦于主动权的争夺，但它的独特之处在于经常以看似被动、消极的手段和方法去达成这一目的。由此也造成了世人对它的误解，认为它是被动挨打，软弱无能，消极乏力的代表。诚如严复先生所言："守雌者必知其雄，守黑者必知其白，守辱者必知其荣。否则雌矣、黑矣、辱矣，天下之至贱者也，奚足贵乎？今之用老者，只知有后一句，而不知命脉在前一句也。"② 其言下之意则道破了柔道哲学的真正内涵，即守柔用雌，是手段而非目的，柔道是通过"守柔用雌"这一手段来实现长远意义的"雄强"，"不争"是为了"天下莫能与之争"，"无为"是为了"无不为"，"用雌"是为了"驰骋于天下之至坚"，这些都充满了老子辩证法的智慧。

以当代战略学进行分析，这实际上就涉及两种不同目标状态下的战略形态：具有积极目的的战略和具有消极目的的战略。积极目标是以消灭敌人为归属，消极目标是以保存自己为归属，二者相辅相成、互相影响，是同一战略目的下的两个不可或缺的部分。但如果其中一个目标占了上风，将会产生不同的战略形态：

---

① 约瑟夫·奈. 权力大未来 [M]. 王吉美，译. 北京：中信出版社，2012：31.
② 张玉良. 老子译解 [M]. 北京：中国社会科学出版社，2008：130.

具有积极目标的战略将采取具有摧毁性的进攻行动，力求将敌人有生力量消灭殆尽并使之最终土崩瓦解，其所追求的是采用积极的手段收获积极的结果；具有消极目标的战略是通过挫败敌人企图，以防御、抵抗为主要手段以延长战争，直至敌人被拖垮。一般而言，采用积极目标的战略通常是权力强势方，因为以消灭敌人为目的的代价不可谓不高昂，相同条件下愈想摧毁敌人力量，所要付出的代价就愈大。而采用消极目标的战略通常是权力弱势方，由于力量薄弱，根本无力与强敌硬碰硬，若以本来就弱小的力量去追求"消灭敌人"的目的，无异于以卵击石，因此，此种战略更多是以"等待观望"的形式出现。

柔道战略属于弱者战略，因此在强弱博弈中通常采用的是具有消极目标的以保存实力为主导的战略形态。如上文所言，这种战略形态通常以"等待观望"的形式出现，但十分明确的是，这种选择不是光由我们的条件和意愿所决定的，而是由敌人的意愿和条件所决定的。当然，"等待观望""保存实力"并不等同于一味地被动忍耐，观望过程同样可以像其目标一样以打击敌对势力为目标，如果认为消极目标下的战略就是追求不流血而不是消灭敌人那就犯了大错误。如果为了保存实力而一味妥协避让、避免流血冲突，这种不顾实际情况的政策误用将会带来灭顶之灾。以消极目标为主导的战略，其总的特征是：用等待决战时刻来替代应该采取的行动。简单讲就是通过拖延决战的时间来赢取主动权。而一旦等待的利益告罄，即到了某个时刻后，越等待越不利，则"消灭敌人"这个迟迟未行动但从未被忽略的目标将取代"保存实力"而猛烈地爆发出来。

以上就是柔道战略争取主动权的主要机理和方式，即通过"等待观望""保存实力""妥协避让""拖延决战时间"等具有消极目标的行动方式来赢取最终的主动权，而一旦力量强大到足以达到积极目的时，就应立即放弃它并转守为攻。只有认识了战略目的和手段在不同阶段所起的不同作用以及它们之间的真正联系，我们才能真正理解柔道战略制胜的秘诀："柔"是为了克"刚"，适当退却是为了积蓄力量以重返战场。

六、标准或差异：柔道战略的具体形态争议

就柔道战略的具体形态上也产生了两种典型的争议：一种认为柔道战略有标准可依，在运用上可以"依葫芦画瓢"；另一种认为柔道战略并不存在所谓的标准形态，它是差异性的存在，在运用上需要依赖于情境。实际上，这两种争议只是从不同侧面对柔道战略进行评价，前者是对柔道战略的原理而言，后者是对柔道战略的实际应用而言，它们只是缺少了一个具体的限定名词，因此也就显得并不是那么全面。

柔道战略在原理层面上是有标准可依的。柔道战略的原理是基于战略实践所得出的理论研究结果，"精力善用""杠杆借力""后发制人"的三大原理以及统摄于原理之下的诸多原则在几千年的战略历史中基本保持恒定，即使有变化也仅仅是"换汤不换药"，换了一下具体表述罢了。因此，从战略原理层面上讲，柔道战略确实为使用者立定了一个标准，让使用者在研习和使用时可以减少对文献重头再梳理的过程。

柔道战略在应用层面上是差异化发展的。柔道战略的运用因环境而异，故其例证会是新颖多样的。首先，柔道战略在不同领域中有着不同的表现形态，它在政治、经济、外交、军事上的表现也都具有特殊性；其次，柔道战略内在手段和方法间的不同配合和使用也造成了柔道战略形态的具体差异；再则，在大战略体系中，柔道战略与其他战略方法的协调交叉使用也会造成柔道战略具体形态的巨大差异。

总而言之，柔道战略的原理也许可以永存，但是柔道战略如果想要驾驭各种纷纭复杂的现象，如冷战、经济战、总体战以及革命战争、核战争，那它在具体运用形式上必须做相当巨大的改变。尤其是在当今大战略时代背景下，柔道战略要想充分释放其威力，则必须放宽其眼界，做出根本性的修正。

七、必胜或必败：柔道战略中"弱者必胜论"与"强者必败论"争议

"弱者必胜"或"强者必败"是柔道战略研究中最为核心的争议之一。

在强弱对抗中柔道战略是否可以确保"弱者必胜，强者必败"呢？这个争议如果得不到妥善的解决将会动摇柔道战略研究的基本逻辑前提。因此，应该明确并厘清以下关键点：

老子"柔弱胜刚强"的思想不是"强者必败论"。柔道战略研究的基本理论前提是老子的"柔弱胜刚强"思想，《道德经》七十六章中讲道："坚强者死之徒，柔弱者生之徒。是以兵强则灭，木强则折"，这很容易成为"强者必败论"的直接佐证。我们不妨看看王弼与苏辙对这一章的解读：王弼认为"强兵以暴于天下者，物之所恶也，故必不得胜"；苏辙认为"兵以义胜者非强也，强而不义，其败必速"，可见，并不是所有的"强"都将必败或必亡，而是"凶暴"之强、"无义"之强才会招致必然的失败和毁灭。

老子的"柔弱胜刚强"的思想也不是"弱者必胜论"。《道德经》第七十八章讲道："天下莫柔弱于水，而攻坚强者莫之能胜，以其无以易之。弱之胜强，柔之胜刚，天下莫不知，莫能行"，这也很容易成为"弱者必胜论"的直接佐证，然而这种论点忽略了一个重要条件，即这里的"柔"是"用水之柔弱"，那么水之柔有什么特征呢？《道德经》第八章讲道："上善若水，水善利万物而不争。处众人所恶，故几于道。居善地，心善渊，与善仁，言善信，正善治，事善能，动善时。夫唯不争，故无尤。"苏辙对水的特性进行的总结最为精妙，他认为水的特性是："避高趋下，未尝有所逆，善地也。空虚静默，深不可测，善渊也。利泽万物，施而不求报，善仁也。圆必旋，方必折，塞必止，次交流，善信也。洗涤群秽，平准高下，善治也。遇物赋形，而不留于一，善能也。冬凝春泮，涸溢不失节，善时也。"① 也就是说只有具备了上述七种条件的如水一般的"柔弱"才能战胜刚强并无往不胜。

老子的"柔弱胜刚强"是有条件的"弱者胜利论"，这一思想的运用是有条件的、相对的、发展变化的，而不是无条件的、绝对的、静止不动

① 李蒙洲. 吃透道德经［M］. 北京：新世界出版社，2012：30.

的。老子认为转化也是有一定客观条件的，如"物壮则老""木强则折""甚爱必大费，多藏必厚亡"等对立的两极中，壮、强、甚、多等都是导致事物向反面转化的事物自身的条件。他非常重视人的主观努力，主张发挥人为的力量去影响和干预转化的过程以达到预期的目的。所谓"其安易持，其未兆易谋，其脆易泮，其微易散，为之于未有，治之于未乱"，要人们自觉、主动地做好促进或防止矛盾转化的工作。① 同时，柔道战略也无法保证弱者必定能够战胜强者。柔道战略是相对弱者在柔道哲学思想的指导下，通过以柔克刚的原理和方法来实现以弱胜强的辩证法艺术，但归根结底它是一种特殊的"精神客体"，虽然它指出了"柔弱胜刚强"的运动规律和方法论原则，但是如何才能将之有效地运用于实践并发挥出巨大的威力，需要依赖于战略主体以及战略客体的具体情况。如中国战国时期，苏秦、张仪，孙膑、庞涓均师出同门，然而在对阵博弈中却高下立判，因此，在考虑柔道战略时还要考虑到战略主体和战略客体的实际情况，不能走到"单一决定论"中去。

第二节 当代战略的形态与趋势

一、权力在全球范围内的转移

21世纪是一个权力大转移的世纪，这种权力的转移不仅是方向性的，也是结构性的，在全球战略博弈中，尤其是对于相对弱者而言，只有从杂乱无章且高速变化的形势中洞见权力的发展趋势，才能在新一轮权力关系的大规模重构中抢占先机，才有可能在不久的将来获得对权力强势方的反控制权力。

---

① 李仁群，程梅花，夏当英. 道家与中国哲学（宋代卷）[M]. 北京：人民出版社，2004：157.

（一）权力的方向性转移

21世纪的权力转移沿着两个方向在进行，一个是权力的横向转移，即权力在不同国家间的转移；另一个是权力的纵向转移，即权力从国家行为体向非国家行为体扩散。权力的横向转移最为显著的表现是"亚洲的回归"，更确切地说，是西方横霸天下500年的局面已经被打破，东西方权力间的均衡已见端倪，约瑟夫·奈在2012年总结并预测："1750年，亚洲拥有全球一半以上的人口和产量，1900年，欧洲和美国工业革命后，亚洲占世界产量份额缩小到了五分之一。2050年，亚洲将逐步回归其历史地位。"① 就目前全球经济发展的局势看，这一回归的进程要进一步加速。权力的纵向转移主要体现在"权力已无处不在"，权力已不再是国家行为体的专属，非国家行为体的权力得到很大幅度的提升，随着互联网等信息革命的到来，权力的纵向转移更加迅速，届时人人都将拥有比以往更加强大的力量，个体动动拇指在社交自媒体上随意发布的一条信息，一旦发酵就会造成巨大的舆论压力，一旦无法控制将会引发剧烈的社会动荡。

权力的横向和纵向转移，使世界的权力格局从单极化向多极化，并最终向无极化方向转变，这一趋势导致越来越多的事务超出了国家的控制范围，变得日益复杂和棘手。但是，这一趋势有助于建立一个扁平化的社会，能让"弱者"拥有更多的权力，因此在总体上对建立一个平等、民主、和谐、繁荣的新秩序是有益的。

（二）权力的结构性转移

暴力、财富、知识是社会权力的三大基本源泉，权力也以这三种最赤裸的表现形式使人按照一定的方式来行事，它们共同构成了权力的"金三角"结构。如果以重要性作为划分标准，则权力"金三角"将是一个趋向于知识的非等边三角形。

从权力的质量上讲，第一，暴力属于低质权力。残酷的武力或暴力主

---

① 约瑟夫·奈. 权力大未来 [M]. 王吉美，译. 北京：中信出版社，2012：22.

要用于威胁、强迫、惩罚，但是缺乏灵活性，尤其在当今环境背景下，武力、暴力的战略价值和地位遭到了削弱，那种崇尚"真理永远只在大炮射程之内"的仅仅依靠暴力的权力观已经过时，暴力的使用范围较历史已经大大缩小。可以说，暴力仍是战略的一项工具，但是暴力（战争）"实际上已经成为一种消极工具"，"军队的地位正在日益下降，而经济学家的地位正在上升。那是毫无疑问的，人类已经进步，不再认为战争是潜在的上诉法庭。"① 第二，财富属于中质权力。财富权力要比暴力权力灵活得多，它能以积极的方式起作用，也能以消极的方式起作用；它不仅可用于威胁和惩罚，也可以用于激励和奖赏，它比暴力更具"让人服从"和"支配他人力量"的能力。第三，知识属于高质权力。高质量的权力来源于知识的运用，不仅是指"排除障碍，让他人做你想做而他也许不想做的事"的能力，它还意味着效率，"能用最少的力量之源达到某个目标"，同时通过知识可以让他人按照你的议程行动，还可以说服他人以改变初衷。② 总之，知识可以用于惩罚、奖励、劝说、转化，可以化敌为友，可以充当暴力和财富的增殖器，在扩充暴力和财富数量的同时保证可以运用最少的"权力本钱"和最优的"权力配置"达到既定的目标。

当然，在战略的实际运用中，这三种权力形式通常是综合起作用的。只有那些知道如何综合运用威胁、奖赏、说服和智慧的战略家才能够取胜。但是，就权力的重要性维度上，权力已经发生了结构性的转移，知识已经成为权力的主要来源，谁掌控了知识，谁就掌握了通向未来的权力之路。

（三）权力转移中的新战略

英国著名战略学家劳伦斯·弗里德曼说"战略是一门打造力量的艺术"③，其实更确切地说应该是：战略是一门塑造权力的艺术。

---

① J. F. C. 富勒少将. 战争指导 [M]. 绽旭，译. 北京：解放军出版社，2014：117.
② 阿尔温·托夫勒. 权力的转移 [M]. 刘江，陈方明，张毅军，等译. 北京：中共中央党校出版社，1991：23.
③ 劳伦斯·弗里德曼. 战略：一部历史 [M]. 王坚，马娟娟，译. 北京. 社会科学文献出版社，2016：4.

当前，人们处于一个权力转移的时代，知识既可以代替资源，也可以代替运输成本，已成了真正的权力杠杆。21世纪争夺经济霸权的战争已经开始，但是，人们在全球范围内争夺权力的斗争中所使用的主要战术武器仍旧是传统的手段，如：对货币的控制、保护主义的贸易政策、金融管理法令等类似措施。但是，犹如军备竞赛那样，今日真正的战略武器是知识库。因此，想要在未来的权力竞争中胜出，则需要建立一个以知识为核心的"创造财富的新系统"，可以说，谁能更快更好地推行知识创新战略，谁就能在迅速到来的明日世界里占据先机。人类历史上经历了三次以知识为核心的"创造财富系统"的转移，第一次是蒸汽技术，第二次是电力技术，第三次是计算机及信息技术，这三次技术革命基本都是由西方发达国家所主导，而当前正在经历的以石墨烯、基因、虚拟现实、量子信息技术、可控核聚变、清洁能源以及生物技术为技术突破口的第四次技术革命，使后发国家第一次有机会与发达国家站在同一起跑线上，这也是后发国家把握未来主动权的最佳契机，因此需要加速对这些领域的战略倾斜和布局。

同时，权力转移的另一个重要特征就是国家以外能够独立参与国际事务的非国家行为体（如：国际组织、跨国公司、民族解放运动组织、分裂组织、恐怖组织、国际犯罪组织）的权力得到迅速提升，这一趋势同样是不可逆转的。其中的一些组织会有组织、有预谋地对别国进行渗透和干预，通过社会动员、资金支持、人员培训等方式造成社会持久对立与动荡，例如：21世纪初在独联体国家和中东地区发生的系列"颜色革命""花朵革命"与西方非政府组织索罗斯基金会等组织有着直接的关联，这些组织长期从事所谓的"民主渗透"，培训反对派、资助独立媒体、监督司法体系，同时通过免费教育培训的方式对一些"社会精英"进行所谓的知识更新，目的就在于颠覆地方政权。同时，国际恐怖组织的全球招募、培养、勾连、资助、培训等将会导致国家治理的难度和成本的大幅度提升。但是，它所带来的利益也是无穷的，如跨国公司在全球资源配置上的地位和能力甚至高于国家行为体。因此，在国家治理模式上，应该从强调命令、管制、干预的"他组织"模式中抽身出来，积极探索崇尚自主决策、自主选择的"自组织"管理模式，"他组织"和"自组织"恰到好处的结合将会形成对社会进步具有重大意义的推动力。

二、当代战略形态的五大转变

近代以来，战略本身已经历经了许多重大变化，对于战略主体尤其是竞争中的对相对弱者而言，只有敏锐地洞悉战略的这些重要变化才能更好地通过它来创造更大的价值。战略的这些重大变化主要有以下几方面。

（一）战略视野：从战略到大战略

从战略视野上讲，战略最重要的变化是战略的视野由战略转向大战略的发展。大战略是超越原有战略概念的现代战略概念，它"不仅把国家的军事战略、经济战略和政治战略囊括于一体，而且还给军事、经济和政治等领域的战略以实际指导"，"美国把大战略称为国家战略，并解释为'发展和使用国家的政治、经济和心理力量，以实现国家目标的艺术和科学'"①。大战略的出现乃至战略哲学的出现，是一次战略的文明转型。当代世界往哪里去，与这一转型实现到什么程度以及是否出现一定程度的曲折有关。

具体来讲，大战略的"大"主要体现在三个方面：（1）大战略包含"大手段"，即"大"在手段范围的选择上，它不仅考虑军事手段，而且考虑政治、经济、外交、文化等选择；不仅考虑实施战略的直接路线，而且更重视间接路线。（2）大战略包含"大目标"，即"大"在对目标范围的选择上：不仅考虑战时目标，而且考虑战后的目标；不仅考虑军事目标，而且考虑经济、政治等目标；不仅考虑某个领域的目标，而且考虑国家的整体目标。（3）大战略包含"大协调"，即"大"在对大目标体系、大手段体系，以及大目标与大手段之间的协调上。总而言之，大战略的大目标、大手段、大协调都涉及"全"和"善"的思想，"全"，是大战略的

---

① 郑文翰. 军事大辞典［M］. 上海：上海辞书出版社，1992：48.

大系统视野，大全局原则，"善"是大战略的价值评估，涉及目标和手段以及二者关系的价值评估，"全"与"善"的有机结合是大战略的灵魂所在。①

（二）战略结构：从军事战略到发展战略

从战略结构上讲，战略最重要的变化是战略的重点由军事战略转向发展战略。战略的历史可以称为一部跨领域发展的历史，它源于并长时间运用于军事领域，马基雅维利和克劳塞维茨是将战略拓展到政治领域的代表性人物，前者深入探究了"政治权力与军事权力之间的互赖关系"②，后者使战略在军事理论上走向成熟和独立的同时，申明"战争无非是国家政治通过另一种手段的继续"，强调政治才是"战略的最本质的部分，即战略中涉及面最广和最重要的问题"，也是"战略的最深处"。③ 即，战略的主要方面和性质是政治的，军事战争只是战略中的一个重要组成和工具。随后，战略进入经济领域，亚当·斯密的《国富论》不仅是一本经济学著作，也是一本战略学著作，因为它涉及的市场机制关系到战略基本途径的选择。战略与经济、企业的联系逐步成为一种时尚，1958 年美国经济学家赫希曼出版了《经济发展战略》，1965 年安索夫发表《公司战略》，标志着战略概念直接进入了经济领域和企业层面。后来，战略进入了社会和文化等领域。

总而言之，与战略转向大战略一致，关于战略结构可以有如下判断：（1）战略的结构形态发生变化，由原来的主要是军事形态的战略，演变为包含各个领域发展战略的大战略或国家战略；（2）以工业化、现代化为背景，发展战略演变为战略重点，成为国家战略结构中的主要部分，成为战略角逐的基本方面；（3）战略的直接目标和实施途径主要是经济等相关资源的配置，以人和物的关系形式出现，而不是像军事战略中以人与人的征

---

① 段培君. 战略思维理论和方法［M］. 北京：中共中央党校出版社，2001：14.

② 钮先钟. 西方战略思想史［M］. 桂林：广西师范大学出版社，2003：101.

③ 克劳塞维茨. 战争论［M］. 中国人民解放军军事科学院，译. 北京：商务印书馆，1978：852.

服关系为主要形式，战略的活动规律发生变化。①

（三）战略模式：从零和博弈到非零和博弈

从战略模式上讲，战略最重要的变化是战略的博弈模式由零和博弈转向非零和博弈。战略竞争和博弈依然并长久存在，但在客观条件允许的情况下，首选的战略模式是非零和博弈。原因在于：（1）零和博弈的模式成本过于高昂；（2）博弈双方都不能实现零和博弈的我赢你输的结果，反而可能是两败俱伤，甚至后果远远超出博弈双方的范围；（3）因为技术和博弈手段的发展，人类必须放弃决战式的求胜选择，而有可能选择追求双赢的非零和博弈模式。

正因如此，当代战略活动越来越重视双赢乃至多赢的博弈模式，即非零和的博弈模式。同时，随着人们认识到环境污染的严重后果，具有零和博弈色彩的征服自然的口号也为与自然和谐发展的口号所取代。虽然在财富、资源、机遇都是有限的某种封闭条件下，零和博弈仍然会发生，但是从全球的基本趋势看，非零和博弈的战略模式无疑是首要的选择。②

（四）战略机制：从他组织到自组织

从战略机制上讲，战略最重要的变化是战略的实施机制由他组织转向自组织。所谓他组织是指，在外界的特定干预下获得时空或功能结构的系统。在军事领域，战略的实施机制主要是他组织的。战争、战役、战术都需要通过他组织去实施。严密的组织性，往往是提高战斗力的一个基本途径，组织化程度，与战争的胜败有着直接的关联。把所有的战略要素进行最有效的组织配置，以形成最强大的战斗力，这是战略实施机制的基本方式。

但是，随着战略重点转移至发展领域，尤其是经济发展领域，战略的实施机制则发生了根本性变化。经济发展的实施机制并非他组织的性质越强越好，即并不是人为的计划性和组织性越高越好，计划和组织仍是经济

---

① 段培君.战略思维理论和方法［M］.北京：中共中央党校出版社，2001：18.
② 段培君.战略思维理论和方法［M］.北京：中共中央党校出版社，2001：21.

发展的一个重要因素，但是已不再是基本的、起决定性的因素。强调自主决策、自由选择、自由市场等"看不见的手"成了战略的主要实施机制，这实质上就是自组织的实施机制，即系统要素在内在机制的驱动下，自发形成的从简单向复杂的有序结构。经济发展目标，要通过自组织的机制来实现，这在人类战略史上，是一次重要转折。①

（五）战略优势：从比较优势到竞争优势

从战略优势上讲，战略最重要的变化是战略优势的主要来源从比较优势转向竞争优势。按照波特的说法，比较优势的取得主要来源于劳动力、自然资源、金融资本等物质禀赋的投入。但是这些要素在全球化快速发展的今天作用日趋减少，竞争优势应该成为一个国家财富的源泉。所谓竞争优势，是指依靠创新所取得的优势。创新具有创造性、扩张性，通过生产方式的突破提高生产效率，往往会跳出逐步积累的模式，体现跨越性发展。它所推动的劳动力和知识技能的提高和技术装备水平的现代化也间接提升了劳动力和资本对经济增长的贡献。②

战略视野、战略结构、战略模式、战略机制以及战略优势理论的变化实质上是时代精神的反映，具有深刻的时代内涵，因此需要以与时俱进的态度对其进行新的研究和概括。

三、和平与发展仍是当今时代的主题

诚如世界著名历史学家斯塔夫里阿诺斯所断言的："21世纪既不是乌托邦，也不是地狱，而是一个拥有各种可能性的世纪。"③ 当今世界，人类拥有着巨大的向好发展的潜力，同时也面临着前所未有的危机与挑战。在人类物质财富得到不断积累，科技突飞猛进，文明空前发展、繁荣的同时地区冲突频发，冷战思维和强权政治所造成的全球紧张此起彼伏，恐怖主

① 段培君. 战略思维理论和方法 [M]. 北京：中共中央党校出版社，2001：22.
② 段培君. 战略思维理论和方法 [M]. 北京：中共中央党校出版社，2001：23.
③ 斯塔夫里阿诺斯. 全球通史：从史前到21世纪（第7版修订版上）[M]. 吴象婴，梁米民，王昶，等译. 北京：北京大学出版社，2006：13.

义、生态破坏、贫富严重分化、重大传染性疾病、难民潮、网络安全等非传统安全威胁持续蔓延。身处这样一个矛盾集中的世界，面对纷繁复杂的国际局势，无论是自欺欺人的乌托邦式的幻想，还是杞人忧天的悲观预言都是不合时宜的。但纵使世界风云诡谲，中国始终认为：和平与发展仍是时代的主题，中国的发展离不开世界，世界的发展离不开中国；世界好，中国才能好，中国好，世界才更好；中国将一如既往地为世界和平安宁做贡献，一如既往地为世界共同发展做贡献，一如既往地为世界文明交流互鉴做贡献。为了让世界和平事业薪火相传，让发展动力源源不断，让文明光芒熠熠生辉，中国的方案是：构建人类命运共同体，实现共赢共享。

（一）持久和平是人类命运共同体的基石砥柱

据不完全统计，人类在过去 5000 多年中，一共发生了 14531 次大大小小的战争，平均每年发生 2.6 次，和平的时期仅有 329 年；第二次世界大战后的 37 年中，世界又爆发了大小局部战争 470 余次，世界无战事的时间仅有 26 天；如此频繁的战争行为给人类造成了严重的灾难与损失，据瑞典与印度学者的统计，其损失若折合为黄金，可以铺就一条围绕地球一周的宽 150 公里、厚 10 米的黄金带。仅第二次世界大战直接死于战争或因战争而间接死亡人数就高达 7000 万人。如此高昂的代价迫使人们不得不重新审视战争这种工具的合理性，如著名战略家李德·哈特所说的："人类历史打了无数次战争，但大都是劳而无功。"[1] 战争是国家政治或者说国家战略手段的一种，它的使用直接反映了所处时代的战略思想，第一次世界大战、第二次世界大战包括之前的一系列战争所体现出来的一个显著特征就是战略在价值理性与工具理性上的相脱节，使得将工具理性突出强调到了无可复加的"马基雅维利主义"盛行。这种主义的信徒们将不择手段视为终身的信条，但这种野蛮的丛林法则却让人遗忘了最初的价值追求，其所造成的全球动荡与灾难可谓罪不可恕，因为战略本身都暗藏着危险，它越是锋利，执驭者越要收敛。尤其是在大转折、大变动的时代，战略家们需

---

① 钮先钟. 西方战略思想史［M］. 桂林：广西师范大学出版社，2012：46.

要以更加宽广深邃的眼光透视战略全局，不仅要看到战时的矛盾更要看到战后的和平，不仅要看到自身的利益更要看到人类共同的福祉，坚决避免因为一时的虚荣、仇恨或者利益而去追逐那些得不偿失的"皮洛士式的胜利"；战略家们需要认真地向历史学习，要收窄那些不恰当的欲望和妄想，制止那些咄咄逼人、自以为是的态度，因为在历史的长河中人类因为一些无足轻重的事情而无数次大打出手，在今日看来大体都是劳而无功。两次世界大战让人类对战争的危害有着刻骨铭心的体会，千万生灵惨遭残害，幸福家园遭到摧毁，战争的未来不是战斗而是饥饿，不是杀人而是国家的破产和社会组织的总崩溃。如习近平总书记指出的，和平而不是战争，合作而不是对抗，共赢而不是零和，才是人类社会和平、进步、发展的永恒主题。珍视和平、铸剑为犁、永不再战的理念已深植人心，化干戈为玉帛、以平等协商代替冲突对抗已成为协调国际纠纷的主流方式，持久和平是各国人民朴素而真实的向往，也是构建人类命运共同体的基石砥柱。没有世界的普遍和平与安宁，那么人类命运共同体也只能是水中月、镜中花。因此，各国应该相互尊重、平等协商，坚决摒弃陈旧的零和思维、冷战思维以及强权思维，坚持走对话而不对抗、结伴而不结盟的国家外交新路径，只有各国携手同心、和睦相处，才能共同发展创造一个安定和谐、繁荣美好的世界新家园。

（二）普遍安全是人类命运共同体的重要保障

心理学家马斯洛的需要层次理论认为，安全是人最重要的一种需要之一，只有人的安全需要得到满足时才可能去追求更高级、社会化程度更高的需要，如爱和归属感的需要、尊重的需要以及自我实现的需要。安全，不管是对于个人还是全人类都是头等大事，国际金融危机、粮食安全、能源资源安全、公共卫生安全、网络安全、信息安全、恐怖主义、大规模杀伤性武器扩散、跨国组织犯罪、重大传染性疾病等这些传统与非传统安全问题的交杂还呈现出跨国界、跨种族、跨区域的新特征，这已严重威胁到了各国人民的安全。同处一个星球，在安全问题面前任何国家都不能抱着"躲进小楼成一统，管他冬夏与春秋"的态度而置身事外，而应积极作为。

努力建设一个远离恐惧、普遍安全的世界是全人类共同的需要，只有在安全安宁的环境下，各国人民方可安居乐业、创新创造。普遍安全需要树立共同、综合、合作、可持续的新安全观为指导，做到互不猜疑、互不敌视、互惠互利、互相尊重、互相通报，只有携手织密安全网才能使人类的共同命运远离危险和恐惧。

（三）共同繁荣是人类命运共同体的核心要求

世界历史首先就是一部人类的生存史和发展史，对美好生活的向往不仅是中国人民的期盼，也是世界各国人民的美好愿望。当今世界经济发展的一个显要特征就是经济全球化，它使全球的原料、商品、资本、信息、人才等生产要素在全球范围内流通起来，促进了国家和地区间的商品和资本流动、加速了现代科技和文明的进步，同时也加深了各国人民的联系与交往，这为世界经济的增长提供了强劲动力，但是全球增长动能不足、全球经济治理滞后、全球发展失衡等因素，导致了世界经济长期低迷，贫富差距、南北差距问题更加突出，世界上也出现了反全球化的呼声。面对这一困扰世界的问题，习近平总书记在世界经济论坛2017年年会的开幕式上指出，我们也要承认经济全球化是一把"双刃剑"，但是不应把困扰世界的问题简单归咎于经济全球化，这既不符合事实，也无助于问题解决；世界经济的大海，你要还是不要，都在那儿，是回避不了的。想人为切断各国经济的资金流、技术流、产品流、产业流、人员流，让世界经济的大海退回到一个一个孤立的小湖泊、小河流，是不可能的，也是不符合历史潮流的。因此，在世界经济的汪洋大海中，我们需要适应和引导好经济全球化，需要世界各国风雨同舟、和衷共济，建设开放型世界经济，才能有效应对金融危机的风暴，避开经济衰退的逆流，躲过市场风险的暗礁，搭乘经济全球化这艘巨轮劈波斩浪，让经济增长的成果惠及世界人民；消解经济全球化的负面影响，让它更好惠及每个国家、每个民族。

（四）开放包容是人类命运共同体的显著特征

我们所赖以生存的星球在地理上可以分为七大洲、五大洋，70多亿人口分布在 200 多个国家和地区，我们有着 2500 多个民族、5000 多种语言，存在的宗教主要有基督教、伊斯兰教、印度教、犹太教、佛教、道教、神道教等；在世界上的不同地域形成了多种文明，如：华夏文明、古印度文明、希腊文明、埃及文明。不同的民族、不同的语言、不同的文明、不同的宗教既没有高低之别，更无贵贱之分，它们都凝聚着人类的智慧与贡献。国际政治学者塞缪尔·亨廷顿认为，冷战后的世界冲突来自文化方面的差异，主宰全球的将是"文明的冲突"。这种看法确实在某种程度上揭示了文明差异在构建人类命运共同体的过程中所造成的困扰，但仍需看到文明差异的积极因素。习近平总书记强调指出，人类文明多样性是世界的基本特征，也是人类进步的源泉；文明差异不应该成为世界冲突的根源；不同文明要取长补短、共同进步，让文明互鉴成为推动人类社会进步的动力、维护世界和平的纽带。"各美其美，美人之美，美美与共，天下大同"是我国著名社会学家费孝通先生提出的处理不同文化的箴言，将其用于国际社会同样合适，人类只有以更加开放包容的心态承认世界文明的差异性，才能在相互的交流中兼收并蓄、取长补短，才能构建一个包容、开放、绚烂多彩的人类文明画卷。

（五）清洁美丽是人类命运共同体的和谐底色

地球是我们赖以生存的家园，数百年来由于不合理地开发与利用，生态环境遭到了严重的破坏，气候变暖、水土流失、土地荒漠化、土壤盐碱化、生物多样性减少、大气污染、水质污染等环境问题已严重打破了生态系统的稳态，这种稳态一旦被打破则与之相关的物种的生存将会受到致命威胁。正如恩格斯所说："我们不要过分陶醉于我们对自然界的胜利。对于每一次这样的胜利，自然界都报复了我们。每一次胜利，在第一步都确实取得了我们预期的结果，但是在第二和第三步都有了完全不同的、出乎预料的影响。常常把第一个结果取消了。"① 人类命运共同体是生命共同

---

① 马克思，恩格斯. 马克思恩格斯选集（第九卷）［M］. 北京：人民出版社，2009：559 - 560.

体，也是生态共同体，生态一旦遭遇崩溃则地球上任何一个国家都不可能得以幸免，人类不能因为财富、无穷的贪欲而毁掉了自己的生存条件，人类命运共同体应该是一个清洁美丽的、尊崇自然的、绿色和谐的、永续发展的共同体，世界各国只有秉承"只有一个地球———一起关心，共同分享"的理念，携手并进、积极落实《巴黎协定》《联合国气候变化框架公约》《京都议定书》等国际环境保护协议，推动世界经济结构转型升级，创新绿色经济、绿色科技才能实现人与自然的和谐相处。

第三节　柔道战略的当代启示

一、关注弱势群体与弱者的力量

也许有人会问，为什么要施舍怜悯？为什么不清除所有的赘肉、摩擦和障碍？美国经济学家托马斯·弗里德曼坦率地指出：不对弱者适当地照顾不仅是一种残忍的做法，而且还是一种愚蠢的做法。这种做法在政治上会后患无穷，世界平坦化会在弱势群体中产生大的骚乱，政治上的不稳定甚至会导致经济陷入长期衰退。[①]

"弱势群体"是政治经济学中的概念，指的是在社会生产生活中由于群体的力量、权力相对较弱，因而在分配、获取社会财富时较少较难的一种社会群体。他们通常在经济上处于较贫困状态，如农民、农民工、残疾人、下岗职工、低收入人群、难民等。从数量上讲，弱势群体规模大、分布广、结构复杂，是一种普遍存在的社会现象。从资源和权力的占有上讲，他们仅占有少量的生产资源，政治和社会地位低微，自身利益的诉求无法得到维护和发声。但是，弱势群体对社会的贡献是不应被忽略和抹杀

---

① 托马斯·弗里德曼. 世界是平的 [M]. 何帆，肖莹莹，郝正非，译. 长沙：湖南科学技术出版社，2006：656.

的。虽然不能将弱势群体与劳动人民直接等同，但二者存在着较高的重叠性，他们大都是或者曾经是物质生产活动的主体，也是社会生产力的体现者和执行者，作为个体他们几乎没有与权力强势方相抗衡的条件，但是作为一个群体发挥力量，他们则是人类发展历程中一支不可忽略的重要力量。

（一）弱者力量的压抑

由于受到各种客观或主观因素的制约，如社会制度的安排，先天或后天造成的生理缺陷，社会对弱势群体的歧视，教育和工作技能缺失所导致的劳动能力差，年龄与体力的自然衰老，权力强势方对弱者利益的盘剥，民族战争与冲突导致的难民等，弱者力量遭到压抑而得不到释放。

而异化劳动则是弱者力量遭到压抑的一个重要根源。马克思在《1844年经济学哲学手稿》中首次提出"异化劳动"概念，主要批判的是资本主义社会中资本奴役劳动、物统治人的关系现象。马克思在文中阐释道："工人生产的财富越多，他的产品的力量和数量越大，他就越贫穷。工人创造的商品越多，他就越变成廉价的商品。物的世界的增值同人的世界的贬值成正比。"① 马克思从这个事实出发揭示了"异化劳动"，工人所生产出的劳动产品，成了一种异己的存在物，它不依赖于生产者的力量并同劳动相对立，表现为对象的丧失和被对象所奴役。同时，劳动分工只要还不是出于自愿，那么"人本身的活动对人来说就成为一种异己的、同他对立的力量，这种力量压迫着人，而不是人驾驭着这种力量"②。具体表现为，在劳动活动中，"人们劳动的能动性丧失了，生产出的劳动产品不仅不归自己占有，反过来还要受到这些劳动产品的控制，遭到异己的物质力量或精神力量的奴役，使得劳动者们本身具有的力量受到了压抑，无法表现出反抗的力量，而是只能被动地接受占有权力和资源的强者们的统治和

---

① 马克思. 1844 年经济学哲学手稿［M］. 北京：人民出版社，1985：47.
② 马克思，恩格斯. 德意志意识形态（节选本）［M］. 北京：人民出版社，2002：30.

剥削"①，即弱者的力量在劳动异化中受到了压抑。

除此之外，社会的不公正、社会在快速转型时期所造成的社会结构错动、社会秩序失范都极易导致弱势群体的基本权益、基本生活得不到保障和维护，这种情况如果长久得不到改善，则会导致弱势群体长期处于无助的窘境。而这种被压抑的窘境将会酿成严重的社会结构断裂，对社会的稳定和发展将构成严重威胁。

（二）弱者力量的爆发

人类历史上出现过无数次大规模的自下而上的社会骚乱和动荡，而由此引发的战争又直接导致了国家政权的不断更迭。人类是一种具有理性的高级动物，大多数社会骚乱、动荡抑或战争都各有其理由，或者说这些事件发生在合乎逻辑的且合乎时宜的地方，世界上没有什么无缘无故的东西，而那些能摆上世界舆论讲坛上的理由往往就是酿成冲突和战争的导火索。

但是，骚乱动荡的起源并不等于骚乱动荡的根源，引发战争的直接原因并不等于引发战争的根本原因，导火索可以有千万条，理由可以有千万个，但根源只有一个：马克思主义所认为的战争的根本和深刻原因，存在于社会生产力和发展水平与生产关系之间的矛盾之中。当社会生产力与生产关系之间的矛盾得不到妥善解决，而由此酿成的贫富差距拉大、社会矛盾加剧，"凡有的，还要加给他，没有的，连他所有的，也要夺过来"的马太效应将会显现，强者凭借拥有的资源和权力攫取更多的财富，而弱者只能为了生存而"苟延残喘"，弱势群体的规模得不到缩小反而急剧扩张，弱势程度得不到扭转反而加深，这种强者越强，弱者越弱的矛盾一旦达到一定的临界点而严重威胁弱者的生存权和发展权时，就会以弱者激烈反抗的方式爆发出来，权力由下而上的逆向作用就会催生出弱者对强者强大的反控制权力。

---

① 贾思宇. 弱者的力量——吉登斯"控制辩证法"思想研究［D］. 北京：中央民族大学哲学与宗教学学院，2011.

（三）柔道战略家的价值理性与战略选择

"利泽万物，施而不求报"是柔道战略家"善仁"的价值理性与目标追求。水，至柔，至弱者也。在荀子看来，"君者，舟也；庶人者，水也；水则载舟，水则覆舟"，因此只有"庶人安政"然后"君子安位"，在如何实现"庶人安政"上，荀子指出"马骇舆，则莫若静之，庶人骇政，则莫若惠之。选贤良，举笃敬，兴孝弟，收孤寡，补贫穷，如是，则庶人安政矣"，总而言之就是"欲安则莫若平政爱民矣"①，即统治者应该公平执政、收养孤寡、资助贫穷、爱护人民，如此才能实现"君子安位"。即，真正的柔道战略家应该"以民为本"，体恤弱者，照顾后进，促进各阶层之间、不同地区人群之间关系的全面和谐发展。应坚决避免以牺牲弱势群体的利益为代价来维护强势群体的利益，更不应使社会财富向少数一方聚集，如恩格斯所说，应"结束牺牲一些人的利益来满足另一些人的需要的状况"，从而使"所有人共同享受大家创造出来的福利"②。只有这样，才能实现柔道战略消弭致乱之源，实现各得所欲的最高理想，从而使人类社会真正跨入一个没有战争、相安无事、和平共处、和谐均衡发展的理想社会。

二、如何有效应对国际霸凌主义

"霸凌主义"已经成为当前形势下的一个国际热词，指的是某些大国凭借自身强大的综合实力而采用"霸凌"的方式来处理国家间的矛盾。它们无视国际关系准则，频繁挥舞武力、制裁和关税大棒，对他国事务进行粗暴干涉，施加压力以迫使其臣服；赤裸裸地执行"本国优先"战略，为了维护本国利益而丝毫不考虑其他国家的合理要求，并让其他国家为其让利、为其买单，而它们还将之美其名曰"仁慈霸道"。面对这一场典型的

---

① 荀况. 荀子［M］. 安小兰，译注. 北京：中华书局，2007：77.
② 马克思，恩格斯. 马克思恩格斯选集（第一卷）［M］. 北京：人民出版社，1995：243.

"强—弱"对抗，弱者何以自存，何以变被动为主动，柔道战略或许能够提供一定的方法借鉴。

（一）保持充分的战略定力

弱者以柔道战略处理"强—弱"对抗问题时应该保持充分的战略定力，克服两种错误的倾向：一种是变得太过软弱和悲观，从而对强大对手摇尾乞怜，对其要求予取予求，从而放弃了自己对美好未来的定义；另一种是变得过分暴躁和激进，在言语和行动上的非理性反击最终会引发一场与强者针锋相对的战争。这两种倾向都会给弱者造成致命的伤害，结果不是被迫签订"城下之盟"，日后任人宰割，就是在硬碰硬的对抗中被彻底毁灭。

因此，明智的做法应是保持充分的战略定力，既不软弱投降，又不正面对抗，而是采用柔道战略巧妙的"推拉制衡"来避免"针锋相对"的正面对抗。针锋相对的战斗完全是力量的比拼，没有节制、不遗余力的力量搏斗会让弱者迅速失败，而推拉制衡战术不像硬碰硬战术那样推动竞争螺旋式上升，而是为了削弱对手进攻的力量。

柔道战略推拉制衡战术得以成功的关键是紧紧抓住对手，并通过顺势化力、借力打力、不相撞对抗的推拉制衡方式与对手紧紧地缠绕在一起，从而让对手无法施加更严重的伤害。在这一技巧的实际战略运用中，柔道战略家需要找到双方合作和竞争的融合点，尤其是在抓住对手时，应试图通过摸索对手的动机来减小冲突的强度或冲突的可能性。例如，在贸易摩擦中，处于相对强势的一方势必会通过切断与对手的经济联系以遏制其发展，从而保证其具有竞争优势的产业保持领先地位；处于相对弱势的一方应该牢牢抓住对手，避免两国经贸关系的脱钩，或者更准确地说是完全脱钩，并采取相应的措施以加强双方在全球价值链和供应链上相互依存，只有努力保持这种推拉制衡的缠绕状态，弱者才能避免受到更为严重的打击，正如著名国际问题专家金灿荣教授在《恩·享2018》访谈节目中谈及中美贸易战时指出的："无论美国如何打，如何骂，中国的回应就是一句话：中美关系只能好不能坏。"即，应以"柔道"而非睚眦必报的"刚道"来有效管控矛盾以渡过危机。

（二）以恰当的退让获得有利的妥协

但是，推拉制衡的缠绕状态并不可能永久维持下去，"伤敌一千，自损八百"的力量角逐最终仍需在谈判桌前达成某种协议，因为缔结所期望的合约才是战略博弈的最终目的，博弈双方的冲突也只有通过合约的形式才能消除，但这种协议并不是强者战胜弱者后逼迫其签署的无条件投降协议，而是以弱者的恰当退让和妥协而达成对双方均有利的协议。当然，要想达成这样一份协议必须以弱者的首先让步和妥协为前提，否则弱者的"寸步不让"会引来强者更加猛烈的打击，但是弱者的妥协并不是无原则、无底线的，而是以自身实际利益需要为前提的。

柔道战略的核心精髓是"以退为进，为赢得最终胜利而首先做出让步"，其本质在于"不与物争于一时，要于终胜之而已"，对于弱者而言，需要在斗争中保持充分的柔韧性，并允许以恰当的妥协让步来达到最终的胜利。因此，弱者在面对国际霸凌主义、处于劣势的贸易摩擦斗争时，需要以恰当的退让来获得有利的妥协，找出对手最珍视的东西，然后迫使他在毁掉这些东西和对你的进攻进行反击之间做出选择，或者给对手一定有利可图的空间以便拉拢他，同时让对手依赖于只能由你提供的一些东西，以减弱他的攻势。在谈判结果上双方应均是受益的，强者赢得了想要的利益，而弱者赢得了想要的时间。在斗争实践中做出妥协让步时，认真的准备措施可以将退缩带来的伤痛减到最低程度，并且应该始终牢记其前提——为了赢得最终的胜利。

（三）在"外部动作"中寻求反控制权力

在国际关系的战略博弈中，弱者以恰当的退让获得的妥协是暂时的，不牢固的，且具有时限性，而且外于世界问题而欲解决本国问题，外于根本问题而欲解决当前问题，皆不可能。为了避免强者在尝到甜头后的老剧新唱、旧戏重演，弱者需要在"外部动作"中寻求反控制权力，以抵御强敌沿着原来的路线再次发起进攻。因此，弱者需要牢牢把握通过妥协代价所换来的战略机遇期来增加自身的反控制权力：（1）保持对国内稳定和发展事业的专注。"不与物争而自强不息，物莫能夺其志也"① 是柔道战略中"善胜敌者不与"的最佳注释，即不与对手争夺而努力完善自我，外物则无法改变并阻碍自己所要实现的目标。最好的战略就是要提升自我的实力并保持强大，因为没有力量就不可能有安全，"一个因虚弱无力而可遭鄙薄的国家，连中立的权利都会丧失殆尽"②，而国内经济的发展和民生的改善是一个政府得到人民拥护的基础，也是弱国能够在强国"霸凌"下得以生存的基石，更是弱者增加反控制权力的源泉，因此要保持对国内稳定和发展事业的专注而不为外物所扰；（2）通过杠杆借力以增加自身的反控制权力。利用柔道战略杠杆借力的原理，首先，要找准杠杆的平衡点以切中强者的具体要害，要善于从对手的长处找出潜在的弱点，从威胁中寻找潜在的机会，善于借力打力，将对手的力量为己所用，转化为自身的优势，如此才能实现"省力杠杆"的构建；其次，要把握杠杆的倾斜度，即有目的、有计划地向敌人的战略重心以及我方的核心竞争力实施政策倾斜、力量倾斜；再则，要将力量投向杠杆的战略高地，即将重心放在长期目标上而非短期利益上，这是赢得未来的关键所在。

　　总之，就是依循柔道战略控制辩证法的方法论基础，通过对内外资源的明智操纵来实现对权力强势方的反控制。这些措施并不是在强者占据优势的领域与其发生硬碰硬的冲突，而是在之外的领域，通过"外部动作"来实现反控制权力的增长，其最低目标就是要让敌人明白，"自己即使是一只虾子，也是世上最难吃的一只毒虾"。③

三、如何进入由强者控制的数据霸权领域

　　如以色列著名作家尤瓦尔·赫拉利所预言的："21 世纪数据会超越土

---

① 李蒙洲. 吃透道德经［M］. 北京：新世界出版社，2012：125.

② 彼得·怕雷特. 现代战略的缔造者：从马基雅维利到核时代［M］. 时殷弘，译. 北京：时代知识出版社，2006：228.

③ 约瑟夫·奈. 软实力［M］. 马娟娟，译. 北京：中信出版社，2013：56.

地和机器，成为人类最重要的资产"，"控制数据的人将会控制着人类的未来"①。实际上，围绕数据而展开的激烈竞争早已拉开帷幕，并形成了"数据越来越集中在极少数科技巨头公司手中"的数据霸权现象。对于实力较弱的数据公司而言，如何进入由强大数据巨头所控制的领域，柔道战略或许能够提供一定的启示和借鉴。

（一）低姿态进入以避免引发攻击

柔道战略家所奉行的行动原则是"志弱而事强，心虚而应当"（淮南子·原道训），其实质就是要保持低姿态，将自己的真实行动隐藏在不敢有所作为之中。这是柔道战略家在初期进行自我保护并降低阻力的一种方法。所谓的"阻力"是指一种可以把易事变成难事的力量，它充斥于战略行动的始终，"大体上可以说是区别实际的战争和纸上的战争的唯一概念"②，它能使原本简单易行的运动也变得困难重重。阻力可以大致分为"自然的抗力""内部的摩擦"以及"对手的阻碍"，对于实力较弱的数据公司而言，要进入由数据巨头控制的领域，早期最重要的事情就是不要引发对手的警觉和攻击，即要通过表面降低进入者带来的威胁来诱使市场占有者容忍他们的出现而不是反击。这种避免真实意图过早暴露以及规避过分高调行为所引发的既得利益者的警惕能够让弱者悄然地进入战场并在市场中获得一定的立足之地。

（二）利用权力边界进行精准定位

柔道战略的目标"不仅仅是要在市场中夺得立足之处，而是去建立一个日益发展壮大并最终获利的大企业"。③ 这就涉及小企业如何进一步扩大发展的问题。谷歌、Facebook、亚马逊、腾讯等数据巨头虽然掌握了海量

① 尤瓦尔·赫拉利. 今日简史：人类命运大议题［M］. 林俊宏，译. 北京：中信出版社，2018：69.

② 克劳塞维茨. 战争论［M］. 中国人民解放军军事科学院，译. 北京：解放军出版社，2004：81.

③ 大卫·B. 尤费，玛丽·夸克. 柔道战略：小公司战胜大公司的秘密［M］. 傅燕凌，孙海龙，译. 北京：机械工业出版社，2003：9.

数据，形成了强大的"数据权力"，但是，这一权力和世界上的任何其他权力一样都具有边界，数据巨头们无法囊括人类所有的数据，在其权力边界之外，它们的权力开始变得稀薄甚至处于真空状态。同时，数据巨头为了避免竞争者的进入而通常进行"数据壁垒"的建造，这种做法可以有效维护数据巨头利益，但同时也是在自我设限。因此，相对弱者需要充分识别这一边界，避免与对手在其权力边界之内进行正面交锋。同时，在对手的权力边界之外或者边缘附近寻找进攻的方向，主要聚焦于尚未被占据的数据资源，或者与对手存在互补性的数据资源，并积极挖掘新的数据资源或数据渠道等。其主要的原则就是利用对手的权力边界，对竞争领域进行精确界定，不去过分"染指"对手的核心领域和优势领域，而是避开大道取两厢，在其他细分的数据领域中实现核心业务的快速发展。这在一定程度上会大幅度降低与对手进行硬碰硬对抗的风险，为自身的发展和优势的发挥赢取宝贵的时间。

（三）操纵有限资源实施杠杆借力

杠杆借力堪称柔道战略家的"得意技"。与数据巨头进行竞争，大体上有三种主要力量可以借助：

1. 借助强大对手的力量

小数据公司可以将强大对手的规模优势转化为自己的优势。这种方法在博弈论中被称为"智猪博弈"，大企业是竞争中的强者（大猪），小企业是竞争中的弱者（小猪），在残酷的企业竞争中，中小企业的一条生存之道就是像智猪博弈中的小猪一样，学会等待。这种小猪躺着大猪跑的现象在经济学上就是"搭便车"。具体的方式有：（1）实力较弱的数据公司缺乏研发资金，或者缺乏新的商业模式，此时最好的方法就是等待数据巨头们研究好商业模式之后再进行快速模仿，从而占领一部分资源；（2）对数据巨头已经获得的成功经营模式进行改造与创新，如数据巨头通常靠提供免费信息、服务和娱乐来吸引消费者的注意力从而攫取大量的客户数据，小公司可以在此基础上进行改造创新，推出新的为大众所需的服务产品，即使有些产品不盈利甚至短期内亏损，但只要能获得数据就价值连城；

（3）充分利用数据巨头的开放数据，这些开放数据对数据巨头们而言已经不具有过高价值，因此他们会适时进行选择性的开放，但是这些数据对小公司而言却是珍贵的并可以继续使用和挖掘的。

2. 借助强大对手的主要竞争者的力量

这种力主要是积极获取强大对手的竞争者的支持，与其建立同盟甚至隶属关系，以获得相应的数据授权或资金、技术的支持。可以通过多种灵活的形式对某些等级较高的数据源进行获取，如：资金购买、股权购买、技术入股、合资共建等形式。即，与强大对手的竞争者建立紧密的合作关系。

3. 借助"弱者的联盟"

小企业的数据权力普遍较弱，他们各有专长且数据往往分散而不易形成大数据系统。为了避免小企业间的同质化竞争，可以建立小企业间的联盟关系，就数据源的分类形成若干个专一化的专门聚焦于一类数据的公司，并在此基础上形成企业间的联盟，在企业联盟内部进行数据的开放，这种联盟形式可以采用相互参股等多种灵活的形式进行。

尽管如此，柔道战略家所依赖的仍是创新、灵活、速度这样的素质，所有上述的技巧都是围绕着创新来展开。尤其是对争夺数据权力而言，只有发明一种新的产品，采用一种新的生产方法，开辟一个新的市场，控制一种新的供应来源，实现任何一种工业的新的组织，才能在真正意义上打破数据巨头的"数据霸权"，从而实现"柔弱胜刚强"的颠覆式超越。

第六章　结论与展望

　　宇宙的本性喜欢改变那存在的事物并创造新的类似事物。因为一切现存的东西在某种意义上都是那将要存在的东西的种子。

——马克·奥勒留

　　梁漱溟先生认为，中华文化是人类文化的早熟，因为拿出来太早所以"停滞不动"，也因此显得事事皆不如西方。中国战略思想也是如此，是战略的早熟，是理性的早启。中西方战略思想的发展历程迥然相异，后者是循序而进而前者则是早熟，中国的战略思想在春秋战国时期已经达到高峰，百家思想在丰富的战略实践中竞相绽放，为后世所承袭；而同时期的西方却处于一种战略的"蒙昧期"，如：西方战略经典中唯一能与《孙子兵法》相媲美的只有克劳塞维茨的《战争论》，而《战争论》却比中国春秋时期的《孙子兵法》晚了整整两千多年，诚如著名战略学家钮先钟所言："西方古代战略思想总体来说是凌乱且不成系统的，也没有完整意义上的军事战略思维。"① 但历史的发展进入近代后，中西方战略思想又呈现出不同特征，前者注重传承，但是缺乏创新，"以中国为代表的东方的战略思想没有取得质的飞跃和进步，仍然没有突破带有思辨倾向的谋略的框

---

　　① 钮先钟. 西方战略思想史［M］. 桂林：广西师范大学出版社，2012：9.

架"①，"前孙子者孙子不遗，后孙子者不遗孙子"，虽说可喜，但更为可忧；后者则视传统如敝屣，在多领域、多层次上开疆辟土、高歌猛进，这种颠覆式的咄咄逼人的思想攻势使中国战略思想看起来老态龙钟而不如人。但"早熟"并不是"落后"，正所谓"凤凰每 500 年自焚为灰烬，再从灰烬中浴火重生"，中国的战略思想一旦经受创造性破坏而找到新的表达就会释放出无穷的力量。对"柔道"战略思想进行探索和总结的初衷也正在此。

一、柔道战略是战略与道家哲学结合的典范

如法国著名大战略家博弗尔所言，"决定战略所要实现的目标是政策的需要，而政策基本上受我们希望看到它能取胜的那种哲学所支配。人类的命运取决于对它所选择的哲学，也取决于它试图保证那种哲学必胜所采用的战略"②，缺乏哲学（也就是生活方式和价值意识的基础），人们遂无法对抗思想攻击；缺乏战略，人们遂又无法了解其敌人的行动，并且把自己的力量用在错误的方向上。

实际上，战略是由"抽象"和"具体"两个相互区别又相互联系的方面构成，前者是战略家所信奉和选择的哲学，后者则是哲学原理、方法以及价值观念在战略行动中的具体反映。

柔道战略是一种实践的哲学，更是一种哲学的实践，它是道家哲学与战略有机结合的典范，二者水乳交融、互化生成，道家哲学为柔道战略提供了价值准绳和原理依循，柔道战略则是道家哲学原理在战略领域中的实际运用以及哲学价值得以实现的工具，确切地说，前者是战略哲学家和理论家的活动领域；后者则是实际制订计划者的工作范围。

在本体论上，道家哲学将"道"视为万物的本原、本体，它先于物质

---

① 樊恭嵩，陈福华，王晓光. 战争艺术与经济杠杆［M］. 济南：黄河出版社，1992：88.

② BEAUFRE A，MENDL W，HAMON L. Strategy of Action［J］. International Affairs，1967，43（4）：731.

存在并凌驾于万物之上，是天地万物之母和总根源、总原理，"道"具有无名、无形、无限、无为无不为的特征，遵循着"独立而不改，周行而不殆"的运动轨迹，"道"在结构上具有层次性，而柔道战略所依循的柔道哲学就是统摄于"道"的具体规律表征，道家哲学从本体论高度揭示了"柔弱者生，坚强者死"，"柔弱处上，坚强处下"，"柔之胜刚，弱之胜强"的客观规律，即柔弱能够胜刚强是"道"之规律的反映，由于"天地不仁""天道无亲"，天道就是客观法则，顺之则存，逆之则亡，这实质上为柔道战略"以柔克刚""以弱胜强"的方法核心提供了客观规律的遵循。

在认识论上，道家哲学为柔道战略提供了一种"逆观"的矛盾认识方法，即不仅要从正面来观察事物，更要善于从反面来认识事物潜在的变化。"物以顺至者，必以逆观"的辩证认识方法不仅符合"反者道之动"的运动规律，也成为柔道战略的基本分析方法，即洞悉博弈双方强弱转化的机制，善于从被动中看到主动，善于寻找转祸为福，转危为安，转弱为强，转败为胜的制胜基因。

在价值论上，"道家德厚"①，因此在其自然哲学的建构中，渗透出了浓郁的人文关怀。柔道战略是"推天道以明人事"的具体产物，因此承袭了道家哲学的价值内核。战争、战略在柔道战略家眼中乃不祥之器，亦非君子之器，是不得已而用之，因此对战略上取得的胜利始终保持"恬淡为上，胜而不美""以丧礼处之"的态度；同时，柔道战略在价值理性上有三重境界：最低层次是战胜对手，中间层次是自他共荣，最高层次是消弭致乱之源，实现各得所欲，真正的柔道战略家具有厚生好德的本性，他们以更完善的和平和人类的幸福为根本出发点，与"大为无道，所过皆夷灭老弱"的暴行，以及为追求"万世刻石之功"而以"略地屠城""制造混乱"为手段的人有着本质不同。如嘉纳治五郎所言，柔道修行的最高目的是"完善自己，补益世间"，是"为人谋善，为世界谋和平"，如果"苟

---

① 陈广忠，梁宗华. 道家与中国哲学（汉代卷）［M］. 北京：人民出版社，2004：318.

有害人祸国者，则反不如不行之为胜也"，即学习柔道必须要有善德，要
有最基本的价值认同和目标认同。

在方法论上，老子"反者道之动，弱者道之用"的光辉命题构成了柔
道战略的方法论总则，即"反"是大道运行的基本法则，"柔弱"是大道
发挥作用的方式，在应对矛盾间对立转化时，老子更侧重于"虚静""柔
弱""不争"之德。因此，柔道战略的方法论也以"贵柔"为核心，在工
具理性上，强调知雄守雌，知刚守柔，进道若退；在具体方法上，贵
"道"而不贵"兵"，贵"后"而不贵"先"，贵"慈"而不贵"暴"，贵
"奇"而不贵"正"，贵"哀"而不贵"骄"，贵"下"而不贵"上"，贵
"不与"而不贵"争胜"等，而这些其实这些都是"贵柔"的具体体现。

二、柔道战略是东西方战略思想交汇的结晶

柔道战略的另一重要特征是东西方战略思想交汇的结晶。东西方战略
思想有着不同的文化基底，历经了截然不同的发展过程，因此也呈现出了
各自的特征。但是，随着全球化趋势的演进，人类文明的交流也进一步深
入，东西方战略思想的交汇势必成为战略未来发展的趋势。

柔道战略正是这一趋势背景下的产物。整体上柔道战略的生成分为三
个阶段：产生于中国，发展于日本，在美国得以创新并确立。第一阶段：
柔道战略以中国道家的"柔道"哲学为母体或将之称为思想来源，东汉光
武帝刘秀以"柔道"开国并以"柔道"治国，标志着柔道战略在历史上的
第一次系统性运用获得成功。第二阶段："柔道"哲学与武术相结合，形
成了"柔术"，并由中国浙江传入日本，嘉纳治五郎融合了日本各家各派
"柔术"的精华，以中国道家元典《道德经》等著作为指导，将"柔术"
升华为"柔道"，并提出了"柔道"运动"以柔克刚""以弱胜强""精力
善用""自他共荣"的若干博弈原则，"柔道"也由此成为一门如何最有
效使用身心力量的艺术，初具了现代战略博弈的雏形。第三阶段：美国战
略管理学者大卫·B. 尤费教授则在嘉纳治五郎的思想基础上，以武喻道，
将"柔道"运动中的博弈原则运用于战略管理领域，并正式提出了"柔道

战略"的概念以及相应具体的战略原则和战术方法，柔道战略这一"以柔克刚""以弱胜强""以小博大"的战略博弈方法也由此得到正式确立。

因此，柔道战略既不是一个纯粹的东方哲学概念，也不是一个纯粹的西方战略管理学概念，而是东西方思想交汇的结晶，它融合了东方的古老智慧和西方的创新精神，在思想理念上既相互贯通又相互补充，因此也显得尤为可贵。柔道战略的生成史，历经了"哲学—战略—战术"的不断从"抽象"到"具体"的过程，从中国道家的"柔道"哲学到"柔道开国""柔道治国"实践，从"柔道"开国、治国实践再延伸至日本"柔道"的武术、博击领域，并以武喻道，在经济领域得到创新发展，柔道经济学、企业家柔道、柔道战略等思想在美国相继脱颖而出。柔道战略作为由"抽象"到"具体"的"理性具体"，是事物诸多本质规定性的有机统一，反映了事物的最一般和最基本的本质规定。"柔道战略"这一"理性具体"，看似是向作为出发点的感性的具体的回归，但绝不是回到了感性的具体，而是人的认识进到了一个更高的阶段。同时，柔道战略的原理建构又是由"具体"回归"抽象"的过程，即是经过了实践检验，证明了自己思维的真理性，是以实践为基础，对柔道哲学进一步丰富拓展的过程。因此，柔道战略的生成，其完整表述应是："具体—抽象—具体……"，"实践—理论—再实践……"的循环往复、不断完善发展的产物。

三、柔道战略为弱者提供了战胜强者的武器

从本质上讲，柔道战略是一种弱者的战略，是相对弱者在柔道哲学思想的指导下，通过以柔克刚的原理和方法来实现以弱胜强的辩证法艺术，其最大的魅力在于它是一条有助于弱者生存的途径，它能使人们应付困难的局面，并且常能使力量薄弱的一方转为胜利者。

由于权力资源分布的不平衡、不充分，博弈双方在权力支配和权力控制能力上发生了失衡，从而形成了权力强势支配者和权力弱势依附者相互博弈的权力格局。权力强势支配者凭借占据庞大的资源和规则而拥有了强劲的控制权力，从而对权力弱势者进行控制和支配。权力弱势者所具备的

资源虽然匮乏，但是为了摆脱强势者的控制与盘剥，他们可以运用自身的权力转化能力对资源、规则进行有效利用、积蓄、开发和再生产，从而形成对权力强势者的反控制权力。

　　柔道战略就是以控制权力与反控制权力的冲突与平衡为核心，探索弱者如何实现对强者施加压力并对其进行反控制的方法和策略。柔道战略在不同领域中表现出不同的特征，但褪去表象，以哲学视野可探求其本质：柔道战略是以"控制辩证法"作为方法论基础，其所要解决的是在战略博弈过程中权力弱势方如何借助某种操纵资源的方式来对权力强势方实施反控制。柔道战略"精力善用""杠杆借力""后发制人"的三大原理实质上是控制辩证法在战略领域中的具体延伸，是柔道战略家进行权力转化并力图对权力强势方进行反控制的主要方法和手段。"精力善用"是通过操纵内部有限资源使自身力量得以节约、自由以及超常规爆发的重要方式；"杠杆借力"是通过操纵外部资源使外部力量化为己用，从而造成自身"力小势大"并让对手"重心失衡"的枢纽所在；"后发制人"是柔道战略的总方法、总基调、总原则，是弱者在时间竞争、空间竞争以及力量竞争中综合使用内外资源以实现既定目标的主要方法形态。因此，柔道战略肩负着双重任务，第一重是如何使用有限权力的问题，第二重是如何扩大有限权力的问题，这两重任务并非割裂对立而常是缠绕并行的，其目的都是要通过对资源的操纵来对权力强势方进行反控制，它从根本上打破了传统意义上权力自上而下的运行轨迹，否定了"强者可以为所欲为，弱者必须逆来顺受"的霸道逻辑，通过借助权力自下而上的逆向作用为弱者战胜强者提供了对等力量和思想准备。

四、柔道战略的威力只有在大战略结构中才能得到极限释放

　　世间的种种战略思想可谓"一致而百虑，同归而殊途"，但各种战略思想又如同"米麦豆黍薯"，有其长必有其短，中国的阴阳家、儒家、墨家、名家、法家和道家都是致力于如何达到太平治世的战略学派，它们依循不同的哲学理念，战略思想亦互有短长，如司马谈在《论六家要旨》中所评："阴阳之术，大祥而众忌讳，使人拘而多所畏；然其序四时之大顺，不可失也。儒者博而寡要，劳而少功，是以其事难尽从；然其序君臣父子之礼，列夫妇长幼之别，不可易也。墨者俭而难遵，是以其事不可遍循；然其强本节用，不可废也。法家严而少恩；然其正君臣上下之分，不可改矣。名家使人俭而善失真；然其正名实，不可不察也。道家使人精神专一，动合无形，赡足万物。其为术也，因阴阳之大顺，采儒墨之善，撮名法之要，与时迁移，应物变化，立俗施事，无所不宜，指约而易操，事少而功多。"

柔道战略是道家思想的延伸，其最大优势是动静小、成本低、见效快，即"事少而功多"，但柔道战略也并不是一种包治百病的灵丹妙药，唯有秉持一种承认其瑕疵后强调其优点的冷静方式，才能使我们对柔道战略有更好和更全面的理解。如《易·系辞下》所载："柔之为道，不利远者，其要无咎，其用柔中也。"韩康伯注："柔之为道，须援而济，故有不利于远者，二之能无咎，柔而处中也。"柔道战略并不是完美的，而是"须援而济"。尤其是在当今日益复杂的战略环境中，任何"纯而又纯"或"单一"的战略形态已与现实相脱节并很难再取得辉煌成就了，柔道战略的地位和价值也只有置于大战略的结构中才能得以清晰定位。当前，战略方法间的"混合性""协调性""互补性"已经成为战略博弈的鲜明特征，战略家需要像钢琴家一样，综合考虑各种战略方法的具体适用性，通过不同情境下各种"调式"的相互配合来演奏大战略的乐章，柔道战略是大战略方法中的一种调式，柔道战略的威力也只有在大战略方法的"大协调"实践理性中才能得到极限释放。

同时，世界的变化不可能正好迎合某一种独特的战略观，世界上亦不存在"放之四海而皆准"的通用战略，诚所谓"金刚怒目，所以降伏四魔，菩萨低眉，所以慈悲六道"，刚柔、慈悲、威猛皆有其作用，柔道战略只是一定时空关系下的"有限理性"，只有在特定环境下才能发挥其效能，脱离客观条件而将其机械呆板地用于解决不同阶段、不同性质的矛盾将会引发灾难。如黄石公所警示的："柔有所设，刚有所施，弱有所用，强有所加，兼此四者，而制其宜"① 这一治国理念在中国汉宣帝时期就得到淋漓尽致的体现，据《汉书·元帝纪》记载："孝元皇帝（汉元帝）柔仁好儒，见先帝所用多文法吏，以刑名绳下。……尝侍燕（宴），从容曰：'陛下持刑太深，宜用儒生。'宣帝作色曰：'汉家自有制度，本以霸王道杂之，奈何纯任德教，用周政乎？'"② 可见，只有在大战略视角下才能避免某种战略的路径依赖所带来的弊端，才能灵活地运用不同形态的战略方法去解决不同阶段、不同性质、不同时代的战略矛盾。

---

① 魏汝霖. 黄石公三略今注今译［M］. 台北：台湾商务印书馆，1976：33.
② 班固. 汉书［M］. 北京：中华书局，1960：277.

附录一：洞见：战略的锋刃①

　　一把刀的好坏，主要的评价标准不是看它的刀柄是否精致，不是看它的刀鞘是否考究，而是看它的刀刃是否足够锋利；战略由多个不可或缺的部分构成，但是洞见才是战略真正的锋刃。

　　洞见这个词最早见于中国宋代文学家秦观所著的《兵法》一文，它也是胡塞尔哲学中的一个重要概念。洞见具有四个基本的特征：本质直观性，确真明见性，直觉穿透性以及独特创意性。洞见是一种本质的直观，与我们日常经验的直观不同，它是对事物本质的抽象与理解，是透过现象直观本质的"一种深入透彻的看"；洞见的确真明见性是指它对事物及其发展规律的认识具备真理性或者说具有"绝对的有效性"，而不是一种脱离实际的幻想；洞见也是一种直觉的穿透，它不是数学公式，不是逻辑分析所推理出来的产物而是一种直觉，它更类似于灵感，常常以一种非逻辑分析、突发式跳跃的形式展现出来；同时，洞见是一种独特的创意，这种独特性使战略家能够以一种非同寻常的视角去审视问题，如同杜森伯里所说的那样："没有什么可以比一个洞见更能阐明一个道理，从而使你改变看待世界的方式。最好的洞见是从新的角度看待世界——精确苛刻、逻辑严密、无法反驳。"

　　无论是传统的军事战略还是发展到后来的国际战略、商业战略，洞见

---

　　① 2016－10－10 发表于《学习时报·战略管理》

都有着极为重要的价值，可以说一项战略的优劣成败极大程度上取决于战略家的洞见力。

洞见是迅速甄别动荡环境下机遇与威胁的重要前提。在战略博弈的过程中，一切都是那么的迅速与突然，一切都来不及慢慢思考，机遇转瞬即逝，威胁突如其来，能否把握最佳的战略机遇期以及避开致命的威胁都需要高超的战略洞见力。无论是《孙子兵法》所强调的"以奇胜"，还是克劳塞维茨所要寻找的"战略重心"，乃至李德·哈特所崇尚的"间接路线"，其实都是在寻找敌方弱点力求"出奇制胜"，而一切都仿佛在半明半暗下进行的战略博弈，使得任何现象都变得如此扑朔迷离，这种不确定性只能依靠超强的洞见去甄别，在某种意义上讲，胜负不决于战场而决于战前，因此洞见能力的强弱是检验战略家伟大与否的试金石。

洞见是培育独特竞争力的不竭动力。"独特竞争力"是由西方战略家赛尔兹尼克率先引入的概念，这也构建了现代战略的雏形；随后亨德森进一步指出"任何想长期生存的竞争者都必须通过差异化而形成压倒所有其他竞争者的独特优势"，"勉力维持这种差异化，正是企业长期战略的精髓所在"。从20世纪90年代开始，人们逐渐认识到独特的资源正是企业成功的根源，这种"独特资源"并非招之即来的，而是需要提前的选择与长期的培养。这就需要战略家们以一种"慧眼识珠"的洞见去寻找，而且为了避免因为竞争所导致的"独特资源"变得不再独特的情况发生，必须持续不断地保持对领域发展的预见力。

洞见是准确把握未来趋势与脉搏的关键能力。由于人类的有限理性以及环境变动的复杂性与不确定性，预见未来变得困难重重，然而历史的发展具有相对的确定性与必然性，否认了这一点就会使人类陷入"不可知论"的泥潭，成为毫无定见、消极怠工的相对主义者。硅谷的凯文凯利被称为"世界上最伟大的预言家"，早在20多年前他就已经洞见到了互联网经济中物联网、云计算、虚拟现实、大众智慧、迭代等当今热议的重要概念，当下他的新作《必然》又对未来20年的12种必然趋势进行了洞见，按照他的说法，"未来已经到来，只是尚未流行"。战略是为了明天而设计，数十年前的政策即已决定了当前竞争的胜负，因此，洞见未来提早行动是赢得未来的关键性环节。

洞见是实现创新驱动发展的有力支撑。创新驱动并不仅仅是指技术创新，还包括体制机制的创新、战略的创新等。战略如同科技一样，需要根据时代的精神不断地进行"创造性破坏"。战略主体在相互交往的过程中往往会进行模仿参比，这就会导致战略上的趋同，从而引发主体间的恶性竞争，而这又是战略家力求避免的情况，按照波特的说法，战略就是要做到与众不同。而如何做到与众不同，这就需要独特的洞见去挖掘。例如，由竞争向竞合的博弈方式转变，就是战略家们深刻洞见到竞争是为了更好的生存和发展，因此必须超越以击败竞争对手为目标的零和竞争，转向以价值创新为目标的共赢竞合。可以说，每一次深刻的洞见都会引发战略上的深度变革。

随着人类科技的发展，战略家们容易变得过度迷恋于通过技术手段来分析预测，却忽视了真正的战略洞见力。当前卓越的企业家们也在进行积极的反思，如谷歌公司的"监护人"埃里克·施密特提出"技术洞见"，指出谷歌要"信赖技术洞见，而非市场调查，才能真正实现颠覆市场的创新"。有企业高管表示，"有了大数据但不会洞见，并不能使大数据发挥其最大的作用"。这些反思也让我们重新审视洞见在新经济时代的真正价值。当然，卓越的洞见背后所凝聚着的是艰苦的"修行"，需要的是深厚的战略哲学的修为，敢于怀疑的精神，自我颠覆的勇气以及外练内修的践行。战略是一门科学，但从本质上讲它是一门制胜的艺术，我们在实践过程中不应过度地沉迷于将其科学化、技术化。战略的制定就如同一幅绘画，必有神来之笔方能达到画龙点睛的效果，"画龙"是分析与衡量，可以交由技术去完成；而"点睛"则是判断与高潮，石壁上的龙能否破壁飞去，关键就是这点睛之笔。在未来的实践中，我们应该牢牢记住日本战略家大前研一的告诫："制定战略的成功关键因素，是直觉或洞察力，而不是理性分析。"①

---

① 邹统轩，周三多著. 战略管理思想史 ［M］. 天津：南开大学出版社，2011：317 - 321.

附录二：主要矛盾线是战略的生命线①

　　战略的主要矛盾线是一种透视全局、避开陷阱、加速进步、照亮前程的思维方法，它的确定与使用有赖于科学分析和决策者的敏锐洞见。

　　战略智慧告诉我们，要想抵达理想的彼岸则应保持绝不妥协的目标以及可以妥协的路线，然而成功的"妥协路线"背后必定隐藏着一条能够主宰战略成败的生命线——战略的主要矛盾线。在项目管理中，主要矛盾线又可称为关键路径，是指"网络终端元素的元素序列，该序列具有最长的总工期并决定了整个项目的最短完成时间"。

　　战略是多个子目标与行动元素的集合，它在实施过程中存在着某种能够高效实现既定目标而采用的独特的"行动序列"，这个"行动序列"通常直接决定了战略的最短完成时间，可将其称为战略的主要矛盾线。战略的主要矛盾线以提升全局效率为逻辑起点，将精力统筹运用于优先等级最高的任务，并通过系列有条理的行动来保证线上任一关键性活动和关键性目标的实现以确保预定目标的最终实现。与生产或项目管理的主要矛盾线不同，战略的主要矛盾线并非总要完成线上所有的子目标才可达到目的，有时只需完成前期几个子目标便可实现"不战而胜"。战略的主要矛盾线并非一条死板的规定，而是对未来做出的一种"粗线条式"的远景规划，既有刚性又有弹性，兼具了对目标、方向、原则的坚持和对现实环境的弹

　　① 2017–09–04 发表于《学习时报·战略管理》

性应变。它的形成与确定不是一蹴而就的，而是渐进显现、动态优化的结果。在战略的博弈场上，看得太少固然会产生疏漏，但看得太多又会造成迷乱，唯有胸怀一条正确的战略主要矛盾线，才能使决策者视野清明，目光澄澈。

识别战略主要矛盾线是提升战略效率的首要前提。回顾整部战史可以发现，战略通常是以效率的逻辑向前推演，决策者们要么是提升自身的战略效率，要么是拖延对手的战略效率，更多的则是二者兼具，可以说效率就是战略的生命。克劳塞维茨为了提升战略的效率，实际上已经为战略主要矛盾线的具体实施提供了一种有效方案：首先，"把敌人的力量归结为尽可能少的几个重心，如果可能，归结为一个重心"，即关键性目标的寻找；其次，"把对这些重心的打击归结为尽可能少的几次主要行动，如可能，归结为一次主要行动"，即关键性活动的确定；再则，"把所有的次要行动尽可能保持在从属的地位上"，即统筹资源聚焦优先等级最高的任务。克劳塞维茨通过绝对性地淘汰、聚焦、合并、简化的方式将战略效率推向了极致，但这种"极致"需要以战略主要矛盾线的正确标识作为前提，只有正确识别才能找出制约效率的关键因素以及优化战略方案的可能。

坚守战略主要矛盾线是抗拒战略漂移的重要手段。与生产、项目管理不同，战略针对的往往是具有独立反抗意志的目标，因此，预想战略一旦进入现实世界除了会遭遇"自然抗力"外，还会遭受来自各方人为的扰乱和歪曲，使战略主体在不知不觉中偏离了原有的战略轨道，从而造成令人悔恨的结果，这也是美国战略管理学者格里·约翰逊所称的"战略漂移"现象。而战略主要矛盾线的坚守则能有效地遏制这种"漂移"，这是因为，它能够将目标进行有效的量化，在战略的起点和终点间设置若干个具有先后序列的里程碑或中间目标，每一个里程碑的到达都是向终点迈出的一大步，这种环环相扣的战略链条会将战略主体引向最佳的境域。正如美国著名军事家布雷德利曾说过，我们应该按照星辰的指引来决定航向，而不是每艘驶过船只的灯光。但是光有星辰还不够，还需要在航道的关键部位设立多个灯塔来引导或避开危险区，这样航行纵使出现暂时的偏离也能够根据灯塔进行迅速的自我矫正，战略主要矛盾线正是由这些"灯塔"和"星辰"所构成。

调整战略主要矛盾线是实现战略转换的根本要求。从战略哲学的视角看，战略是一种经过特殊化处理的、有助于达到既定目标的思维方法和理论，虽有助于主观目标的实现，但它并不是现实本身且与现实保持着巨大的张力。因此，决策者不仅要明确战略，还要根据客观现实适时转换战略，而战略的转换从本质上讲就是战略主要矛盾线的转换。

战略主要矛盾线的转换可以分为两种不同的情况。一种是目标不变、局部调整，这种形式的转换就是要寻找和挖掘主要矛盾线的替代线，可替代线越多表明战略对环境的适应性越高，也就越容易通过弹性适应来达到既定目标。另一种情况是战略原有的目标、计划、方式遭到全面否定，需要重新规划和调整，但这种"颠覆重来"并不是随意的而是客观矛盾发生根本性变化的结果。例如，企业会根据不同阶段采用不同的发展战略，大致会经历三个阶段，即专业化战略——多元化战略——归核化战略，三种战略样态背景各异、理念各异、收效各异，其战略主要矛盾线也各有不同，但都是具体环境下最佳的战略体现。

总而言之，战略主要矛盾线不过是一条经过抽象概化了的行动原则，原则本身具有恒定性但其应用却是丰富多彩的，它既可以以苏沃洛夫"直接路线"式的方式猛烈呈现，也可以以李德·哈特式的"间接路线"将困境消释于无形，但它们都是战略主要矛盾线的"影子"，是具体境况下保证战略效率最高的路径选择。

附录三：战略的"宽窄"之道①

在战略的博弈场上，人们常常焦虑地注视着发生冲突的狭窄地区，却不明白斗争的真正焦点其实不在战场内而是在其外；人们总因一城一地之得失而愁容满面，却不知道东方不亮西方亮，跳出一隅天地宽；人们总是强烈地希望挣脱对手施加的束缚以获得宽广的行动自由，却没有领悟螺蛳壳里做道场的精妙与从容；人们总是向往入宽门走大道，却不理解充满荆棘、痛苦、曲折的窄门小路才最有可能把我们引向荣誉的最高殿堂。人类漫长的战略历程中，遇到和造成了许许多多重大的挫折与失误，其中有很多失败就根源于对战略"宽窄"之道的严重误会。

"宽窄"是一个富有中国哲学意蕴的概念。宽，宏也，阔也，厚也，缓也，裕也；窄，狭也，迫也，隘也，严也，猛也。宽与窄的对峙为我们提供了一个衡量距离、价值、视野、形势的尺度，是进行战略判断的重要基准。宽与窄的融通则为我们提供了大量宝贵的行动方法，例如，择高处立，向宽处行，由"窄"迈向"宽"以获得广阔的前景是战略所追求的目标；在决定性地点和时机进行最大限度的精力集中，由"宽"步入"窄"以形成"以碬投卵"之势是战略的重要行动准则。"宽"与"窄"二者的矛盾实际上也是战略在价值论与方法论上相统一的具体表现，可以说，一位战略家的高明与否可以以他对"宽窄"之道的驾驭能力为标尺。

---

① 2018－02－28发表于《学习时报·特别专题》

　　战略从某种意义上讲就是如何进行选择和取舍的艺术，"宽"是审视，是放开眼量，是以宽阔的视野将全局尽收眼底的能力；"窄"是收窄，是选择，是通过淘汰其余一切来聚焦主要矛盾线的才智。如果说前者是一个决策者最基本的素养，那么后者就是考验决策者卓越与否的试金石，因为选择本身就是一种战无不胜的力量。面对同样的局势和可能，选择不同其结果也将会截然相反。俗话说："卡住咽喉，一指可以致死命。脚跟刺刀不着劲。"选对了正确的攻防方向便可事半功倍，《孙子兵法》强调成功的进攻应该是"出其所必趋，攻其所必救"，实施重点进攻；而失败的防守则是找不到要点而到处分兵设防，由于"无所不备则无所不寡"，一旦遭遇敌方的猛烈进攻，这种防御体系便会像蜘蛛网一样轻轻一拂便消失殆尽。被公认为"竞争战略之父"的迈克尔·波特提出三大卓有成效的战略——总成本领先战略、差异化战略、专一化战略——实际上也是对战略"宽窄"之道的具体运用：总成本领先战略是以"宽"审视产品的整条价值链，以"窄"对价值链上的各项活动进行精简降低总成本以获得成本领先的优势；差异化战略是以"宽"视察整个市场的特征，以"窄"选择与众不同的方向进而实现服务的差别化并以此获得独特的优势；专一化战略则是以更高的效率为某一狭窄的战略对象提供优于在较宽范围内竞争的对手们的服务，这三大战略在市场竞争中的应用屡试不爽，是运用战略"宽窄"之道的成功范例。

　　"宽窄"也是战略进程的形象表征，"宽"是平坦、顺畅、无阻、自由；"窄"是阻塞、逆境、困顿、曲折，战略的实施过程是顺境与逆境的并存，是"宽"与"窄"的交替。由于对手的压迫，在战场上被逼入死角和陷入被动的情况比比皆是，如果不能尽快从这种窄卡的局面中挣脱出来，等待的结果就是失败。如何在困境中恢复主动权，挑战的不仅仅是战略家的精神耐力，更重要的是战略家的智慧。在《论持久战》中，毛泽东以超凡的远见将中国的抗日战争分为三个阶段：战略防御阶段、战略相持阶段、战略反攻阶段。第一阶段敌攻我守，我方的行动范围与行动自由遭到压制，局面从"宽"变"窄"；第二阶段敌保守我准备反攻，是我方为争取将局面由"窄"变"宽"而积极努力的阶段；第三阶段我反攻敌退却，是将努力变为复仇的利刃进行局面开拓，全面恢复行动自由的阶段。毛泽东将第二阶段称为"中国最痛苦的时期"，但它又是形势"转变的枢纽"，是"最关键的较量"，因此"要熬得过这段艰难的路程"。可见，"宽"与"窄"的辩证统一已构成了战略的一对基本矛盾，高明的战略家会立于矛盾之上并积极推动二者的互化，而蹩脚的人总会固执地站在矛盾的一边，处于顺境便骄傲自大，稍遇挫折便失魂落魄，既无钢铁之志气，更无力挽狂澜之智识。

战略发展至今，人类的战场也早已由"窄"变"宽"，从最初的军事扩展至人类社会的各个领域，从单一到总体，从有形到无形，从地理到心理，从有限到超限，各种因素相互交杂，其复杂程度可谓前所未有，如何应对这种新的战略形势已成为当今战略学界研究的主要课题。著名政治学家约瑟夫·奈就将世界政治比喻为一个三维棋盘，上层军事、中层经济、下层为各种跨国议题。他认为战略家必须在上、中、下三个战场同时落子，假若仅仅热衷或擅长于其中一个而忽略其他，长此以往则必败无疑。在这种形势下，谁越精通战略的"宽窄"之道谁就越有机会胜出，因为他们能更深刻地领会"失之东隅，收之桑榆"的精妙。他们绝不会因为在某个战场上的失利而沮丧气馁、怨天尤人，反而他们会以更为高昂的姿态在其他广阔的战场上弥补这种过失；他们更精通间接路线战略的运用，能极好地控制或暂时搁置狭窄领域的冲突，并通过大量看似与该冲突无关的"外部行动"来解决争端；他们不会认为局限和节制是一种纯粹的阻碍，反而将之视为增进人类幸福的重要推动力；他们也不会采用狭隘的本国利益观作为理论指导，因为这种狭隘和不宽阔的价值观既不能为他们塑造"软实力"，也不能为他们的长远利益保驾护航。

战略的"宽窄"之道是一次对战略现象的总结，也是对战略规律的一种顿悟，但它并不能穷尽战略的所有真理，正如著名战略家约米尼所说："今天决不可以说战争艺术的发展已尽善尽美，不可能再有进步。太阳底下没有任何东西尽善尽美。即令古今名将会集一堂来研究这个问题，他们也还是不能制定一套完善、绝对、不变的理论。"① 目前对它的研究仅仅是个开端，它需要充分吸收"宽窄"哲学的精华，它的价值也有待于进一步的挖掘，其理论的完整性、科学性仍需更为系统的构建，但可以肯定的是，战略的"宽窄"之道是将战略学提升至哲学境界的一次尝试。

---

① 纳米尼. 战争艺术［M］. 钮先钟，译. 桂林：广西师范大学出版社，2003：4.

附录四：战略素养之养成①

    战略素养是个体在实践经验基础上所积累起来的对战略问题进行理解、判断、预见、规划和执行的综合素质与能力。

    战略可以加速或促进既定目标的实现，也可以延缓或阻碍运动的进行。它可以把运动导向捷径，也可以将之引入歧途，而这都是以其完善或欠缺的程度为转移的。一项战略的好坏可能取决于多种原因，但最重要、最直接、最具决定性的因素就是领导者自身的战略素养。

    所谓战略素养，是指个体在实践经验基础上所积累起来的对战略问题进行理解、判断、预见、规划和执行的综合素质与能力。毋庸讳言，战略素养必须具备一定天赋。但天赋仅是一粒拥有无限可能的种子，如果没有适当的环境、水土和养分，它也很难开花结果，甚至会中途变质或夭折。天鹅绒上无法磨利刺刀，战略素养也绝非简单易得，唯有经历胜利与失败的双重考验才能培养出真正的力量来。

    战略素养需要在竞争实践中淬炼。战略应竞争而生，竞争乃战略素养得以养成的原动力。激烈的竞争互动迫使竞争者必须在充满危险性、劳累性、不确实性和偶然性的战场上超越平庸，必须在智力、体力和情感上注入强大力量，否则接踵而来的就是失败。面对顽强、狡诈并充满干劲的对手，非棋高一着不能出奇、非更胜一筹不能制胜，这就要求战略家们主动

---

①   2019 – 05 – 06 发表于《学习时报·战略管理》

推陈出新，增益其所不能，战略素养也由此练就。同时，竞争实践是鉴定某种战略思想真理性的最好办法，其所带来的成功和失败能够使战略家们摆脱某种绝对观念的束缚，矫正错误的主观认识，从而变得更加务实灵活。如果说，世上确实存在一条放之四海而皆准的提高战略素养的办法，那必然是：先投入战斗，然后再见分晓。

战略素养需要在文化理论中熏陶。"享高年者不服丸散，为大将者不读兵书"是古人对极少数战略天才的赞誉。而纵观整部战略思想史并不难发现，古今中外著名的战略家几乎无不好学。亚历山大一生从无败仗，他珍爱荷马诗歌，在征战中一有闲暇便读书自娱，还在多个城市建立博学园和图书馆。腓特烈大帝是欧洲历史上最伟大的名将之一，他博学多才，精通多国语言，在政治、经济、哲学、法律，甚至音乐诸多方面都有建树。拿破仑在军校学习期间就以"沉默寡言，勤奋好学"而闻名，在其 22 岁时便掌握了常人 40 年也未必可以掌握的知识。德国著名战略家毛奇同样以博学多才著称，他的著作之多、文辞之美远胜于专事文事的学者。同样，毛泽东酷爱读书，广收博览，其一生阅读整理的图书就高达 10 万册。文化理论的最大价值并不是提供现成的方案和死板的教条而是启发智慧，它可以向年轻人提供前人的经验，并使其通过前人的成败而变得睿智。

战略素养需要糅入自身独特天赋。战略素养并不像药剂那样存在一个固定配比，它由战略家们的共性素养和独特天赋所构成。战略家们拥有诸如聪慧、勇气、坚忍、判断力等共同品质，但他们的独特天赋与鲜明个性又将之明显区分开来。史上著名的"汉高祖论三杰"对汉初三位战略家——张良、萧何、韩信进行了评价："夫运筹帷幄之中，决胜千里之外，吾不如子房；镇国家，抚百姓，给饷馈，不绝粮道，吾不如萧何；连百万之众，战必胜，攻必取，吾不如韩信。"即张良最突出的战略素养是战略谋划，萧何最突出的战略素养是战略统筹，韩信最突出的战略素养是战略执行。房玄龄、杜如晦是唐太宗手下最为得力的文人战略家，因房玄龄善于谋划，杜如晦处事果断，由此被人称为"房谋杜断"。可见，战略家皆有其个性和专长，战略素养之养成应充分考虑共性与个性的关系，充分挖掘自身的独特天赋和特长，并将之练就成为战略上的"得意技"，使之在日后的战略行动中发挥出最大的威力。

战略素养需要注重智慧理性与精神要素的双重锻造。智慧理性是战略家们的必备素养，但将战略视为一种纯粹理性活动的观念是错误的，刻意将情感等非理性因素从战略中剥离出去进而抽象出几条空洞的思维原理则贻害更大。试想一下，一位战略家如果没有三分疯狂的气质又怎敢积极涉险、出奇制胜？如果没有足够坚忍的性格，如何应对战场上的千变万化与各种艰难而始终坚决如一？而且，那些所谓的理性之光要想在战场上得到有效的激发和从容的施展，离不开热烈诚挚的情感以及久经锻炼才能培养出来的沉着；而如果气不盛、胆不大，遇事气先慑、目先逃、心先摇，恐怕也很难担负得起"于百万军中直取上将首级"的重任。战略是一场充满险阻并且具有一定不确定性的人类活动，它和传统的科学研究有着本质的不同，我们不能忽略来自现实世界的压力与艰辛，更不能将人类的意志、情感、性格这类流变性很大但对战略而言异常珍贵的精神品质排除在我们的视野之外。如著名战略家约米尼所言：在战争中，智慧的应用范围是有限的，专凭正确的思想也不一定能赢得会战，也许其他的因素，像勇敢和主动还更为重要。因此，战略素养的养成既要注重智慧理性的要求，也要为精神要素留足空间。

附录五：乌卡时代需要善于运用对冲思维①

经济危机、区域冲突、科技革命、权力转移、高度传染性疾病等新旧要素的相互交织将人类推入了一个具有不稳定性（Volatile）、不确定性（Uncertain）、复杂性（Complex）和模糊性（Ambiguous）的乌卡（VUCA）时代。在这个高风险、高度不确定的时代中，一个微小的"变数"都能引发社会的剧烈震荡并造成重大损失。因此，如何进行科学决策以有效降低风险，已经成了当今世界的重要议题。

一、乌卡时代：风险决策的现实图景

"乌卡"是"VUCA"这个英文缩写词的音译词，四个英文大写字母"V、U、C、A"分别是指"不稳定性（volatility）、不确定性（uncertainty）、复杂性（complexity）和模糊性（ambiguity）"，用以定性地描述社会发展所呈现出的一种现实图景。"乌卡"一词最早出现于沃伦·本尼斯（Warren G. Bennis）和伯特·纳努斯（Burt Nanus）于 1985 年出版的名为《领导者——掌控战略》一书中，但是将这一概念引入学界，用于描述战略环境的特征，出现在 1992 年巴博（Barber）介绍美国陆军战争学院经验的一篇文章中②。后来，随着这一概念不断地被引用，"乌卡时代"（VUCA World/

---

① 2021 –03 –01 发表于《领导科学》
② BARBER H. Developing Strategic Leadership：The US Army War College Experience [J]. Journal of Management Development，1992，(11) 6：4 –12.

Phenomenon）成了一个时髦的用词，用以定性表征领导者在做出决策时面临的"新常态"——复杂而不确定的风险环境。

"不稳定性"是乌卡时代所刻画的第一个特征，即描绘当下世界充满着各种各样的快速变化。例如，股票价格产生的巨幅波动、各种意外带来的交通事故、恐怖袭击导致的社会紊乱等。这些事件都是在短时间内使得原有的平衡状态发生了改变，而且之所以会造成不稳定，是因为这些事件产生后很难自我纠正，反而会产生更大的偏离作用，让牵涉其中的人们越来越远离原有的稳定生活。

"不确定性"是乌卡时代所刻画的第二个特征，即描绘当下世界难以预测，靠陈旧的过往经验已经不太现实。由于环境的不稳定性因素越来越多，用于预测未来如何发展的经验模型逐渐失去了效用，每一个新事物在一定意义上都是一种新挑战。世界的线性联系变得不那么确切，探究事物的原因变得困难且不那么重要，原本看上去有利的事情到最后可能是一个陷阱，原来充满挑战的环境却有可能存在意想不到的机遇。

"复杂性"是乌卡时代所刻画的第三个特征，即描绘当下世界比以往任何时候都难以捉摸。由于现代科技的发展，人流、物流、信息流在全球范围内无障碍地流动，人们被层次地交织在一个大系统中，相互之间的关联性远超以往，已经形成了一个非线性的网络。确定性存在于线性的联系之中，但在非线性的复杂巨系统里，相同的外部条件和输入可能导致系统的输出或反应非常不同。

"模糊性"是乌卡时代所刻画的第四个特征，即描绘当下世界并非"非黑即白"，在是非对错、利弊优劣之间不存在明确的界限。一个问题往往有不止一个可能的解决方案，且方案都能达到目标但各有优缺点，付诸实践时应该选择哪一个是没有参考标准的。这对现代组织与管理来说，比以往任何时候都更加矛盾，因为这种模糊性带来了对个人或组织主观的价值体系的考验，需要人们付诸选择的勇气、冒险的意识和犯错的意愿。

综上所述①，乌卡时代是对世界本质的一种当代解释。这个世界可以被概念化为一个复杂的系统，其中不稳定性和不确定性是可观察的属性。这在决策过程中会导致模糊性，模糊性中不仅包含客观的属性，而且有个体所赋予的主观属性。在当今高度流动和高度互联的时代，传统的机械世界观、理论模型和决策规则已经难起作用了。处于乌卡时代中，领导者应对危机需要不同的思维模式与行动方法。

二、对冲思维：降低风险的决策方法

对冲是降低风险的一种战略思维方法，其精髓在于反向操作、两面下注，是通过系列性质相反、效果相抵的政策组合来降低潜在风险的策略。对冲最早源于金融领域，其基本思路是同时进行多笔行情相关、方向相反、盈亏互抵的投资，不管行情如何变化，总能用某一方向的投资收益冲抵另一方向的投资损失，如此，不仅可以降低投资风险，还能实现整体盈利。之后，这种策略被引入国际关系领域并广泛运用于国家间政治、经济、社会和安全，形成了具有多种样态的意在规避风险的对冲战略。但是，诚如新加坡学者吴翠玲所言，"对冲战略到底是怎样一种战略，还没有一个真正令人满意的定义"②。尽管如此，对冲遵循着共同的思维逻辑和方法：

（一）对冲意在切断风险的上下两端

就本质而言，对冲是行为主体既要实现盈利，又要降低风险的一种思维模式。一般而言，回报与风险呈正相关，即所要获得的回报越高，所要面临的风险也就越高。为了聪明地冒险，对冲将风险严格控制在一定范围之内，它切断风险的上下两端，虽避免了最坏的情况，但也放弃了最好的可能，可以说承担风险性损失是进行对冲的必然代价。对冲并非以利益最

---

① MACK O. Managing in a VUCA World [M]. Switzerland：Springer International Publishing，2016：11.

② 蒋芳菲. 从奥巴马到特朗普：美国对华对冲战略的演变 [J]. 美国研究，2018 (4)：78.

大化为目标，而是在获利的同时，充分考虑如何降低生存和发展的风险问题，即在"趋利"和"避害"之间寻求平衡。安全和发展是国家的两大任务，二者的对冲是保证国家行稳致远的重要手段。以安全对冲发展，是指不以扩大绝对的发展利益为目标，而愿意牺牲一定的发展速度、规模和收益来确保安全问题的巩固和解决；以发展对冲安全，是指在保证安全的同时，通过发展来进一步提升国家应对风险挑战的能力。此次全球新冠肺炎疫情的爆发实质上是对各国政府防控风险能力的检验，而善于使用对冲战略的国家既能通过先前公共卫生安全的投入而有效保障人民的生命安全，又能通过有序地复工复产，为经济社会的健康运行注入新的强劲动力。

（二）对冲谋求盈亏平衡的抵消效应

就目标而言，对冲是要建立起盈亏平衡的姿态，使暴露在外的风险被相应的对冲行为抵消掉。这种风险抵消通常是利用多元化的策略来实现，即避免因为单一化策略的选择而造成潜在的利益损失。在高度不确定的国际关系中，新兴国家为了降低与霸权国家发生直接冲突的风险，在强化自身国际地位的同时，愿意对霸权国家做出某种程度的让步以弱化其对抗的冲动，这种"强化"与"弱化"的盈亏平衡有利于新兴国家获得宝贵的发展机遇期；小国与两个主要大国进行互动时，为了降低因为"选边站"而失去行动自由的风险，通常需要放弃纯粹对抗或追随的二分战略，而采用既接触又防范，既合作又疏离，既同盟又自主的对冲策略将国家推入一种战略的"灰色地带"，通过释放多重信号、培育"中间位置"来抵消掉由于"顾此失彼"所带来的不可预测的风险。对冲实质上就要通过平衡操作来规避损失，以在风险和安全之间找到平衡，当然，盈亏平衡也就意味着为了降低风险而甘愿放弃"得到更多"的可能和机会。

（三）对冲采用"负面相关性"的政策组合

就手段而言，对冲所要谋求的盈亏平衡需要通过构建"负面相关性"，即通过两类既相互对立又相互关联的政策组合来实现。在金融投资中，对冲最典型的方法就是两面下注，在"做多"的同时进行"做空"，当赢不了前者时，仍可以赢得后者，如此建立起来的负面相关性能够在一定程度上抵消掉投资的风险。随着运用范围的扩大以及问题复杂程度的加深，对冲衍生出了大量的不同样态，如：按照作用方式，可以分为直接对冲与间接对冲；按照对冲强度，可以分为强对冲、中等对冲和弱对冲；按照风险等级和复杂程度，可以分为单向对冲、双向对冲和系统对冲；按照对冲的目的，可以分为互惠式对冲、双轨式对冲、双重式对冲等。但是，千举万变，其道一也，这些具有差异性的对冲方法仍然是以构建"负面相关性"来实现其意图。比如，系统对冲是一项最为复杂、操作难度系数最高的对冲方法，它需要采用周密的精确式算法，运筹大量看似毫不相关的策略，同时对多个目标发起对冲，但是它所要达到的效果仍然是一盈一亏，盈亏互抵；所采用的策略仍然可分为两类：一正一负，正负相消；其核心与精髓仍然是反向操作，两面下注，只不过在具体操作上实施的是多个维度、多种形式的"做多"与"做空"，是具有"系统抵消式"色彩的"负面相关性"构建。

（四）对冲力图获得抵消后的"总体盈余"

就结果而言，对冲所期望获得的并不是"不输不赢"，而是在抵消风险后达到"总体盈余"。按照抵消风险的程度，可以将对冲分为"完美对冲"和"非完美对冲"，前者完全消除风险，代价是无法从中获益；后者只抵消了部分风险，但为获益保留了可能。在现实环境中，由于"奈特氏不确定性"的存在，10%的风险永远存在于人类的视野之外，我们无法预见更谈不上如何规避，所以，不输也不赢的"完美对冲"只是一种理想状态。对冲要实现"总体盈余"则需要在风险评估的基础上处理好两类相互对立政策的配比问题，如进行一项赋值为 +5 的投资，则需要在同等性质的投资上做出赋值为 -5 至 0 的操作，战略主体需要通过最优的风险对冲比例使行动风险降到最低，同时使相对收益达到最高。当前，学界涌现出了不少关于最优对冲比例的科学算法、模型和程序，这为领导者进行科学决策提供了方法论基础，但是由于大量无法量化的风险因子的存在，这就决定了最优对冲比例的判断不可能仅仅是一个单纯的数学运算题，它还有赖于领导者对具体形势和走向的战略判断。

总而言之，盈利是战略的本性，而风险则是我们为了盈利而必须付出的代价，对冲既不是杜绝一切风险，也不是劝导战略主体逃避风险，其真实本意是指引战略主体如何通过明智的冒险来获得想要的东西，因此，为了实现既定目标应当切记：危险归危险，该冒险时仍需冒险。

三、管控风险：对冲策略的实践路径

（一）界定对冲对象

对冲不是无目的、无对象地盲目对冲，而是针对决策过程中具有不确定性和不稳定性的风险进行精准对冲，是通过预先操作来预防并消除风险的方法。因此，以对冲管控决策风险首先要对即将面临的风险进行正确的预见、评估和界定。但是在现实境遇中，对风险概率的预测常常出现误判，主要原因有：1. 高估了确定性；2. 高估了不太可能发生的事件的风险；3. 假设了其实并不存在的相关性；4. 对非常可能或非常不可能发生的事件给予了太高的权重，但对这两者之间的事件机会没有给予任何权重。① 因此，要界定对冲对象需要对决策中可能存在的风险来源、风险要素、风险类型、风险频率、风险程度、风险结果以及它们之间的内在关联进行科学系统的分析，并以恰当权重对诸多风险进行等级排列，将最具威胁性、最具高发性、最具不确定性、最具破坏性的风险筛选出来，在此基础上，才能通过精确对冲的方式来降低风险发生后造成严重后果的概率。

（二）选择对冲资源

资源是行动者完成某种活动所依赖的工具或资料，它是决策者实施战略的直接来源和媒介，它包括配置性资源和权威性资源，其中配置性资源指的是实践过程中所使用的物质资源，权威性资源则是指在实践过程中的非物质性资源。从某种程度上讲，战略就是行动者利用资源与规则构建起

---

① 阿莉森·施拉格. 对冲［M］. 任颂华，译. 北京：中信出版社，2020：136.

来的互动，而不同的资源操纵方式便会形成不同的战略形态。对冲实质上就是围绕着"资源操纵"和"力量操纵"方式来展开的降低风险的一种策略，领导者在进行对冲决策时需要依据对冲对象的性质以及自身所拥有的资源类型和众寡来决定选取何种资源并以何种方式进行对冲。对冲资源的优劣并非以绝对数量或质量为衡量标准，而是以其效用性，即能否有效影响对冲对象为价值尺度。就金融领域而言，资本是进行对冲的最主要的资源，而在国际政治或国际关系领域，对冲的资源就会丰富且复杂得多，包括了一个战略主体所拥有的所有硬实力及软实力资源，它们是对冲能力和对冲潜力的基本前提。

（三）形成对冲策略

对冲是一种多元化的决策模式，通过采用多元化的政策来预防和规避因为单一决策可能造成的利益损失。这种多元化决策并非简单的政策分散，而是聚焦于风险所形成的具有"负面相关性"的能够产生相互抵消效果的系列政策组合。对冲策略具有变化无穷的具体样态，但关键在于如何对已有的对冲资源进行最优分配。除特殊情况外，对冲在构建"负面相关性"的多元政策组合中，对可用资源的分配往往不是平均或对称的，因为这预示着战略的行动将无利可图。因此，同时实施两类既对立又统一的策略组合时，必定会对其中一类予以更高的权重和期待，希望能够以此抵消掉实行另一策略时将遭遇的风险，并要求获得风险抵消后的盈利。所以，领导者需要对两类决策的风险进行战略预判，并将更多的资源或砝码投掷到多元策略中的主攻方向上。两类对冲资源由此形成的投入比亦被称为是对冲的比例，它是"冒险"与"逐利"的平衡，是领导者综合统筹后的判断，亦是形成具体对冲策略的核心。

（四）实现对冲平衡

对冲是一项具有浓厚防御性色彩的战略形态，它的内在逻辑是在损失最小化的前提下，保证稳妥收益最大化。在对冲实践中存在着一个均衡点，这个点能够确保行动的"风险"与"盈利"正好相互抵消，实现盈亏平衡。对冲类似于架设一台等臂杠杆的天平，"风险"位于天平的一端，而要想将"风险"这一所称之物顺利撬起则必须依靠足量的砝码（对冲资源）和天平的砝码之间的相互配合来实现。风险是一个人造概念，是对不确定性的评估，而不确定性也正是风险本身的第一特性，因此领导者需要时刻关注形势的变化，通过两类具有"负面相关性"政策的巧妙配合来使"风险"和"盈利"保持动态平衡。当新风险出现时，还需要及时纳入新的对冲天平使之被有效地抵消掉，此时的对冲将会进入多风险的系统对冲模式。当然，实现对冲平衡只是进行对冲的最低目标，领导者更重要的任务是通过对冲来实现"总体盈余"甚至是"强制盈余"，而这有赖于对战略机遇的把握。

附录六：战略学视角下领导权威衰减的表现、危害及增进之道[①]

　　领导权威是指领导者所拥有的令人信服的力量和威望，体现的是人与人之间支配与服从的对立统一关系，它由领导权力和领导威望两大部分构成：前者具有强制性，能够让人不得不服从；而后者具有自愿性，能够让人心甘情愿地服从。在这个世界上，恐怕没有什么领域能够比战略更需要强调统帅的领导权威，也没有什么领域能够比战略更需要有意识地去增进领导权威，因为没有这种"让人服从"和"支配他人"的力量，战略这项被称为高度组织起来以谋求自身或团体利益的人类活动将直接陷入瘫痪。

一、领导权威衰减的表现

　　领导权威最核心的功能在于凝聚力量，它是确保战略行动实现思想统一、意志统一、行动统一的基石。而领导权威衰减的内核表现就是这种强调统一领导的凝聚作用和地位遭到削弱，各种欲求独立、分散、盲动、无序的活动将得以增强，即在一个组织内部，对领导者的"向心力"减弱而"离心力"增强，具体表现在以下方面：

　　（一）将帅不和，事权不一

　　就领导层内部关系而言，领导权威衰减的首要表现是领导层内部出现

---

① 2021－06－18

243

了分裂，一些"骄兵悍将"自恃己能，开始在心理上平视领导权威，在行为上拒绝领导权威，在权力上挑战领导权威，而"将帅不和，事权不一"的扭曲现象将会以各种形式暴露出来。例如：正职领导和副职领导之间的关系紧张，出现貌合神离、彼此猜忌、相互制约的现象；"山头主义""宗派主义""圈子文化"在组织内部广泛传播并盛行；不顾大局，喧宾夺主，分庭抗礼，唯我独尊的"独立行动"愈演愈烈等。

（二）令而不行，禁而不止

就领导层与执行层关系而言，领导权威衰减的直接表现是执行层下属的"服从性"降低，出现了"令而不行，禁而不止"的失控现象。当领导权威衰减殆尽时，这种"失控"最为明显，会出现《孙子兵法》中"厚而不能使，爱而不能令，乱而不能治"的"骄子"现象。这种局面如果得不到及时扭转，领导不仅会被下属所裹挟，还极易酿成组织内部的大规模哗变。五代十国是中国历史上的一段大分裂时期，也是军队哗变最为频繁的一个时期，"兵骄则逐帅，帅强则叛上"成为常态，尽管造成这一现象的具体原因有如克扣粮饷、贪污腐化、将弱不严、教导不明等不一而足，但归根结底还是由统帅自身素质不佳、领导权威不足所造成的。

（三）斗志低迷，人心涣散

就意志和精神状态而言，领导权威衰减的重要表现是整个组织对领导者的信任度降低，出现了斗志低迷、人心涣散，消极情绪四处蔓延的现象。领导权威衰减通常出于三种原因：（1）领导者的行动违反了真理性。领导权威的本质是拥有真理，人们之所以服从权威是因为权威体现者在某种程度上掌握了真理，而当领导者违背真理而导致组织行动失败时，下属便会对领导者的能力产生怀疑，若"屡战屡败"的局面得不到扭转时，悲观失望的情绪就会出现。（2）领导者的行动背离了整体利益性。领导权威的形成需要以共同的利益为基础，当领导者不能有效维护整体利益甚至是损害整体利益时，下属的不满情绪便会开始蔓延。（3）领导者的行动丧失了道义性。道义是指人类社会所公认的道德原则和行为规范，当领导者

"残暴狠毒，丧尽道义"时，组织的行动将会失去正当性，人心也由此涣散掉。而这些也都是领导权威遭到削弱的直接原因。

（四）目标模糊，效率低下

就战略目标和运行效率而言，领导权威衰减的重要表现是组织在混沌中失去了方向并开始走向混乱、失序和低效化。领导者的最根本任务是利用权威来"影响人们心甘情愿地和满怀热情地为实现群体的目标而努力"①，当领导者的权威足够崇高时，组织上下会同心同德、同仇敌忾，在行动上能够齐心协力，为共同的目标而奋斗。而当领导权威发生衰减时，组织内部的"张力"就会不断增加，一旦超过某个阈值，就会出现前后不相及，众寡不相恃，贵贱不相救，上下不相收，卒离而不集，兵合而不齐的涣散现象。

（五）纪律废弛，骄奢腐化

就纪律作风而言，领导权威衰减的表现是组织的政令风纪开始恶化，出现了纪律废弛，骄奢腐化的现象。领导权威具有强制性，如恩格斯所说："不强迫某些人接受别人的意志，也就是说没有权威"②，而严明的纪律正代表了这种强制性，它既是领导权威的象征，也是维护领导权威的手段，要求对组织纪律、规章、制度的服从实质上是要求下属对法理型权威的服从。当领导权威衰减时，领导通过纪律对下属的约束能力开始消解，组织内部便会出现精神懈怠、作风疲沓、骄奢淫逸的乱象。

二、领导权威衰减的危害

领导权威的衰减会给战略这项复杂的联合活动带来全方位的伤害，甚至会诱发整个战略系统的崩溃。领导权威的衰减意味着组织"目标一致，思想一致，步调一致，行动一致"的局面将被打破，取而代之的是模糊的目标，松散的结构以及低下的效率，领导者欲求迅速动员一切力量以快速

---

① 哈罗特·孔茨，海茵茨·韦里克. 管理学［M］. 北京：经济科学出版社，1998：312.

② 马克思恩格斯选集（第一卷）［M］. 北京：人民出版社，1995：522.

实现战略目标的愿望将会全部落空。

(一) 战略决策系统发生紊乱

领导权威的衰减会造成战略决策系统出现议而不决，决而不行，各自为政的紊乱。科学的战略决策强调"谋贵众，断贵独"，即领导者可以咨谋于众人，但是必须拥有一锤定音的最终决策权，甚至在某种特殊情境下还可以拥有力排众议、独断专行的决策权力。所谓"用兵之害，犹豫最大；三军之灾，生于狐疑"，没有崇高的领导权威就没有决策和行动的统一和果断，春秋时期的"两棠之役"，三国时期的"街亭之败"，唐朝安史之乱中的"相州之战"，无一不是主帅缺乏领导权威而导致战略决策系统失灵，使全军陷入犹豫狐疑之境，意见上分歧不断，行动上各自为战，最终酿成了惨祸。

(二) 战略统筹能力遭到削弱

领导权威的衰减意味着领导者统揽全局，协调各方，集中统一的统筹能力遭到削弱。诚如著名战略家马汉所言，战略的精髓在于"使一切其他因素和思考全部服从于并将他们协调于一个专一的目的"①。战略的任务是将所有的力量和才能"拧成一股绳"，通过迅速动员各种力量以快速贯彻政策目标。如果没有足够的权威，领导者就无法处理好战略上全局与局部、长远与当前、重点与非重点的关系，就无法统筹以最充分的力量去追求一个巨大的、具有决定意义的目标。取而代之的是各个部门、各个局部各行其是，相互拆台，力量上的相互牵制和相互抵消导致统筹能力的削弱。

(三) 战略执行成本被迫升高

领导权威的衰减会导致战略执行过程中的阻力增大、成本升高。战略执行中的一项重要原则是花费最小的代价（人力、财力、物力），在最小阻力下以最快的速度取得最大的成效。而领导权威是决定战略执行成本的一个关键要素，领导权威越高，战略的运行就会越顺畅，执行成本也就会

---

① 艾·塞·马汉. 海军战略 [M]. 蔡鸿幹，田常吉，译. 北京：商务印书馆，1994：390.

越低；而当领导权威发生衰减时，战略执行中遇到的阻力和摩擦就会大大增加，例如：执行者对领导者产生怀疑，对既定的决策要么采取拒不执行或部分执行的态度；要么过分计较利益得失，与领导者反复讨价还价；要么"上有政策，下有对策"，使既定政策无法得到不折不扣的落实，这无疑都增加了战略运行的成本。

（四）战略意志出现瓦解与混乱

战略需要权威，甚至是最专断的权威。假如领导权威发生衰减而无法逆转，将会给军心带来极大的混乱以及作战意志的瓦解。如楚汉相争中的"垓下之战"，项羽遭遇了巨大挫折，被汉军围困于垓下，汉军主帅韩信采用围而不打的战略，"四面皆楚歌"使"项王泣数行下，左右皆泣，莫能仰视"，这种心理攻势和战场上的失败导致项羽的领导权威被削减殆尽，这直接造成了楚军上下人心涣散、斗志全无，楚军也由此走向了灭亡。战略史上还有专门通过挑拨君臣关系，煽动将帅矛盾、让军民离心离德的方式来攻击对方统帅的领导权威，如果不能及时干预并尽快发起反制，那么尽管仍有很大的取胜希望，却有可能受到心理的诱骗而匆匆地放下武器。

三、领导权威衰减的主要原因及增进之道

领导权威既不是自发形成的，也不是无缘无故而衰减的。因此，要寻得增进领导权威的办法，首先需探求其形成与衰减的原因。经过梳理，增强领导权威的方法可以通过以下方式来实现。

（一）扩大领导权威的落差：由"0落差"向"适度落差"转变

领导权威衰减的第一种原因是领导者与被领导者之间没有维持足够的"权威落差"。这种"权威落差"是指领导者和被领导者之间存在的权力和地位的不平等（落差），正是因为这种不平等（落差）才最终形成了"领导—服从"的关系。权威落差与权威成正比，与自由成反比：权威落差越大，领导者的权威就越大，当落差趋向于无穷大时，就会产生领导者的"绝对权威"；反之，当落差趋向于"0"时，"领导—服从"的关系将不

复存在，进而出现自由的"无领导状态"。

因此，增进领导权威的首要办法并不是赤裸裸地以命令的方式逼人行事，也不要"使他想象你企图对他行使什么权威"，只需"使他知道他弱而你强，由于他的情况和你的情况不同，他必须听你的安排"①，而这种认知需要通过实际行动来扩大与被领导者的权威落差来实现，要让组织内部的"骄兵悍将"意识到在这个以权威为纽带的团体中他们"高傲"的脖子上有一副客观形成的强加于人的坚硬枷锁，他们要想实现自身的需要和价值就必须服从安排。当然，这种"权威落差"应以适度为宜，过度的"权威落差"会导致"奴役模式"或"极权模式"的出现，这将对组织的长远发展带来极其负面的影响。

（二）重塑领导权威的结构：由"单一型权威"向"复合型权威"转型

领导权威衰减的第二种原因是领导者的权威来源过于单一，出现了"路径依赖"现象。领导者通常采用某种得心应手的方式来获取权威，并在日后的实践中对这种路径产生高度依赖，这就造成了单一型权威结构的产生。然而，这种单一型权威结构很难适应复杂多变的世界，一旦外在环境发生变化，领导权威的衰减将无法避免。

因此，要想在多元变化的现实世界中维持领导权威的长盛不衰，就必须打破路径依赖，促使领导权威的结构由"单一型"向"复合型"转变。如：马克斯·韦伯认为可以通过传统惯例或世袭得到"传统型权威"，通过特有品质和非凡才能得到"魅力型权威"，通过法律、制度以及组织的授权得到"法理型权威"；美国学者丹·尼斯·朗认为可以通过武力威胁获得"强制性权威"，通过利益奖赏获得"诱导性权威"，通过个人能力和品质获得"个人权威"；管理学大师约翰·P. 科特的"四元权威来源论"认为可以通过知识、良好的工作关系、优秀的个人履历以及对上述三种权力来源的运用技能来获得权威等。领导者要想增进领导权威就不能仅仅依

---

① 卢梭. 爱弥儿论教育［M］. 李平沤，译. 北京：商务印书馆，2007：92 – 93.

赖于某一种权威形态或某一种获取权威的路径，而是要根据自身特点不断拓宽领导权威的来源，优化领导权威的结构，在领导权威的运用上由打"清一色"向打"碰碰胡"转变。

（三）提升领导权威的质量：由"低度权威"向"高度权威"转型

领导权威衰减的第三种原因是领导者过于仰赖"低度权威"来开展领导工作。"低度权威"是领导权威的初级阶段，是指领导者单纯地利用职位权力以及外在强制力迫使被领导者消极服从。这种方式可以有效于一时，但会随着被领导者的觉醒而逐渐失去效力。"高度权威"是领导权威的高级阶段，是指领导者主要依靠人格和真理的力量来使被领导者产生由衷的、自觉的、内心认可的服从，它的作用可谓历久弥坚。

因此，增进领导权威必须着力提升领导权威的质量，将之由"低级"向"高级"转变，由"外在依附"向"内在生成"转变，由"形式权威"向"实际权威"转变。诚如列宁所言："保证领导不是靠权力，而是靠威信、毅力、丰富的经验、多方面的工作以及卓越的才能。"① 真正的领导权威来源于领导者内在的精神力量而非外在的命令和要求，所谓以德服人者心悦诚服也，领导者只有苦练内功，做到"智、信、仁、勇、严"的"五德"统一，才能以内在强大的精神力量吸引人、打动人、感召人、鼓舞人，才能让下属产生由衷的敬佩感、信赖感和服从感，也由此才能树立起真正的领导权威。

（四）完善领导权威的制度：由"个人权威"向"集体权威"转型

领导权威衰减的第四种原因是领导者只注重维护个人权威而刻意弱化或脱离了集体权威，这种权威的畸形维护方法极易形成"一言堂"的局面，并最终会导致领导者的权威基础变得异常薄弱。如邓小平多次强调的："如果一个党、一个国家把希望寄托在一两个人的威望上，并不很健康。那样，只要这个人一有变动，就会出现不稳定。"②

---

① 列宁全集（第六卷）[M]. 北京：人民出版社，1959：212.
② 邓小平文选（第三卷）[M]. 北京：人民出版社，1993：272.

因此，增进领导权威需要处理好领导个人权威与领导集体权威的关系，要更加突出领导集体和制度的作用。推进领导权威制度化、规范化、民主化和法治化有助于构建完善的权力制约体系，避免领导权威突破规则的界限而异化成为损害集体利益和民主自由的帮凶。当然，突出强调领导权威的制度化并不是否定或降低领导核心的地位和作用，相反，制度化的领导权威能够有效增强民众与下属对领导核心的政治认同和价值认同，能够切实保证领导决策的科学性与公平性，可以说领导核心的作用通过领导权威的制度化得到了正确发挥。

（五）优化领导权威的运行：由"自上而下"向"双向互动"转型

领导权威衰减的第五种原因是领导者仅关注权威自上而下的性质，却忽视了与被领导者的良性沟通与互动。著名的"巴纳德权威接受论"指出"一项命令是否具有权威，决定于命令的接受者，而不在于命令的发布者"①，即领导权威的确立需要以被领导者的响应与互动为前提，那种只强调专断命令而无视下属自尊、情感以及自主权的领导方式正是侵蚀领导权威的重要根源之一。

因此，增进领导权威需要保持与被领导者的沟通顺畅，应清醒意识到领导权威"不是在群众之上，而是在群众之中"。要想赢得被领导者的信任、拥护和主动服从，领导者必须在双向互动中做到：（1）了解并尊重被领导者的真实需要和日常习惯；（2）寻找到双方的利益交汇点，并以共同的价值追求来凝聚人心和力量；（3）摒弃骄傲、专横、鲁莽以及随意将一己之见强加于人的领导作风，应以谦虚谨慎的态度积极采纳被领导者的正确意见，并对不正确的意见予以适当合理的解释；（4）塑造既民主又集中的良好氛围，让被领导者的意愿得到充分表达并使其创造性与能动性得到有效发挥；（5）根据被领导者的素质特征调整具体的领导方式，如：对纪律涣散的群体应着力增强"威慑型权威"，对信任缺失的群体应注重提升"温和型权威"，对崇尚平等的群体应加快构建"民主型权威"等。

---

① 巴纳德. 经理人员的职能［M］. 北京：中国社会科学出版社，1997：188.

参考文献

一、中文文献

（一）著作类

［1］毛泽东. 毛泽东选集（第五卷）［M］. 北京：人民出版社，1977：293－304.

［2］邓小平. 邓小平文选（第三卷）［M］. 北京：人民出版社，1993：321.

［3］老子［M］. 饶尚宽，译注. 北京：中华书局，2016：142.

［4］范晔. 后汉书［M］. 北京：中华书局，1999：47.

［5］韩非. 韩非子［M］. 长沙：岳麓书社，2015：60.

［6］李筌. 太白阴经［M］. 长沙：岳麓书社，2004：27.

［7］何去非. 何博士备论［M］. 上海：上海古籍出版社，1990：22.

［8］王夫子. 读通鉴论（卷六）［M］. 长沙：岳麓书社，1996：223.

［9］老子［M］. 河上公，王弼，注. 刘思禾，校点. 上海：上海古籍出版社，2013：143.

［10］孙子. 孙子兵法［M］. 北京：中华书局，2007：43.

［11］子思. 中庸［M］. 南昌：江西美术出版社，2018：552.

［12］司马迁. 史记［M］. 武汉：崇文书局，2010：351.

［13］班固. 汉书·刑法志［M］. 北京：中华书局，1960：1089.

［14］韩非.韩非子［M］.长沙：岳麓书社，2015：48.

［15］鬼谷子.鬼谷子［M］.北京：中国文史出版社，2003：4.

［16］左丘明.国语［M］.上海：上海古籍出版社，2015：433.

［17］顾炎武.日知录校注·卷十三［M］.陈垣，校注.合肥：安徽大学出版社，2007：718.

［18］唐太宗李卫公问对今注今译［M］.曾振，注译.台北：商务印书馆，1975：222.

［19］黄石公三略今注今译［M］.魏汝霖，注译.台北：台湾商务印书馆，1976：33.

［20］苏辙.摛藻堂景印四库全书·栾城后集（卷七）［M］.台北：台湾世界书局，1949：11.

［21］苏洵.嘉祐集选注［M］.上海：上海古籍出版社，1993：2.

［22］朱熹.四书章句集注［M］.北京：中华书局，2011：20.

［23］梁启超.新民说［M］.沈阳：辽宁人民出版社，1994：132.

［24］张岱年.道家文化研究（第六辑）［M］.上海：上海古籍出版社，1995：7.

［25］冯友兰.中国哲学史（上）［M］.重庆：重庆出版社，2009：148.

［26］钱穆.中国思想史［M］.北京：九州出版社，2012：68.

［27］钱穆.中国历代政治得失［M］.北京：九州出版社.2012.：2.

［28］章太炎.章太炎国学讲谈录·诸子略说［M］.北京：中华书局，2013：258.

［29］陈亮.陈亮集（卷五）［M］.北京：中华书局，1987：51.

［30］叶适.习学记言序目（卷二十四）［M］.北京：中华书局，1977：335.

［31］孙以楷，陆建华，刘慕方.道家与中国哲学（先秦卷）［M］.北京：人民出版社，2004：100.

［32］陈广忠，梁宗华.道家与中国哲学（汉代卷）［M］.北京：人

民出版社，2004：91.

[33] 陆建华，沈顺福，程宇宏，等. 道家与中国哲学（魏晋南北朝卷）[M]. 北京：人民出版社，2006：410.

[34] 张成权. 道家与中国哲学（隋唐五代卷）[M]. 北京：人民出版社，2004：317.

[35] 李仁群，程梅花，夏当英. 道家与中国哲学（宋代卷）[M]. 北京：人民出版社，2004：204.

[36] 李霞. 道家与中国哲学（明清卷）[M]. 北京：人民出版社，2004：305.

[37] 郑文翰. 军事大辞典 [M]. 上海：上海辞书出版社，1992：48.

[38] 阿城. 棋王 [M]. 北京：作家出版社，2000：11.

[39] 梁漱溟. 乡村建设理论 [M]. 北京：商务印书馆，2015：8.

[40] 傅佩荣. 解读易经 [M]. 上海：三联书店，2007：286.

[41] 李连科. 价值哲学引论 [M]. 北京：商务印书馆，1990：142.

[42] 吴清源. 中的精神 [M]. 北京：中信出版社，2003：215.

[43] 钮先钟. 战略研究 [M]. 桂林：广西师范大学出版社，2003：295.

[44] 钮先钟. 中国战略思想史 [M]. 台北：黎明文化事业股份有限公司，1992：308.

[45] 钮先钟. 西方战略思想史 [M]. 桂林：广西师范大学出版社，2012：9.

[46] 樊恭嵩，陈福华，王晓光. 战争艺术与经济杠杆 [M]. 济南：黄河出版社，1992：88.

[47] 段培君. 战略思维理论和方法 [M]. 北京：中共中央党校出版社，2001：23.

[48] 李兰琴. 普鲁士国王弗雷德里希二世 [M]. 北京：商务印书馆，1985：41.

［49］归有光．震川先生集（上）［M］．上海：上海古籍出版社，2007：236.

［50］黄朴民．先秦两汉兵学文化研究［M］．北京：中国人民大学出版社，2010：64.

［51］黄仁宇．赫逊河畔谈中国历史［M］．北京：九州出版社，2015：42.

（二）译著类

［1］中国人民解放军军事科学院．列宁军事文集［M］．北京：中国人民解放军战士出版社，1981：181.

［2］中共中央马克思恩格斯列宁斯大林著作编译局．马克思恩格斯全集（中文第一版第三卷）［M］．北京：人民出版社，1956：525.

［3］中国人民解放军科学院．马克思、恩格斯、列宁、斯大林军事文选［M］．北京：中国人民解放军战士出版社，1997：199.

［4］大卫·B. 尤费，玛丽·夸克．柔道战略：小公司战胜大公司的秘密［M］．傅燕凌，孙海龙，译．北京：机械工业出版社，2003：9.

［5］克劳塞维茨．战争论［M］．中国人民解放军军事科学院，译．北京：解放军出版社，2005：157.

［6］安德烈·博福尔．战略入门［M］．军事科学院外国军事研究部，译．北京：军事科学出版社，1989：5.

［7］弗拉基米尔·普京，瓦西里·舍斯塔科夫，阿列克塞·列维茨基．和普京一起学柔道［M］．赵卫忠，于冬敏，葛志立，译．北京：当代世界出版社，2011：1.

［8］约瑟夫·奈．软实力［M］．马娟娟，译．北京：中信出版社，2013：118.

［9］约瑟夫·奈．权力大未来［M］．王吉美，译．北京：中信出版社，2012：6.

［10］劳伦斯·弗里德曼．战略：一部历史［M］．王坚，马娟娟，译．北京：社会科学文献出版社，2016：5.

［11］约瑟夫·兰佩尔. 战略过程：概念、情境与案例［M］. 耿帅，译. 北京：机械工业出版社，2017：24.

［12］约米尼. 战争艺术［M］. 钮先钟，译. 桂林：广西师范大学出版社，2003：7.

［13］彼得·怕雷特. 现代战略的缔造者：从马基雅维利到核时代［M］. 时殷弘，译. 北京：时代知识出版社，2006：15.

［14］尼科洛·马基雅维利. 君主论［M］. 潘汉典，译. 北京：商务印书馆，2011：124.

［15］伯特兰·罗素. 权力论［M］. 吴友三，译. 北京：商务印书馆，2016：95.

［16］汉斯·摩根索. 国家间政治——权力斗争与和平［M］. 徐昕，译. 北京：北京大学出版社，2012：8.

［17］杜黑. 制空权［M］. 曹毅风，华人杰，译. 北京：解放军出版社，2014：4.

［18］彼得·怕雷特. 现代战略的缔造者：从马基雅维利到核时代［M］. 时殷弘，译. 北京：时代知识出版社，2006：290.

［19］艾·塞·马汉. 海军战略［M］. 蔡鸿幹，田常吉，译. 北京：商务印书馆，1994：278.

［20］安东尼·吉登斯. 社会的构成：结构化理论大纲［M］. 李康，译. 北京：生活·读书·新知三联书店，1998：522.

［21］安东尼·吉登斯. 社会学方法的新规则［M］. 田佑中，刘江涛，译. 北京：北京社会文献出版社，2003：277.

［22］贝内德托·克罗齐. 作为思想和行动的历史［M］. 田时纲，译. 北京：商务印书馆，2016：42.

［23］迈内克. 马基雅维利主义［M］. 时殷弘，译. 北京：商务印书馆，2008：512.

［24］J. F. C. 富勒. 战争指导［M］. 绽旭，译. 北京：解放军出版社，2014：117.

［25］阿尔温·托夫勒.权力的转移［M］.刘江,陈方明,张毅军,等译.北京:中共中央党校出版社,1991:23.

［26］钮先钟.西方战略思想史［M］.桂林:广西师范大学出版社,2003:101.

［27］汉斯·摩根索.国家间政治——权力斗争与和平［M］.徐昕,译.北京:北京大学出版社,2012:3.

［28］约翰·刘易斯·加迪斯.论大战略［M］.臧博,崔传刚,译.北京:中信出版社,2019:298.

［29］山冈庄八.德川家康(幕府将军)［M］.岳远坤,译.海口:南海出版社,2008:184.

［30］尤瓦尔·赫拉利.今日简史:人类命运大议题［M］.林俊宏,译.北京:中信出版社,2018:69.

［31］马丁·范克勒韦尔德.战争的文化［M］.李阳,译.北京:生活·读书·新知三联书店,2016:67.

［32］斯塔夫里阿诺斯.全球通史:从史前到21世纪(第7版修订版上)［M］.吴象婴,梁米民,王昶,等译.北京:北京大学出版社,2006:13.

［33］艾利·福尔.拿破仑论［M］.萧乾,译.北京:北京大学出版社,2016:40.

［34］亨利·明茨伯格,布鲁斯·阿尔斯特兰德,约瑟夫·兰佩尔.战略历程:穿越战略管理旷野的指南［M］.魏江,译.北京:机械工业出版社,2012:4.

［35］瓦尔特·戈利茨.德军总参谋部(1650—1945年)［M］.戴耀先,译.海口:海南出版社,2004:1.

(三)期刊类

［1］周晓光.战略哲学论略［J］.云南社会科学,2006(1):22.

［2］许春华.天人合道——老子天道、地道、人道思想的整体性与统一性［J］.河北大学学报(哲学社会科学版),2012,37(6):52-53.

［3］朱中博，周云亨．老子的大战略思想研究［J］．国际政治研究（季刊），2010（2）：167.

［4］刘庭华．老子的战争观和军事战略（下篇）——"不为天下先"的后发制人军事战略［J］．军事思想史研究，2009（4）：41.

［5］王晓晨，赵光圣，张峰．嘉纳治五郎对柔道教育化改造的关键思路及启示［J］．山东体育学院学报，2015，31（2）：110.

［6］山小琪．吉登斯结构化理论的"权力"概念解析［J］．社会科学论坛，2009（2）：67.

［7］张振华．行动与结构的整合——吉登斯结构化理论解读［J］．天津市财贸管理干部学院学报，2009，11（2）：89.

［8］史澎海，彭凤玲．美国和平演变战略与中东"颜色革命"［J］．西安交通大学学报，2014，34（5）：114.

［9］邱明．从天时地利人和看毛泽东为什么选择井冈山［J］．四川民族学院学报，2018，27（5）：33.

［10］赵国华．东汉统一战争的战略考察［J］．华中师范大学学报（哲学社会科学版），1995（3）：99.

［11］蒋芳菲．从奥巴马到特朗普：美国对华对冲战略的演变［J］．美国研究，2018（4）：78.

（四）报纸类

［1］黄朴民．东汉开国第一人——邓禹与他的"图天下策"［N］．光明日报，2009－05－26（12）.

（五）其他文献

［1］贾思宇．弱者的力量——吉登斯"控制辩证法"思想研究［D］．北京：中央民族大学，2011：22.

二、英文文献

［1］HAMEL G，PRAHALAD C K. *Strategic Intent*［J］．Harvard Business Review，1989，67（3）：63－76.

［2］BEAUFRE A, Strategy of Action（Praeger, 1967）, pp. 47 - 53.

［3］GIDDENS A. *Central Problems in Social Theory* ［M］. London: the Macmillan Press Ltd, 1979: 88.

［4］HART L. *Strategy: The Indirect Approach* ［M］. London Faber and Faber, 1967: 162.

［5］BARBER H. *Developing Strategic Leadership: The US Army War College Experience* ［J］. Journal of Management Development, 1992,（11）6: 4 - 12.

［6］MACK O. *Managing in a VUCA World* ［M］. Switzerland: Springer International Publishing, 2016: 11.

后　记

　　改变自身同改变环境是同步的，战略主体在积极作用于客体并改造客体的同时，战略主体自身也被作用、被改造、被完善了。我在编写这本著作的同时，也被这本著作所"编写"，通过它，我的思绪得以整理，一些浅薄的经验得以总结，更重要的是从"柔道"中汲取了从容向前的人生智慧和勇气。

　　在北京求学的十年，可以说是我倾注了深情并获得了成长的阶段，在我身上早已刻下了"战略"的印记。所以，不论好的或坏的，善的或恶的，我愿意全部收下，也正是因为有这些"风""晴""雨""雪"的照顾，有左右为难的遭遇我才逐渐成熟起来。在此，特别向生我育我的父母致谢，向爱我助我的师友们致谢，向赏识我提携我的领导们致谢。诚如唐代文豪韩愈所言：世有伯乐，然后有千里马；千里马常有，而伯乐不常有。我从来不敢妄称自己是什么千里马，但是我要特别感激广西发展战略研究会江东洲会长对我的赏识、培养和帮助，他是我领导，是我的老师，更是一辈子学习的榜样。对此，我只能以兢兢业业的工作来回报这一份深情厚谊。

　　古今中外的战略家可谓群星闪耀，而我对腓特烈大帝却偏爱了一眼，因为在他身上我看到了一个年轻人成长的全过程，我把这个过程总结为七个阶段：

　　（1）一个年轻人满怀憧憬地跑来，却伤心悔恨地离开；

　　（2）一个年轻人放弃所有叛逆，学会了想其所想，但深藏于心；

（3）一个年轻人在恐惧中挣扎，但仍选择了临阵脱逃；

（4）一个年轻人由文弱变得铁血，开始咒声大骂：懦夫，难道你们永远都不会死吗?!

（5）一个年轻人敢于抵抗所有的恶意，带上惯常的冷酷而蔑视世间的一切折磨；

（6）一个年轻人开始戏谑嘲讽，见的人越多，我就越喜欢我的狗；

（7）一个年轻人低声感慨，如果你现在看到我，你一定无法找到属于从前的我之痕迹。

这是腓特烈大帝成长的历程，又何尝不是我们每一个人的？在不同的环境下，每次局部的挫折将促使一个年轻人灵魂和思想发生转变，将促使他改善手段和方法，巩固和扩大已有成果。如果无法转变，那他将会如同一条无法蜕皮的蛇，注定是死路一条。改变是所有进步共同的起点，我们必须彻底改变自己，才能真正具备强者的才具，才能成为对社会有益的人。

《柔道战略论》是自我改变的起点，但是从理论清醒到实践自觉还有很长的路要走，如斯皮尔伯格2012年执导的电影《林肯》中有一句著名的台词："指南针……能从你所在的地方为你指出真正的北方，但对于你前行路上将要遭遇的沼泽、沙漠和峡谷，它不会给出任何建议。如果在前往目的地的过程中，你只会闷头向前冲，不顾障碍，必将陷入泥淖，一事无成……那么，即使你知道真正的北方又有什么用呢?"因此，我们需要的是好的实践，而不仅是精致的理论。现在，是该合上书本、跑出教室、图书馆、办公室，投身到现实战场的时机了！

已到了三十而立的年纪，仅以此书开启新的征程。

另：附录部分是我在求学期间公开或暂未公开发表的文章，与本书有着直接或间接的联系，将之一并附上作为一个补充。供读者们参阅。

完稿于2021年6月20日父亲节